21 世纪全国本科院校土木建筑类创新型应用人才培养规划教材

道路勘测与设计

主　编　凌平平　余婵娟
副主编　陈泽世　张苡铭
参　编　王　瑾　徐忠辉
　　　　彭家成　吕均琳
主　审　刘文生

内 容 简 介

本书系统介绍了道路勘测设计的基本原理和设计方法,包括道路几何设计依据,道路平、纵、横线形设计,土石方计算及调配,选线、定线,道路平面与立体交叉设计等。

本书遵循应用型人才培养的基本宗旨,在规范应用上采用了国家颁布的最新标准,同时具有注重实践、深入浅出、循序渐进、可读性强的特点。

本书可作为高等院校土木工程、道路与桥梁工程等相关专业的本科及专科教材,也可作为上述专业的工程技术人员、管理人员的进修和参考用书。

图书在版编目(CIP)数据

道路勘测与设计/凌平平,余婵娟主编. —北京:北京大学出版社,2016.11
(21世纪全国本科院校土木建筑类创新型应用人才培养规划教材)
ISBN 978-7-301-27690-7

Ⅰ. ①道… Ⅱ. ①凌…②余… Ⅲ. ①道路测量—高等学校—教材 ②道路工程—设计—高等学校—教材 Ⅳ. ①U412

中国版本图书馆 CIP 数据核字(2016)第 267652 号

书　　　名	道路勘测与设计
	DAOLU KANCE YU SHEJI
著作责任者	凌平平　余婵娟　主编
策划编辑	卢　东
责任编辑	刘　嚞
标准书号	ISBN 978-7-301-27690-7
出版发行	北京大学出版社
地　　　址	北京市海淀区成府路 205 号　100871
网　　　址	http://www.pup.cn　新浪微博:@北京大学出版社
电子信箱	pup_6@163.com
电　　　话	邮购部 62752015　发行部 62750672　编辑部 62750667
印　刷　者	北京溢漾印刷有限公司
经　销　者	新华书店
	787 毫米×1092 毫米　16 开本　18.5 印张　444 千字
	2016 年 11 月第 1 版　2016 年 11 月第 1 次印刷
定　　　价	42.00 元

未经许可,不得以任何方式复制或抄袭本书之部分或全部内容。
版权所有,侵权必究
举报电话:010-62752024　电子信箱:fd@pup.pku.edu.cn
图书如有印装质量问题,请与出版部联系,电话:010-62756370

前　　言

本书以满足 21 世纪高等学校应用型人才培养目标为宗旨，突出最新规范和技术标准，突出技术应用，着重解决道路工程勘测设计的实际问题。本书的特点如下。

（1）由于"道路勘测与设计"是道路、桥梁工程专业的第一门专业课程，又是毕业设计中路线设计的主要支撑课程，所以对于初学者来说，建立基本概念十分重要。因此本书在编写过程中，采用了大量实例照片，以增加学生的感性认识，快速建立学生所需的三维概念。

（2）本书不仅符合现行高等学校道路、桥梁工程专业"道路勘测与设计"课程的教学大纲，而且突出了基本原理与实际应用的衔接。例如，本书将道路几何设计依据单独作为一章，以突出此章内容在路线设计中的先导作用，并将道路路线设计的主要服务对象"驾驶人行为"和"汽车行驶特性概述"也列入此章节中，让读者深刻领会后期路线设计的主要依据。

（3）本书力求反映当前道路设计领域的新理论、新技术、新方法，如在书中突出介绍了道路设计 CAD 常用软件"纬地"、CARD 等。

（4）本书在每章设置了教学要点、技能要点及导学案例，大大提高了其自学实用性，以及学生的阅读兴趣。

参加本书编写的有：武昌首义学院凌平平（第 1、4、5 章），武昌首义学院余婵娟（第 3、8、9 章），湖北工业大学工程技术学院陈泽世（第 2、7 章），长江工程职业技术学院王瑾、武昌首义学院张苡铭（第 6 章）；武汉科岛工程检测技术有限公司徐忠辉和武昌首义学院彭家成、吕均琳参与了教材实例的选取和图文的校对。全书由凌平平统稿，由湖北工业大学刘文生教授主审。

本书在编写过程中参考了一些专家学者的研究成果及相关文献，在此一并表示衷心的感谢！由于编者水平所限，书中难免存在不足之处，敬请广大读者批评指正。

编　者
2016 年 2 月

目 录

第1章 绪论 ················· 1
1.1 现代交通运输网构成及道路在国民经济中的地位 ········ 2
   1.1.1 现代交通运输网的构成 ······ 2
   1.1.2 道路运输的特点与作用 ······ 2
1.2 我国道路发展状况及规划 ········· 3
   1.2.1 我国道路发展状况 ········ 3
   1.2.2 道路发展状况评价 ········ 4
   1.2.3 道路发展规划 ············ 4
1.3 道路的基本组成 ·············· 6
   1.3.1 公路的基本组成 ··········· 6
   1.3.2 城市道路的基本组成 ······· 9
1.4 道路的分类、分级与技术标准 ····· 10
   1.4.1 道路的分类 ·············· 10
   1.4.2 公路的分级与技术标准 ····· 11
   1.4.3 城市道路的分级与技术标准 ········· 14
1.5 道路勘测设计的基本程序和本课程的研究内容 ········ 15
   1.5.1 道路勘测设计的基本程序 ······· 15
   1.5.2 本课程的研究内容 ········· 18

第2章 道路几何设计依据 ········ 20
2.1 驾驶人行为 ················· 21
   2.1.1 驾驶行为 ················ 21
   2.1.2 驾驶者反应时间 ·········· 21
2.2 设计车辆 ···················· 22
2.3 汽车行驶车速 ··············· 23
   2.3.1 设计车速法 ·············· 23
   2.3.2 运行车速法 ·············· 24
2.4 设计交通量 ················· 24
   2.4.1 设计交通量概述 ·········· 24
   2.4.2 设计小时交通量 ·········· 25
   2.4.3 标准车型和车辆折算系数 ···························· 26
2.5 通行能力 ···················· 27
   2.5.1 基本通行能力 ············ 28
   2.5.2 可能通行能力 ············ 28
   2.5.3 设计通行能力 ············ 28
2.6 汽车行驶特性概述 ············ 30
   2.6.1 汽车行驶性能的主要内容 ·········· 30
   2.6.2 汽车行驶对路线的要求 ···· 31

第3章 平面设计 ················ 33
3.1 路线平面设计概述 ············ 34
   3.1.1 路线 ···················· 34
   3.1.2 汽车行驶轨迹 ············ 34
   3.1.3 平面线形要素 ············ 36
3.2 直线 ······················· 36
   3.2.1 直线的特点及运用 ········ 36
   3.2.2 直线的最大长度 ·········· 37
   3.2.3 直线的最小长度 ·········· 39
3.3 圆曲线 ····················· 40
   3.3.1 圆曲线的几何要素 ········ 40
   3.3.2 圆曲线半径 ·············· 41
   3.3.3 圆曲线桩号计算 ·········· 45
3.4 缓和曲线 ··················· 45

3.4.1 缓和曲线的作用与性质 … 46
3.4.2 缓和曲线的形式 … 48
3.4.3 缓和曲线的几何要素 … 50
3.4.4 缓和曲线的长度及参数 … 52
3.4.5 缓和曲线的省略 … 54
3.5 平面线形设计 … 55
3.5.1 平面线形设计的一般原则 … 55
3.5.2 平面线形要素的组合类型 … 57
3.6 行车视距 … 63
3.6.1 停车视距 … 65
3.6.2 超车视距 … 66
3.6.3 行车视距的应用 … 67
3.6.4 行车视距的保证 … 68
3.7 道路平面设计成果 … 71
3.7.1 直线、曲线及转角一览表 … 71
3.7.2 逐桩坐标表 … 74
3.7.3 路线平面设计图 … 75

第4章 道路纵断面设计 … 80

4.1 路线纵断面概述 … 81
4.1.1 公路纵断面设计线概述 … 82
4.1.2 有关路基设计标高的规定 … 82
4.1.3 填挖高度的含义 … 83
4.2 汽车动力特性 … 84
4.2.1 汽车的行驶阻力 … 84
4.2.2 汽车的牵引力和牵引平衡方程式 … 86
4.2.3 汽车的动力特性 … 87
4.2.4 汽车行驶的纵向稳定性 … 89
4.3 纵坡设计 … 91
4.3.1 纵坡设计的一般要求 … 91
4.3.2 最大纵坡 … 91
4.3.3 最小纵坡 … 93
4.3.4 纵坡折减 … 93
4.3.5 坡长限制与缓和坡段 … 94
4.3.6 平均纵坡 … 95
4.3.7 合成坡度 … 96
4.4 竖曲线设计 … 97
4.4.1 竖曲线的种类和作用 … 97
4.4.2 竖曲线要素计算 … 98
4.4.3 竖曲线的半径或长度 … 100
4.4.4 竖曲线设计和计算 … 108
4.5 视觉分析及道路平、纵线形组合设计 … 110
4.5.1 视觉分析 … 110
4.5.2 道路平、纵线形组合设计 … 111
4.6 爬坡车道和避险车道 … 119
4.6.1 爬坡车道 … 119
4.6.2 避险车道 … 122
4.7 纵断面设计方法及步骤 … 124
4.7.1 纵断面设计要点 … 124
4.7.2 纵断面设计方法与步骤 … 125
4.8 纵断面设计图 … 130

第5章 道路横断面设计 … 133

5.1 横断面组成及类型 … 134
5.1.1 道路横断面的几个基本概念 … 135
5.1.2 道路横断面组成及基本尺寸 … 135
5.1.3 公路横断面的类型 … 138
5.1.4 城市道路横断面类型 … 139
5.1.5 道路横断面远景规划设计 … 141
5.2 行车道 … 143
5.3 路肩及中间带 … 144
5.3.1 路肩的作用、宽度及横坡 … 144
5.3.2 中间带及两侧带 … 146
5.4 道路路拱、边坡、边沟及截水沟 … 149
5.4.1 道路路拱 … 149

        5.4.2 路基边坡坡度 ………… 150
        5.4.3 路基边沟和截水沟 …… 151
    5.5 曲线段加宽与超高 ………… 153
        5.5.1 曲线段的加宽设计 …… 153
        5.5.2 曲线段的超高设计 …… 157
    5.6 路基土石方计算及调配 …… 165
        5.6.1 横断面计算 …………… 165
        5.6.2 土石方数量计算 ……… 167
        5.6.3 路基土石方调配 ……… 168
    5.7 横断面设计步骤及成果 …… 170
        5.7.1 公路横断面设计步骤及成果 …………………… 170
        5.7.2 城市道路横断面设计成果 …………………… 175
    5.8 道路建筑限界与道路用地 … 176
        5.8.1 道路建筑限界 ………… 176
        5.8.2 道路用地 ……………… 178

第6章 选线 ……………………… 180
    6.1 概述 ………………………… 181
    6.2 路线方案比选 ……………… 181
        6.2.1 道路选线的一般原则 … 181
        6.2.2 选线的步骤 …………… 182
        6.2.3 选线的方法 …………… 183
        6.2.4 路线方案选择 ………… 184
    6.3 平原地区选线 ……………… 187
        6.3.1 自然特征 ……………… 187
        6.3.2 路线特征 ……………… 187
        6.3.3 平原区路线布设要点 … 188
    6.4 山岭地区 …………………… 190
        6.4.1 自然特征 ……………… 190
        6.4.2 路线特征 ……………… 191
        6.4.3 沿溪（河）线 ………… 192
        6.4.4 越岭线 ………………… 201
        6.4.5 山脊线 ………………… 210
    6.5 丘陵地区选线 ……………… 213
        6.5.1 自然特征 ……………… 213
        6.5.2 路线特征 ……………… 213

第7章 道路定线 ………………… 218
    7.1 概述 ………………………… 219
    7.2 纸上定线 …………………… 219
        7.2.1 纸上定线的步骤 ……… 219
        7.2.2 平原和微丘区纸上定线 …………………… 220
        7.2.3 山岭区纸上定线 ……… 220
        7.2.4 纸上定线操作方法 …… 223
    7.3 实地放线 …………………… 232
        7.3.1 穿线交点法 …………… 232
        7.3.2 直接定交点法 ………… 234
        7.3.3 坐标法 ………………… 234
    7.4 直接定线 …………………… 235

第8章 道路平面交叉设计 ……… 239
    8.1 概述 ………………………… 240
        8.1.1 平面交叉设计的主要内容 …………………… 240
        8.1.2 交叉口的交通分析 …… 241
        8.1.3 平面交叉口的间距 …… 242
        8.1.4 交叉口的视距设计 …… 243
    8.2 交叉口的类型及其适用范围 … 244
    8.3 交叉口的交通组织设计 …… 247
    8.4 交叉口的拓宽设计 ………… 249
        8.4.1 右转专用车道的设置 … 249
        8.4.2 左转专用车道的设置 … 250
    8.5 环形交叉口设计 …………… 252
        8.5.1 环形交叉口的组成和形式 …………………… 252
        8.5.2 中心岛 ………………… 253
        8.5.3 环道的宽度 …………… 253
        8.5.4 交织角 ………………… 254
    8.6 立面设计 …………………… 254
        8.6.1 交叉口立面设计原则 … 254
        8.6.2 交叉口立面设计的基本类型 …………………… 255
        8.6.3 交叉口立面设计方法 … 257

第9章 道路立体交叉设计 ………… 264

9.1 概述 …………………………… 265
9.1.1 立体交叉的组成 ……… 265
9.1.2 立体交叉的设置条件 …… 266
9.1.3 立体交叉的间距 ……… 266

9.2 立体交叉的类型与适用条件 …… 267
9.2.1 按结构物形式分类 …… 267
9.2.2 按交通功能分类 ……… 267

9.3 匝道设计 …………………… 275
9.3.1 匝道的分类 …………… 276
9.3.2 匝道的设计行车速度 …… 278
9.3.3 匝道的线形设计标准 …… 278
9.3.4 匝道端部设计 ………… 281

参考文献 ………………………… 284

第 1 章 绪 论

本章教学要点

知识模块	掌握程度	知识要点
道路的功能、其在运输体系中的地位及国内外道路发展概况	了解	道路的基本功能
道路的基本组成	掌握	公路、城市道路的基本组成，城市道路与公路的构成区别
道路的分级与技术标准	掌握	公路、城市道路的分级，各级公路的技术指标
道路勘测设计的基本程序和本课程的研究内容	掌握	道路勘测设计程序

本章技能要点

技能要点	掌握程度	应用方向
道路的基本组成、发展概况	了解	对道路建立整体概念，为后期学习路桥专业课奠定基础
道路分级及技术指标	理解	
道路勘测设计的基本程序	理解	

导入案例

2014 年 7 月，中国公路网公布了中国最美、最雄伟的十条公路。这十条公路不仅让人们对中国现代路桥建造技术叹为观止，更为大家带来了一场视觉盛宴。这十条公路分别为杭州湾跨海大桥、挂壁公路、终南山公路隧道、矮寨盘山公路、矮寨大桥、天门山盘山公路、二十四道拐、塔里木沙漠公路、入藏公路、台湾的苏花公路。其中，二十四道拐是个地名，是一段二十四道弯的公路，即贵州晴隆"24 道拐"抗战公路，是"史迪威公路"的形象标识。该地古称"鸦关"，雄、奇、险、峻，有一夫当关、万夫莫开之势；公路从山脚至山顶的直线距离约 350m，垂直高度约 260m；在倾角约 60°的斜坡上以"S"形顺山势而修建，蜿蜒盘旋至关口，全程约 4km。

1.1　现代交通运输网构成及道路在国民经济中的地位

1.1.1　现代交通运输网的构成

交通运输是国民经济的基础产业之一，它把国民经济各领域和各个地区联系起来，在社会物质财富的生产和分配过程中、在广大人民生活中均起着极为重要的作用。现代交通运输，主要由铁路、道路、水运、航空、管道五种方式构成，这些运输方式的点、线、面组成了国家综合运输系统。

铁路运输适用于远程的大宗货物及人流运输，其特点是远程运量大、连续性较强、成本较低、速度较高（尤其是高速铁路出现后），但建设周期长、投资大，限于定点运行且中转多。

水路运输是通航地区最廉价的运输方式，其特点是通过能力高、运量大、耗能少、成本低、投资省，但受自然条件限制大，连续性较差且速度慢。

航空运输适用于快速运送旅客、紧急物资及邮件，其特点是运输速度快、两点间运距短，但运量小、成本高。

管道运输适用于液态、气态及散装粉状材料的运输，其特点是连续性强、成本低、安全性好、损耗少，但仅适用于对油、气、水等货物的运输。

1.1.2　道路运输的特点与作用

与其他运输方式比较，道路运输具有如下特点：

（1）直达、机动灵活，这是其他运输方式所无法比拟的。水运要港口，航空要机场，铁路要转运站，而公路运输最为灵活，可以不设中转，做到门到门运输，所以损耗少、差错小。

（2）可自成运输体系。其他运输方式不能完全自成体系，必须与道路运输配合，但道路运输本身可自成体系。

（3）通达深度广，覆盖面大。汽车可以直接到户，覆盖面广，而火车、轮船、飞机都不能直接到户。

（4）投资少，周转快。

（5）批量和时间不受限制。

（6）以中短途运输为主。其平均运距 400～600km，与铁路相比较为经济，但长距离还是要靠铁路或航空。如新疆的哈密瓜靠铁路经济，南方的海鲜要靠空运。一般 800km 以下为公路占优势，800～1600km 为铁路占优势，1600km 以上为飞机占优势。

正是由于道路运输的上述特点，使得道路得以快速发展。对于拥有 13 亿人口和 960 万 km^2 国土面积的我国而言，交通对于国民经济的发展具有基础性、先导性的作用。我国政府始终把发展交通运输作为国家经济建设的重点。政府已形成的理念是"经济发展，交通先行",老百姓已形成的理念是"要想富,先修路"。

公路作为国民经济和社会发展的重要基础设施,在新中国成立后得到了迅速发展,尤其在实行改革开放政策后,随着社会主义市场经济体制的建立和完善,我国的公路交通事业进入了快速、健康的发展轨道。

1.2 我国道路发展状况及规划

1.2.1 我国道路发展状况

我国道路发展历史悠久,已有两千多年的历史。秦始皇的"车同轨"法令,初步形成了以咸阳为中心,通达全国的道路网。汉朝时沟通欧亚大陆的丝绸之路,已形成商业之途。唐代时我国古代道路发展达鼎盛时期,不仅形成了以城市为中心四通八达的道路网,对道路的防护也有了明文规定。到清代,全国已经具有了较完整的道路系统,在道路修建和养护方面也有了提高并形成了具体规定,如在软土地区采用秫秸铺底筑路法。至清末,汽车公路逐渐取代了驿道。我国近代道路的发展概况如下:

1906年:在广西友谊关修建了第一条公路。

1949年以前:公路交通十分落后,1949年能通车的公路总里程只有8.07万km。

1949—1978年:中华人民共和国成立后,公路交通进入了恢复发展的新时期,至1978年,公路总里程增加到89万km。

1978年以后:改革开放以来,国家把交通作为国民经济发展的战略重点之一,为公路交通事业的快速发展提供了大好机遇。2010年年底,全国公路总里程突破400万km,达400.82万km,全国农村公路(含县道、乡道、村道)里程达350.66万km。2011—2015年,我国交通基本建设投资总规模约6.2万亿元,比"十一五"期间增长31.9%,这其中大部分资金用于公路建设。我国公路网规模进一步扩大,公路总里程达到450万km。截至2015年(表1-1),全国高速公路总里程已达到12.53万km,成为了世界第一,覆盖了90%以上的20万以上城镇人口规模的城市。

表1-1 2011—2015年全国高速公路里程　　　　　　　　单位:万km

项　　目	年　份				
	2011	2012	2013	2014	2015
高速公路新增里程	1.08	1.13	0.82	0.75	1.33
高速公路总里程	8.50	9.63	10.45	11.20	12.53

道路发展的突出成就,是高速公路和快速路(统称为高速道路)的大发展,高速道路是一国交通运输现代化的重要标志。根据交通部统计,我国高速公路里程的增长逐年增加,说明建设速度越来越快。

1.2.2 道路发展状况评价

虽然我国公路总里程呈逐年稳步增长态势，高速公路里程已成为世界第一，但公路结构的优化仍是一项长期任务。如国家干线公路交通流量增长迅速，甚至超过了干线公路的建设速度；公路运输汽车和城市客运量增长显著，拥堵趋势明显。公路运输的现状，还远不能适应国民经济发展的需要，主要表现在以下方面：

（1）数量少，密度低。全国公路密度为 42.77km/km^2，只相当于美国的 1/7，日本的 1/30，印度的 1/5，通达深度不够。

（2）质量差，标准低。公路桥梁大部分宽度不够，承载力低。还有许多渡口无桥，通行能力低。由于质量差，行车速度达不到设计速度的要求，因而浪费了大量运力及燃料。

（3）高速公路发展区域不平衡，存在两极分化问题。目前，我国高速公路建设和发展主要集中在东部、南部地区以及进行南北纵向建设，而东西横向高速公路发展缓慢。

（4）存在重建设、轻管理的问题。道路相关配套服务设施严重不足，道路管理不够规范，同时管理不善，造成汽车利用率不高，道路更加拥挤。

因此，针对上述我国公路建设不能适应经济的发展，也不能适应交通量增长需求的问题，必须加速公路建设和改革的步伐。一是增加新线，二是对旧路进行技术改造，增加道路运输的安全性，以提高通行能力。

1.2.3 道路发展规划

1. 发展方向

由于我国公路总量仍然偏少，在今后很长一段时期还必须坚持以下发展方向：

（1）提高公路等级与加大密度并举。新建公路，沟通断头路，未来 10 年计划新建 3 万 km；加速国道主干线高速公路网的建设与旧路技术改造，其中旧路改造分为以下两种：

① 直接改造：二级以下公路，可直接改建为二级或一级公路。

② 新建复线：进行二级公路改造，增设高速公路复线。

（2）运输工具向专业化方向发展，运输服务向高效优质、管理信息化发展。

2. 发展规划

1）"7918"高速公路网规划

今天，高速公路的速度与便利已经走进了平常百姓的生活中，改变了人们的时空观念，改善了人们的生活方式。为了科学地、更快更好地发展我国的高速公路，2004 年经国务院审议通过了《国家高速公路网规划》。这是中国历史上第一个"终极"的高速公路骨架布局，也是中国公路网中最高层次的公路通道布局。

《国家高速公路网规划》采用放射线与纵横网格相结合的布局方案，形成由中心城市向外放射以及横贯东西、纵贯南北的大通道，由 7 条首都放射线、9 条南北纵向线和 18 条东西横向线组成，简称"7918 网"，总规模约 8.5 万 km，其中主线 6.8 万 km，地区环线、联络线等其他路线约 1.7 万 km。

具体路线如下：

首都放射线 7 条：北京—上海、北京—台北、北京—港澳、北京—昆明、北京—拉萨、北京—乌鲁木齐、北京—哈尔滨。

南北纵向线 9 条：鹤岗—大连、沈阳—海口、长春—深圳、济南—广州、大庆—广州、二连浩特—广州、包头—茂名、兰州—海口、重庆—昆明。

东西横向线 18 条：绥芬河—满洲里、珲春—乌兰浩特、丹东—锡林浩特、荣成—乌海、青岛—银川、青岛—兰州、连云港—霍尔果斯、南京—洛阳、上海—西安、上海—成都、上海—重庆、杭州—瑞丽、上海—昆明、福州—银川、泉州—南宁、厦门—成都、汕头—昆明、广州—昆明。

要实现这个宏伟的规划目标，预计需要 30 年的时间。

前 10 年建设目标：到 2005 年年末，建成 3.5 万 km，占总里程的 40% 以上；到 2007 年年末，建成 4.2 万 km，完成"五纵七横"国道主干线系统中的高速公路；到 2010 年年末，实现"东网、中联、西通"的目标，建成 5 万～5.5 万 km，完成西部开发 8 条公路干线中的高速公路，基本贯通"7918 网"中的"五射两纵七横"14 条路，即北京—上海、北京—福州、北京—港澳、北京—昆明、北京—哈尔滨、沈阳—海口、包头—茂名、青岛—银川、南京—洛阳、上海—西安、上海—重庆、上海—昆明、福州—银川、广州—昆明。

后 20 年建设目标：完成全部国家高速公路网的建设任务。

《国家高速公路网规划》方案的特点和效果如下：

(1) 充分体现"以人为本"：最大限度地满足人们的出行要求，创造出安全、舒适、便捷的交通条件，使用户直接感受到高速公路系统给生产、生活带来的便利。

① 规划方案将连接全国所有的省会级城市、目前城镇人口超过 50 万的大城市以及城镇人口超过 20 万的中等城市，覆盖全国 10 多亿人口。

② 规划方案将实现东部地区平均 30min 上高速、中部地区平均 1h 上高速、西部地区平均 2h 上高速的目标，从而大大提高全社会的机动性。

③ 规划方案将连接国内主要的 4A 级著名旅游城市，为人们的旅游、休闲提供快速通道。

(2) 重点突出"服务经济"：强化高速公路对于国土开发、区域协调以及社会经济发展的促进作用，贯彻国家经济发展战略。

① 规划方案加强了长三角、珠三角、环渤海等经济发达地区之间的联系，使大区域间有 3 条以上高速通道相连，还特别加强了与我国香港、澳门地区的衔接，在三大都市圈内部将形成较完善的城际高速公路网，为进一步加快区域经济一体化和大都市圈的形成、加快东部地区率先实现现代化奠定了基础。

② 规划方案将显著改善和优化西部地区及东北等老工业基地的公路路网结构，提高区域内部及对外运输效率和能力，进一步强化西部地区西陇海兰新线经济带、长江上游经济带、南贵昆经济区之间的快速联系，改善东北地区内部及进出关的交通条件，为"以线串点、以点带面"，加快西部大开发和实现东北等老工业基地的振兴奠定坚实基础。

③规划方案将连接主要的国家一类公路口岸,改善对外联系通道运输条件,更好地服务于外向型经济的发展。

④规划方案覆盖地区的 GDP 占全国总量的 85% 以上,规划的实施将对促进经济增长、带动相关产业发展、扩大就业等做出重要贡献。

(3) 着力强调"综合运输":注重综合运输协调发展,规划路线将连接全国所有重要的交通枢纽城市,包括铁路枢纽 50 个、航空枢纽 67 个、公路枢纽 140 多个和水路枢纽 50 个,有利于各种运输方式优势互补,形成综合运输大通道和较为完善的集疏运系统。

(4) 全面服务"可持续发展":规划的实施将进一步促进国土资源的集约利用、环境保护和能源节约,有效支撑社会经济的可持续发展。据测算,在提供相同路网通行能力条件下,修建高速公路的土地占用量仅为一般公路的 40% 左右,高速公路比普通公路可减少 1/3 的汽车尾气排放,交通事故率降低 1/3,车辆运行燃油消耗也将有大幅度降低。

2) 国家公路网规划

近年来,随着社会经济的迅猛发展和公路建设的稳步推进,工业化、城镇化的步伐逐渐加快,国家公路网规模在不断的发展变化中出现了更为巨大的需求。据推算,若要符合生产力发展规律,到 2030 年我国公路交通客货运输需求以及客货周转量将是现在的 2.2~3.6 倍,这就意味着我国即将面临更大的交通压力。《国家公路网规划(2013—2030 年)》正是顺应时势而生,既符合我国当前的公路交通发展实际,又为长远的发展需要提出了科学性的全局规划。

该规划提出构建"两张网":一是普通国道网,包括 12 条首都放射线、47 条北南纵线、60 条东西横线和 81 条联络线,覆盖全国所有县,总规模约 26.5 万 km;二是国家高速公路网,在"7918 网"基础上增加银川—百色、呼和浩特—北海两条北南纵向线,将过去规划的重庆到昆明的 G85 高速变更为银川到昆明高速,总计约 11.8 万 km;除此之外,规划还提出了远期展望线计划 1.8 万 km,主要发展西部地区,总规模约 40 万 km,也就是说,到 2030 年,我国将基本实现首都辐射省会、省际多路连通、地市高速通达、县县国道覆盖的目标。

1.3 道路的基本组成

1.3.1 公路的基本组成

公路是一种线形工程结构物,由线形和结构两大部分组成。

1. 线形组成

公路路线,即指公路的中线。公路为平面有曲线、纵面有起伏的立体空间线形,其平面由直线、曲线(圆曲线、缓和曲线)组成,纵面由坡道线及竖曲线组成。

作为三维空间线形（图 1.1）的公路图形，通常用平面图、纵断面图及横断面图来表示。

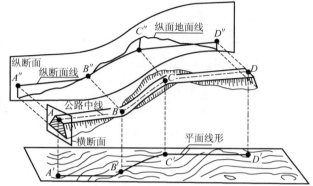

图 1.1　公路实景图和路线三维透视图

2. 结构组成

公路是承受行车荷载的结构，它不仅承受荷载的作用，而且受到自然条件的影响，其结构主要由路基、路面、桥涵、隧道、排水系统、防护工程和交通服务设施等所组成。

1）路基

如图 1.2 所示，道路路基是在天然地面上填筑成路堤（填方路段）或挖成路堑（挖方路段）的带状结构物，主要承受路面传递的行车荷载，是支撑路面的基础。设计时，必须保证路基具有足够的强度、变形小和有足够的稳定性，并防止水分及其他自然因素对路基本身的侵蚀和损害。

图 1.2　土路基

2）路面

道路路面是用各种材料或混合料，分单层或多层铺筑在路基顶面供车辆行驶的层状结构物。设计时，必须保证路面有足够的强度、刚度、平整度和粗糙度，以满足车辆在其表面能安全、迅速、舒适地行驶。图 1.3 和图 1.4 所示分别为常用的高等级沥青混合料路面及水泥混凝土路面。

图 1.3　沥青混合料路面　　　　　　图 1.4　水泥混凝土路面

3）桥涵

桥梁是为道路跨越河流、山谷或人工建筑物而修建的构造物，如图 1.5 所示。涵洞是为了排泄地面水流或满足农田灌溉需要而设置的横穿路基的小型排水构造物，如图 1.6 所示。

图 1.5　武汉长江一桥　　　　　　　图 1.6　涵洞

4）隧道

隧道是道路根据设计需要为穿越山岭、地下或水底而建造的构造物，如图 1.7 所示。

图 1.7　隧道

5）道路排水系统

道路排水系统是为了排除地面水和地下水而设置，由各种拦截、汇集、输送及排放等排水设施组成的构造物。除桥梁、涵洞外，排水系统主要有路基边沟、截水沟、排水沟、暗沟、渗沟、渗井、排水隔离层、暗管、跌水与急流槽、渡槽等路基排水构造物，如图1.8所示。

6) 防护工程

防护工程是为了加固路基边坡、确保路基稳定而修建的结构物，按其作用不同，可分坡面防护、冲刷防护和支挡构造物三大类，如图1.9所示。路基边坡坡面防护，一般有植物防护、坡面处治、护坡与护面墙等；冲刷防护除上述防护设施外，为调节水流流速及流向，保护路基免受水流冲刷，在沿河路基还可设置顺坝、丁坝、格坝等导流结构物；支挡构造物一般是指填（砌）石边坡、挡土墙、护脚及护面墙等。

图1.8 路基排水设施

图1.9 路基坡面防护

7) 交通服务设施

交通服务设施一般是指道路沿线设置的交通安全、养护管理、服务、环境保护等设施，包括交通标志、交通标线、护栏、护墙、护柱、中央分隔带、隔声墙、隔离墙、照明设备、停车场、加油站、汽车修理站、养护管理房屋和绿化美化设施等。

1.3.2 城市道路的基本组成

城市道路应将城市各主要组成部分如居民区、市中心、工业区、车站、码头、文化福利设施等联系起来，形成一个完整的道路系统，以方便城市的生产和生活，充分发挥城市的经济、社会和环境效益。城市道路和公路一样，也由线形和结构组成。但是由于二者服务功能不同，所以城市道路和公路比较而言，在组成上有如下区别：

(1) 除供汽车行驶的机动车道外，还有供有轨电车行驶的有轨电车道、供自行车行驶的非机动车道、专供行人步行交通用的人行道（也包括地下人行道、人行天桥等）。

(2) 有交叉口、交通广场、停车场、公共汽车停靠站台。

(3) 有交通安全设施，如交通信号灯、交通标志、交通岛、护栏等。

(4) 有排水系统，如街沟、边沟、雨水口、窨井、下水道等。

(5) 有沿街地上设施，如照明灯柱、电杆、邮筒、给水栓等。

(6) 有地下各种管线，如电缆线、煤气管、给水管等。

(7) 交通发达的现代化城市，还建有地下铁道、高架道路等。

1.4 道路的分类、分级与技术标准

1.4.1 道路的分类

道路是指供各种车辆和行人等通行的工程设施的总称,按其使用特点,分为公路、城市道路、厂矿道路以及乡村道路等。

1. 公路

公路是指连接城市、乡村,主要供汽车行驶的道路。

根据公路的作用及使用性质,又可划分如下:

(1) 国家干线公路(简称国道),是指具有全国性政治、经济、文化以及国防等意义的公路,包括重要的国际公路、国防公路以及连接各省、市、自治区、重要大中城市、港口枢纽、工农业基地等的主要干线公路。上述的"五纵七横"即属国道。

(2) 省级干线公路(简称省道),指省公路网中,具有全省性的政治、经济、国防意义,并经确定为省级干线的公路。

(3) 县级公路(简称县道),具有全县性的政治、经济意义,并经确定为县级干线的公路。

(4) 乡级公路(简称乡道),主要为乡村生产、生活服务,并经确定为乡级的公路。

(5) 专用公路,由工矿、农林部门等投资修建,主要供这些部门使用的公路。

在国家公路网编号中,国道以字母 G 开头、省道以字母 S 开头、县道以字母 X 开头来表示的。

2. 城市道路

指在城市范围内,供车辆及行人通行的道路。城市道路除了把城市各部分联系起来为城市交通服务外,还起着形成城市布局主骨架的作用,同时为通风、采光、防火、绿化、商业活动等提供公共空间。

3. 厂矿道路

指在工厂、矿山范围内,供运输车辆和行人通行的道路。

4. 林区道路

指在林区主要供各种林业运输工具通行的道路。由于林区地形及运输木材的特征,其技术要求应按专门制定的林区道路技术标准执行。

5. 乡村道路

指修建在乡村、农场,主要供行人和农业运输工具通行的道路。由于乡村道路主要为农业生产服务,一般不列入国家公路等级标准。

本课程主要介绍公路和城市道路，为道路的主要部分。

1.4.2 公路的分级与技术标准

1. 分级

公路是为汽车运输或其他交通服务的工程结构物。原交通部 2004 年发布的行业标准 JTG B01—2014《公路工程技术标准》（以下简称《标准》），根据公路的使用任务、功能和适应的交通量将公路分为五个等级：高速公路、一级公路、二级公路、三级公路和四级公路。

1）高速公路

高速公路是专供汽车分向、分车道行驶，并全部控制出入的干线公路，如图 1.10 所示。全部控制出入的高速公路应符合的条件如下：必须具有四条或四条以上的车道，必须设置中间带，必须设置禁入栅栏，必须设置立体交叉，并具有完善的交通安全设施与管理设施、服务设施。

四车道高速公路所能适应按各种汽车折合成小客车时的远景设计使用年限，其年平均昼夜交通量为 25000～55000 辆。

六车道高速公路所能适应按各种汽车折合成小客车的远景年限，年平均昼夜交通量为 45000～80000 辆。

八车道高速公路所能适应按各种汽车折合成小客车的远景年限，年平均昼夜交通量为 60000～100000 辆。

2）一级公路

一级公路是供汽车分向、分车道行驶并可根据需要控制出入的多车道公路，如图 1.11 所示，为连接高速公路或某些大城市城乡结合部、开发经济带及人烟稀少地区的干线公路。一般应设置分隔带，当受到特殊条件限制时，必须设置分隔设施。

图 1.10　安徽南沿江高速公路

图 1.11　105 国道南安一级公路

四车道一级公路应能适应将各种汽车折合成小客车的年平均日交通量 15000～30000 辆。

六车道一级公路应能适应将各种汽车折合成小客车的年平均日交通量 25000～55000 辆。

3）二级公路

二级公路为供汽车行驶的双车道公路，如图 1.12 所示，为连接中等以上城市的干线公路，或者是通往大工矿区、港口的公路。双车道二级公路应能适应将各种汽车折合成小客车时的年平均日交通量 5000～15000 辆。

图 1.12　二级公路

4）三级公路

三级公路是指一般能适应各种车辆折合成中型载货汽车时的远景设计年限年平均昼夜交通量 1000～4000 辆，为沟通县、城镇之间的集散公路，如图 1.13 所示。

图 1.13　三级公路

5）四级公路

四级公路是指一般能适应按各种车辆折合成中型载货汽车时的远景设计年限年平均昼夜交通量为双车道 1500 辆以下、单车道 200 辆以下，为沟通乡、村等地的地方公路。

以上五个等级的公路构成了我国的公路网，其中高速公路、一级公路为公路网骨干线，二、三级公路为公路网内基本线，四级公路为公路网的支线。

2. 公路技术标准

公路技术标准是指在一定自然环境条件下能保持车辆正常行驶性能所采用的技术指标体系。标准是国家颁布的法定技术准则，反映了我国公路建设的方针、政策和技术要求，是公路设计、修建和养护的依据，因此，在公路设计、施工和养护中必须严格遵守。同时，在符合标准要求和不过分增加工程造价的前提下，根据技术经济原则应尽可能采用较高的技术指标，以充分提高公路的使用质量和效益。标准规定的各级公路主要技术指标见表 1-2。

表 1-2　各级公路的主要技术指标汇总

公路等级		高速公路			一级公路			二级公路		三级公路		四级公路
设计速度/(km/h)		120	100	80	100	80	60	80	60	40	30	20
车道数/条		4、6、8	4、6、8	4、6	4、6、8	4、6	4	2	2	2	2	1、2
路基宽度（一般值）/m		28.0、34.5、42.0	26.0、33.5、41.0	24.5、32.0	26.0、33.5、41.0	24.5、32.0	23.0	12.0	10.0	8.5	8.0	4.5、7.0
停车视距/m		210	160	110	160	110	75	110	75	40	30	20
圆曲线半径/m	一般值	1000	700	400	700	400	200	400	200	100	65	30
	最小值	650	400	250	400	250	125	250	125	60	30	15
最大纵坡度/%		3	4	5	4	5	6	5	6	7	8	9

3. 公路等级的选用

公路等级的选用应根据公路功能、路网规划、交通量，并充分考虑项目所在地区的综合运输体系、远期发展，经论证后确定。选择公路等级时应注意以下问题：

（1）突出以功能作为选用公路等级和确定设计目标的指标的理念。确定一条公路的等级，应首先确定该公路的功能是干线公路、集散公路还是支线公路，即属于直达还是连接，以及是否需要控制出入等，然后根据预测交通量初拟公路等级。然后再结合地形、交通组成等情况确定设计速度、路基宽度。

（2）预测的设计交通量介于一级公路与高速公路之间时，拟建公路为干线公路时宜选用高速公路，拟建公路为集散公路时宜选用一级公路。

（3）干线公路宜选用二级及二级以上公路。干线公路采用二级公路标准时，应采取增大平面交叉间距、采用主路优先交通管理方式、采用渠化平面交叉等措施，以减少横向干扰，其平面交叉间距不应小于 500m。

（4）集散公路采用二级公路标准时，非汽车交通量大的路段，可采取设置慢车道、采用主路优先或信号灯等交通管理方式、采用渠化平面交叉等措施，以减少横向干扰，其平面交叉间距不应小于 300m。

（5）同一条公路可根据交通量等情况分段采用不同的公路等级。各级公路中所能适应的年平均昼夜交通量，均指远景设计年限的交通量。公路远景设计年限分别为：高速公路、一级公路 20 年，二、三级公路 15 年，四级公路根据实际情况确定。远景设计年限的起算年，为该设计项目工程可行性研究报告中所计划的公路建成通车年份。

（6）当一条公路因设计交通量不同，而在同一地形分区范围内分段采用不同的公路等级时，相邻设计路段的计算行车速度之差不宜超过20km/h。不同设计路段相互衔接的地点，应选择在驾驶人员能够明显判断路况发生变化而需要改变行车速度的地点，如村镇、车站、交叉道门或地形明显变化等处，并应设置相应的标志。

1.4.3 城市道路的分级与技术标准

1. 城市道路分级

按照中华人民共和国住房和城乡建设部2012年发布的CJJ 193—2012《城市道路路线设计规范》规定，城市道路应按道路在道路网中的地位、交通功能以及对沿线的服务功能等，分为快速路、主干路、次干路和支路四个等级，并应符合下列规定。

1）快速路

快速路为城市中长距离快速交通服务。快速路对向行车道之间应设置中间分隔带，其进出口应采用全控制或部分控制，应实现交通连续通行，单向设置不应少于两条车道，并应设有配套的交通安全与管理设施，如图1.14所示。快速路沿线两侧不能设置吸引大量车流、人流的公共建筑物的进出口，对一般建筑物的进出口应加以控制，当进出口较多时，宜在两侧另建辅道。

2）主干路

主干路是指连接城市各主要分区的干线道路，以交通功能为主，如图1.15所示。当非机动车交通量大时，应设置分隔带与机动车分离行驶，两交叉口之间分隔机动车与非机动车的分隔带宜连续。主干路两侧不宜设置吸引大量车流、人流的公共建筑物的进出口。

图1.14 城市快速路——武汉大道

图1.15 城市主干道

3）次干路

次干路是指与主干路结合的城市道路网，起集散交通的作用，兼有服务功能。次干路两侧可设置公共建筑物的进出口，并可设置机动车和非机动车的停车场、公共交通站点和出租车服务站。

4）支路

支路是指次干路与居民区、工业区、市中心区、市政公用设施用地、交通设施用地等内部道路的连接线，解决局部区域交通，以服务功能为主。支路可与平行于快速路的道路相接，但不得与快速路直接相接。支路需要与快速路交叉时，应采用分离式立体交叉跨过或穿过快速路。

2. 城市道路技术标准

各级城市道路主要技术指标见表 1-3。CJJ 193—2012《城市道路路线设计规范》规定，道路交通量达到饱和状态时的道路设计年限，快速路、主干路应为 20 年，次干路应为 15 年，支路宜为 10~15 年。

表 1-3 各级城市道路主要技术指标表

项目 级别	设计速度 /(km/h)	双向机动 车车道数/条	机动车道 宽度/m	分隔带 设置要求	采用 横断面形式
快速路	100, 80, 60	≥4	3.75	必须设	两幅路或三幅路
主干路	60, 50, 40	≥4	3.75	应设	四幅路或三幅路
次干路	50, 40, 30	2~4	3.75 或 3.5	可设	单幅路或两幅路
支路	40, 30, 20	2	3.5	不设	单幅路

1.5 道路勘测设计的基本程序和本课程的研究内容

1.5.1 道路勘测设计的基本程序

根据我国《公路工程基本建设管理办法》的规定，公路基本建设程序如下：
(1) 根据长远规划或项目建议书，进行可行性研究。
(2) 根据可行性研究，编制计划任务书（也称设计计划任务书）。
(3) 根据批准的计划任务书，进行现场勘测，编制初步设计文件和概算。
(4) 根据批准的初步设计文件，编制施工图和施工图预算。
(5) 列入年度基本建设计划。
(6) 进行施工前的各项准备工作。
(7) 编制实施性施工组织设计及开工报告，报上级主管部门审批。
(8) 严格执行有关施工的规程和规定，坚持正常施工秩序，做好施工记录。

1. 工程可行性研究

"可行性研究"是基本建设前期工作的一项重要内容，是建设程序的组成部分，是建设项目决策和编制计划任务书的科学依据，可定义为"论证工程（或产品）项目技术上的可能性和经济上的合理性，并论证何时修建及分期修建，提供决策依据，保证工程的经济效果"。

公路建设必须严格遵守国家规定的基本建设程序。所有大中型项目应根据批准的项目建议书（或委托书）进行可行性研究，可行性研究工作完成后应进行评估。国家规定，没有进行可行性研究和技术经济论证的重大工程，不得列入国家计划。工程可行性研究的目的是对工程项目建设的必要性、技术可行性、经济合理性、实施可能性等进行综合研究，推荐最佳方案，进行投资估算和经济评价，为建设项目的决策审批和编制设计任务书提供科学依据。公路工程可行性研究一般包括下列内容：

（1）总论（或概述）。包括建设任务依据和历史发展背景、研究范围与主要内容、研究主要结论和存在问题与建议等。

（2）现有公路技术状况评价。包括区域运输网现状和存在问题、拟建项目在区域运输网中的地位与作用、现有公路技术状况及适应程度等。

（3）经济与交通量发展预测。包括项目所在区域经济特征、经济发展与公路运量和交通量的关系、交通量的发展预测。

（4）建设规模与标准。包括项目建设规模、采用的等级和主要技术指标。

（5）建设条件和方案比选。包括调查沿线自然条件和社会条件、进行方案拟定与比选、提出推荐方案走向及主要控制点和工程概况，对环境影响做出分析并编制环境影响评价报告。

（6）投资估算与资金筹措。包括主要工程数量、公路建设与拆迁、项目总投资估算、资金来源和筹措办法。若为贷款或引资，还要研究利率、偿还方式及可能性等。

（7）工程建设实施计划。包括勘测设计和工程施工的计划与要求、工程管理人员和技术人员的培训等。

（8）经济评价。包括运输成本等经济参数的确定、建设项目的直接经济效益和费用的估算、经济评价的敏感性分析、建设项目的间接经济效益分析。对于贷款项目，还要进行项目的财务评价。

根据上述研究结果，通过综合分析评价，提出技术先进、投资少、效益好的最优建设方案。

2. 勘测设计任务书

公路施工前的勘测设计工作是根据批准的设计任务书（或委托书）进行的。设计任务书应根据批准的工程可行性研究报告编制。设计任务书由提出计划的主管部门下达或由下级单位编制后按规定上报审批。设计任务书的基本内容包括：

（1）建设依据和目的、意义。

（2）建设规模和性质。

（3）路线基本走向和主要控制点。

（4）工程技术标准和主要技术指标。

（5）设计阶段及各阶段完成时间。

（6）建设期限和投资估算，对分期修建项目应提出每期的建设规模和投资估算。

（7）施工力量的原则性安排。

（8）路线示意图，另有工程数量、三材（钢材、木材、水泥）和投资等只在上报任务书时列入，供审批时参考。

设计任务书经批准后，如对建设规模、技术等级标准、路线基本走向等主要内容有变更，应经原批准部门同意。

3. 设计阶段及其内容

1) 设计阶段

交通部《公路工程基本建设项目设计文件编制办法》规定，公路工程基本建设项目可以采用一阶段设计、两阶段设计或三阶段设计。

一阶段设计即一阶段施工图设计，适用于技术简单、方案明确的小型建设项目。

两阶段设计包括初步设计和施工图设计，适用于一般建设项目。

三阶段设计包括初步设计、技术设计和施工图设计，适用于技术复杂、基础资料缺乏和不足的建设项目，或建设项目中的个别路段、特大桥、互通式立体交叉、隧道等。

2) 各设计阶段主要内容

（1）初步设计：两阶段和三阶段设计中的初步设计，应根据批准的可行性研究报告、设计任务书（或测设合同）和初测资料编制。初步设计阶段的目的是确定设计方案，主要内容包括拟定修建原则、选定设计方案、计算工程数量和主要材料数量、提出施工方案、编制设计概算、提供文字说明及图表资料。初步设计在选定方案时，应对路线的走向、控制点和方案进行现场核查，征求沿线地方政府和建设单位意见，基本落实路线布置方案。一般应进行纸上定线，赴实地核对，落实并放出必要的控制线位桩。对复杂困难地段的路线、互通式立体交叉、隧道、特大桥、大桥的位置等，一般应选择两个或两个以上的方案进行同深度、同精度的测设工作和方案比选，提出推荐方案。

（2）技术设计：三阶段设计中的技术设计应根据批准的初步设计和定测资料编制。技术设计阶段的目的是对重大、复杂的技术问题进一步落实设计方案，主要内容包括通过科学试验、专题研究，加深勘探调查及分析比较，解决初步设计中未解决的问题，落实技术方案，计算工程数量，提出修正的施工方案，修正设计概算。

（3）施工图设计：两阶段设计中的施工图设计应根据批准的初步设计和定测资料编制；三阶段设计中的施工图设计应根据批准的技术设计和补充定测资料编制。

施工图设计阶段的目的，是对批准的推荐方案进行详细设计，以满足施工的要求。其主要内容包括对审定的修建原则、设计方案、技术决定加以具体和深化，最终确定各项工程数量，提出文字说明和适应施工需要的图表资料，以及施工组织计划，并编制施工图预算。

一阶段施工图设计应根据批准的可行性研究报告、设计任务书（或测设合同）和定测资料编制，其目的和内容是拟定修建原则，确定设计方案和工程数量，提出文字说明和图表资料以及施工组织计划，编制施工图预算，满足审批的要求，适应施工的需要。

4. 设计文件编制

设计文件是公路勘测设计的最后成果，经审查批准后是公路施工的依据，其组成、内容和要求随设计阶段不同而有异。

根据《公路工程基本建设项目设计文件编制办法》的规定，设计文件组成和内容如下：

（1）初步设计文件：由总说明、路线、路基路面、桥梁涵洞、隧道、路线交叉、沿线设施及其他工程、环境保护、筑路材料、施工方案、设计概算共11篇组成，其表达形式有文字说明、设计图、表格三种。

（2）施工图设计文件：由总说明、路线、路基路面、桥梁涵洞、隧道、路线交叉、沿线设施及其他工程、环境保护、筑路材料、施工方案、设计预算共11篇组成。

1.5.2　本课程的研究内容

道路是供各种车辆通行的场所，按照其使用功能，道路是由公路、城市道路、厂矿道路、林区道路、旅游风景区道路、机场道路、港口道路、国防公路及其他特殊用途道路组成的道路系统的总称。本课程主要研究对象为公路和城市道路，其理论和方法同样适用于其他各种道路。

道路设计分为几何设计和结构设计两大部分。几何设计是对道路空间几何形状的研究，属于本课程研究的范围；结构设计是对道路各工程实体的研究，属于相关课程学习研究的范围。结构方面的设计是以几何设计为基础的，而几何设计又要考虑各结构方面的要求，所以本课程是一门具有综合性的专业课程。

本课程主要研究汽车行驶性能与道路各个几何元素之间的关系，以保证在相应的设计速度、规划交通量以及地形和其他自然条件下，行车安全、快速、经济，旅客舒适以及路容美观。因此，本课程涉及的是人、车、路、环境的相互关系。驾驶员的心理和乘客的感觉、汽车的行驶轨迹和动力性能、交通流量和交通特性、道路修建和汽车交通对环境的影响等方面都与道路的几何设计有着直接关系，要做好道路设计就必须研究这些问题。但因篇幅所限，书中只略加论述或直接引用有关的研究结论。

道路作为一种三维空间实体，设计时既要作为整体来考虑，同时为研究的方便，也要把它剖解为平面、纵断面和许多横断面来分别研究处理。本课程研究的方法是先对平、纵、横三个基本几何构成分别进行讨论，然后以汽车行驶特性和自然条件为基础，把它们组合成整体来综合研究，以实现空间实体的几何设计。

本课程为实践性很强的综合性课程，除了与上述路基路面和桥涵等专业课程有关外，还与测量、工程地质、水文以及汽车理论等专业基础课有关。为了使学生初步掌握综合设计和勘测的方法，加深对理论的理解，完成课后作业、进行纸上定线课程设计和野外勘测实习是必不可少的教学环节。

本 章 小 结

通过学习本章，可以了解道路在现代交通运输网中的地位、我国道路发展状况及规划，对所学专业前景有一定的认识，更树立了责任感及使命感。通过掌握道路的基本组成，应对道路工程有较为全面的初步认识，明确本门课程在整个道路工程建设中的首要地位；应通过对道路的分级与技术标准的掌握，为后面学习道路的线形设计打下基础。

习　题

1-1　现代交通运输方式有哪些？与其他运输方式比较，公路运输有何特点？
1-2　《公路工程技术标准》将我国公路分为哪几个等级？
1-3　试论述公路"两阶段勘测设计"的程序步骤。

第 2 章

道路几何设计依据

本章教学要点

知识模块	掌握程度	知识要点
驾驶人行为	了解	驾驶行为、驾驶者反应时间
设计车辆	掌握	设计车辆的基本尺寸
汽车行驶车速	掌握	运行车速法，设计车速法
设计交通量	掌握	年平均日交通量，设计小时交通量，标准车型和车辆折算系数
通行能力	了解	基本通行能力、可能通行能力、设计通行能力
汽车行驶特性概述	了解	汽车行驶特性的主要内容，汽车行驶对路线的要求

本章技能要点

技能要点	掌握程度	应用方向
设计车辆	理解	设计车辆等指标是道路线形设计的主要依据，深刻理解它们的基本含义，可以帮助我们正确设计道路的几何线形
汽车行驶车速	理解	
设计交通量	理解	

 导入案例

道路线形是道路的骨架，它不仅对行车安全、舒适、经济和道路的通行能力有着决定性的影响，而且对沿线的开发、土地利用等也有重大的影响。线形设计一旦确定，后期所有设计成果均建立在此线形基础上，所以无论线形优劣都将很难改变，设计失误将带来不可估量的损失。这就要求道路设计者特别重视线形设计质量，任何一个不安全指标、一个不良线形组合设计都可能形成交通安全隐患。例如位于江西省萍乡市湘东区境内的 320 国道黄花桥路段，自 1992 年开通至今，不足 1km 的路段却发生各类交通事故 400 余起，死亡 92 人，伤 443 人，直接经济损失达 600 余万元。2003 年，该路被公安部、国家安全生产监督管理局列为全国 29 处公路危险路段之一，当地群众更是称其为"恐怖的百慕大"。究其夺命原因，主要是道路设计不合理。按照国家规定，二级公路的最小弯道半径为250m，视距为110m。而黄花桥弯道半径为216m，视距为84m，大大低于国道二级公路设计标准，从而导致车辆行至此处时，往往因为转弯半径不够、会车视距不足而引发交通事故。

无论是新建公路或改建公路，道路线形设计都应有充分的技术经济依据，其中最基本的设计依据为驾驶人行为、设计车辆及设计车速、交通量、通行能力、汽车行驶特性。

2.1 驾驶人行为

2.1.1 驾驶行为

汽车驾驶者是检验道路线形设计成果的直接人，通过驾驶，可以判断路线的安全性和舒适性，所以路线设计者应该掌握驾驶技术。当车辆行驶在公路上，驾驶者通常根据自己对车辆性能的了解、对前方公路线形和路况等的直接判断进行操作。他们通常表现为：

(1) 遇到直线，保持方向盘不动。

(2) 遇到弯道，首先是将方向盘连续转动，沿着交通标线黄线（或中央隔离带缘石）不断调整，这个过程其实就是汽车行驶在回旋线（在第3章平面设计中讲述）上的过程；然后保持方向盘角度基本固定不动，这个过程就是汽车行驶在圆曲线上的过程。

也就是说，对于驾驶者而言，在道路上行驶的过程就是将数学的平面线形转变为基于直觉的驾驶操作的过程；对于设计者而言，线形设计过程就是对驾驶者在理想操作情况下汽车行驶轨迹的模拟过程。

2.1.2 驾驶者反应时间

驾驶者反应时间，是指在驾驶过程中，从驾驶者看见某一视觉输入信号，如地形变化、危险出现等的瞬间，到开始进行操作（转向、超车、踩刹车等），存在一个反应的时间，它由以下四部分组成：

(1) 察觉——驾驶者发觉一个直观的视觉输入信息。

(2) 鉴别——驾驶者鉴定输入信息，并由此识别信息。

(3) 激动——驾驶者对该信息做出反应，决定该采取什么行动（如刹车、打方向盘等）。

(4) 决断——在此过程中，驾驶者实施其选定的行动。

这四个时段之和就是反应时间。国外的研究资料表明，典型的平均反应时间为2.5s，但反应时间的分布差别极大，有记录的反应时间最高值达7s，在强制性停车情况下测出的最低值是1s，堪称两个极端。变化如此之大的一个原因，是反应时间取决于一名驾驶者在当时的警觉程度。同样，存在对某一事件的预料和预报、对多种选择有把握、对任务的熟悉（即符合驾驶者的期望）等，都能缩短反应时间。而另一些因素，如疲劳、缺乏技巧或经验以及毒品和酒精的作用等,会延长反应时间。考虑到以上情况,有报道说在紧急情况下,大多数没有戒备的驾驶者完全能在 2.5s 时间内对明确的刺激做出反应,这代表了正常驾驶者的上限值(可能是第 85 个百分点上的值),而且是接近于能力较弱的驾驶者的平均值。根据国际资料统计,将驾驶者的反应时间定为 2.5s 应作为理想最低值,2.0s 可作为警觉状态下的最低值。在特殊情况下,也允许考虑 1.5s 的绝对最低值来作为在预期驾驶者会保持警惕的地区可以采用的比选值,如在始终处于小半径弯道的路线上(如山区公路上),或行驶在互通式立体交叉上。

以此为基础,我国规范在规定各线元长度时采用 3s 行程长度,如在确定缓和曲线最小长度时即采用 3s 行程长度;而在确定视距时,采用 2.5s 为驾驶者反应时间。

2.2 设 计 车 辆

设计车辆是指道路设计所采用的具有代表性的车辆。

道路上行驶的车辆主要是汽车。汽车的物理特性及行驶于路上各种大小车辆的组成,对于道路几何设计有着决定意义,确定道路的路幅组成、弯道加宽、行车视距等,都与车辆外廓尺寸有着密切的关系。比如汽车的最小转弯半径,直接决定了道路圆曲线最小半径;汽车的车身宽度的限制,为相邻车道间超车提供了相应的(侧向)净空;车身高度的限制,为桥下和电缆之类的高架公用设施下面提供了充分的(竖向)净空并保障车辆的倾覆稳定性。因此选择有代表性的车辆作为设计的依据是必要的。

根据公路和城市道路的使用功能不同,公路的设计车辆包括三类,即小客车、载重汽车和鞍式列车,其基本外廓尺寸见表 2-1;而城市道路的设计车辆也包括三类,即小客车、大型车、铰接车,其基本外廓尺寸见表 2-2。另外,非机动车设计车辆即自行车和三轮车,在大城市近郊和居民密集的地段数量较多而且有发展的趋势,在设计时也应充分注意,其基本外廓尺寸见表 2-3。

表 2-1 公路设计车辆及其外廓尺寸　　　　　　　　　　　　　　　　单位:m

车辆类型	总长	总宽	总高	前悬	轴距	后悬
小客车	6	1.8	2	0.8	3.8	1.4
载重汽车	12	2.5	4	1.5	6.5	4
鞍式列车	16	2.5	4	1.2	4+8.8	2

表 2-2 城市道路设计车辆及其外廓尺寸　　　　　　　　　　　　　　单位:m

车辆类型	总长	总宽	总高	前悬	轴距	后悬
小客车	6	1.8	2.0	0.8	3.8	1.4
大型车	12	2.5	4.0	1.5	6.5	4.0
铰接车	18	2.5	4.0	1.7	5.8+6.7	3.8

表 2-3 非机动车设计车辆及其外廓尺寸　　　　　　　　　　　单位：m

车辆类型	总长	总宽	总高
自行车	1.93	0.60	2.25
三轮车	3.40	1.25	2.25

2.3 汽车行驶车速

汽车行驶速度是公路几何设计的核心控制参数，直接影响道路的曲线半径、超高、视距等技术指标，同时也与车道的尺寸和数目以及路肩的宽度等指标有关。公路设计的一个重要目标，就是把影响汽车运行的各种设计要素通过一条主线联系起来综合考虑，尽量保证汽车在全线能均匀地运行，从而做出一个标准一致的设计。为实现该目标，国际上一般采用两种不同的设计方法，即设计车速法和运行车速法。目前我们国家采用的是设计车速法。

2.3.1 设计车速法

设计车速是指在气候正常、交通密度小、汽车运行只受道路本身条件（几何要素、路面、附属设施等）的影响时，中等驾驶技术的驾驶员能保持安全而舒适地行驶的最大行驶速度。

设计车速是决定公路几何形状的基本依据。设计速度一经选定，公路几乎所有的要素如曲线半径、超高、视距、道路纵坡等，均依此而定。各级公路和城市道路设计速度规定见表 2-4 和表 2-5。

表 2-4 各级公路设计车速　　　　　　　　　　　　　　　　　单位：km/h

公路等级	高速公路			一级公路			二级公路		三级公路		四级公路
设计速度	120	100	80	100	80	60	80	60	40	30	20

表 2-5 各级城市道路设计车速　　　　　　　　　　　　　　　单位：km/h

道路等级	快速路		主干路			次干路			支路		
设计速度	100	80	60	50	40	50	40	30	40	30	20

道路设计速度需要根据道路等级、功能、交通量并结合道路沿线地形、地质等因素综合论证确定。一般而言，在确定公路设计速度时需要注意以下几点：

（1）高速公路特殊困难的局部路段，因新建工程可能诱发工程地质病害时，经论证并报主管部门批准，该局部路段的设计速度可采用 60km/h，但长度不宜大于 15km 或仅限于相邻两互通式立体交叉之间，与其相邻路段的设计速度不应大于 80km/h。

(2) 一级公路作为干线公路时，设计速度宜采用100km/h或80km/h；一级公路作为集散公路时，根据混合交通量、平面交叉间距等因素，设计速度宜采用60km/h或80km/h。

(3) 二级公路作为干线公路时，设计速度宜采用80km/h；二级公路作为集散公路时，混合交通量较大、平面交叉间距较小的路段设计速度宜采用60km/h。

(4) 二级公路位于地形、地质等自然条件复杂的山区，经论证该路段的设计速度可采用40km/h。

在确定城市道路设计速度时需要注意以下几点：

(1) 快速路和主干路的辅路，设计速度宜为主路的0.4～0.6倍。

(2) 在立体交叉范围内，主路设计速度应与路段一致，匝道及集散车道设计速度宜为主路的0.4～0.7倍。

(3) 平面交叉口内的设计速度，宜为路段的0.5～0.7倍。

实际上车辆在公路上行驶时，驾驶员总是根据道路的行车条件（特别是几何条件）及车辆本身性能等来确定车速，只要条件允许，总倾向于采用较高车速行驶。这样驾驶员实际采用的运行车速所需的线形指标就会与设计车速所确定的线形指标脱节，增加了道路的危险性和失调性。因此，与路段设计车速配合的线形指标往往不能满足公路使用者安全行车的要求。

2.3.2　运行车速法

运行车速是在单元路段上车辆的实际行驶速度。因不同车辆在行驶过程中可能采用不同车速，通常以按照统计学测定的从高速到低速排列第85个百分点对应的车辆行驶速度作为运行车速。有别于设计车速的人为规定，运行车速是一个统计学指标，是单元路段车辆的实际行驶速度。运行车速设计方法，有效地保证了路线所有相关要素，如视距、超高、纵坡、竖曲线半径等指标与设计速度的合理搭配，可获得连续、一致的均衡设计。同时，运行车速具有充分顾及交通安全的人性化优势，具有线形与实际运行速度紧密协调的科学性。目前，欧洲、澳大利亚等许多国家和地区均采用运行车速设计方法。

2.4　设计交通量

2.4.1　设计交通量概述

交通量是指单位时间内通过道路某断面的交通流量（即单位时间通过道路某断面的车辆数目），其具体数值由交通调查和交通预测确定，通常用年平均日交通量表示。

年平均日交通量，是指拟建道路达预测年限时所能达到的年平均日交通量。年平均昼夜交通量是一年 365 天交通量观测结果的平均值，是决定路线等级及拟定道路修建次序的主要依据。其计算公式如下：

$$N_d = N_0 (1+\gamma)^{n-1} \quad (2-1)$$

式中　N_d——远景设计年平均日交通量（辆/日）；

　　　N_0——起始年平均日交通量（辆/日）；

　　　γ——交通量年平均增长率（%）；

　　　n——远景设计年限（年）。

各级公路设计交通量的预测应符合下列规定：

(1) 高速公路和具干线功能的一级公路的设计交通量应按 20 年预测；具集散功能的一级公路及二、三级公路的设计交通量应按 15 年预测；四级公路可根据实际情况确定。

(2) 设计交通量预测的起算年，应为该项目可行性研究报告中的计划通车年。

(3) 设计交通量的预测，应充分考虑走廊带范围内远期社会经济的发展和综合运输体系的影响。

设计交通量在确定道路等级、论证道路的计划费用或各项结构设计等时有重要作用，但不宜直接用于道路几何设计。在几何设计时，宜采用按小时车流量统计的交通量。

2.4.2　设计小时交通量

设计小时交通量（辆/h）是以小时作为计算时段的交通量，是确定车道数和车道宽度或评价服务水平时的依据。统计表明：在一天及全年，每小时交通量的变化很大，若以一年中最大的高峰小时交通量作为设计依据，会造成浪费，但如果采用日平均小时交通量，又不能满足高峰时交通需求，造成交通堵塞。为使设计量的取值既保证交通安全通畅又能使工程造价经济、合理，可借助一年中每小时交通量的变化曲线来确定设计小时交通量。

将一年中所有 8760h 交通量按其与年平均日交通量的百分比的大小顺序排列起来并画成曲线，如图 2.1 所示。从该图可以看出，在 30～50h 附近，曲线急剧变化，从此向右曲线明显变缓，而在它的左侧，曲线坡度则急剧加大。根据上述曲线规律，设计小时交通量的合理取值时，显然应选在 30～50h 的范围以内。如以第 30 个小时交通量作为设计依据，意味着在一年中有 29h 超过该设计值而发生拥挤，占全年小时数的 0.37%，也就是说能顺利通过的保证率达 99.67%。目前世界上许多国家包括我国均采用第 30 小时交通量作为设计依据。当然，也可根据公路功能，采用当地年第 20～40 个小时最为经济合理时位的小时交通量。

设计小时交通量按下式计算：

$$N_h = N_d \times D \times k \quad (2-2)$$

式中　N_h——主要方向设计小时交通量（辆/小时）；

　　　N_d——设计交通量，即预测年的年平均日交通量（辆/日）；

D——方向不均匀系数，一般取 0.5～0.6；

k——设计小时交通量系数（%）；当有观测资料时可绘制图 2.1 求得 k 值，无资料时可根据气候分区按表 2-6 取值。

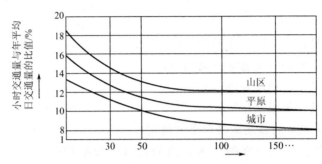

图 2.1　年平均日交通量与小时交通量关系曲线

表 2-6　设计小时交通量系数　　　　　　　　　　　　　　（%）

公路环境及分类		华北 京、津、冀、晋、蒙	东北 辽、吉、黑	华东 沪、苏、浙、皖、闽、赣、鲁	中南 豫、湘、鄂、粤、桂、琼	西南 川、滇、黔、藏	西北 陕、甘、青、宁、新
近郊	高速公路	8.0	9.5	8.5	8.5	9.0	9.5
	一级公路	9.5	11.0	10.0	10.0	10.5	11.0
	双车道公路	11.5	13.5	12.0	12.5	13.0	13.5
城间	高速公路	12.0	13.5	12.5	12.5	13.0	13.5
	一级公路	13.5	15.0	14.0	14.0	14.5	15.0
	双车道公路	15.5	17.5	16.0	16.5	17.0	17.5

2.4.3　标准车型和车辆折算系数

1. 标准车型

为使交通量具有可比性，通常将公路上实际的不同车型的交通量换算成标准车型交通量。JTG B01—2014《公路工程技术标准》将涵盖小客车与小型货车的小客车定为各级公路设计交通量换算的标准车型。

2. 机动车折算系数

用于交通量换算的车辆折算系数，是在特定的公路与交通组成条件下，所有非标准车相当于标准车（小客车）时对交通流影响的当量值。各种车辆的折算系数，与车辆的行驶速度和行车时占用的空间有关。确定公路等级的各汽车代表车型和车辆折算系数见表2-7，城市道路上各种车辆的折算系数见表2-8。

表2-7　各汽车代表车型与车辆折算系数

代表车型	折算系数	车 种 说 明
小客车	1.0	≤19座的客车和载质量≤2t的货车
中型车	1.5	>19座的客车和载质量>2t且≤7t的货车
大型车	2.0	载质量>7t且≤14t的货车
拖挂车	3.0	载质量>14t的货车

注：①畜力车、人力车、自行车等非机动车在设计交通量换算中按路侧干扰因素计。②一、二级公路上行驶的拖拉机按路侧干扰因素计；三、四级公路上行驶的拖拉机每辆折算为4辆小客车。③公路通行能力分析所要求的车辆折算系数，应针对路段交叉口等形式按不同的地形条件和交通需求采用相应的折算系数。

表2-8　城市道路各汽车代表车型和车辆折算系数

车辆类型	小客车	大型客车	大型货车	铰接车
折算系数	1.0	2.0	2.5	3.0

2.5 通行能力

道路通行能力是在一定的道路和交通条件下，道路上某一路段适应车流的能力，以单位时间内通过的最大车辆数表示。单位时间通常以小时计，车辆数对于多车道道路用一条车道的通过数表示，双车道公路用往返车道合计数表示，它是正常条件下道路交通的极限值。通行能力包括基本通行能力、可能通行能力及设计通行能力。道路设计通行能力经过对基本通行能力、可能通行能力的诸多修正后得到。

对通行能力和交通量的分析，可正确确定道路的等级、规模、主要技术指标和几何线形要素。在公路规划和设计中，应进行通行能力和服务水平的分析与评价。

（1）高速公路、一级公路的路段，和互通式立体交叉的匝道及其交织区段，必须分别进行通行能力的分析、评价，使全线服务水平保持均衡一致；

（2）二级公路、三级公路的路段和一级公路的平面交叉，应进行通行能力与服务水平的分析、评价；

（3）二级公路、三级公路的平面交叉，根据其重要程度宜进行通行能力与服务水平的分析、评价。

2.5.1 基本通行能力

基本通行能力是指在理想条件下，单位时间内一个车道或一条车道某一路段可以通过小客车的最大数值，是计算各种通行能力的基础。

所谓理想条件，包括道路本身和交通两个方面，即道路本身应有足够的车道宽度、侧向净宽及平、纵线形与视距良好，交通上只有小客车行驶，没有其他车型混入且不限制车速。现有道路即使是高速路也基本上没有合乎理想条件的，可能通过的车辆数一般都低于基本通行能力。

基本通行能力的计算，可采用"车头时距"或"车头间距"推求。车头时距是指连续两车通过车道或道路上同一地点的时间间隔；车头间距是指交通流中连续两车之间的距离。

2.5.2 可能通行能力

可能通行能力是指由于通常的道路和交通条件与理想条件有较大差距，考虑了影响通行能力的诸多因素如车道宽、侧向净宽和大型车混入后，对基本通行能力进行修正得到的通行能力。

2.5.3 设计通行能力

设计通行能力是指道路交通的运行状态保持在某一设计的服务水平时，单位时间内道路上某一路段可以通过的最大车辆数。

1. 服务水平及服务交通量

我国按照车流运行状态，把从小交通量自由车流至交通量达到可能状态的受限制车流这一运行条件范围分为四级服务水平。JTG D20—2006《公路路线设计规范》规定了各级公路设计采用的服务水平等级，与每一级服务水平相应的交通量称为服务交通量。

各级服务水平的含义如下：

（1）一级水平：驾驶员能自由和较自由地选择期望的车速，交通流基本处于自由流状态及稳定流状态中的较好范围。

（2）二级水平：驾驶员自由度受到一定限制，到二级水平下限时，所受到的限制已达到大部分驾驶员所能允许的最低限度了，交通流属于稳定流状态的中间及中下范围，有拥挤感。

（3）三级水平：驾驶员选择车速的自由度受到很大限制，在三级水平上限时，交通流已接近不稳定流，本级水平大部分范围均处于不稳定流状态，时常出现交通拥挤现象，此水平服务质量很差。

（4）四级水平：靠近上限时，每小时可通行的交通量达到最大值，很快驾驶员就处于无自由选择行车速度余地的状况，交通流变成完全强制状态，跟着前面的车辆行进且不时停车，能通行的交通量很不稳定，从很大直至降低到零，时常发生交通阻塞现象，此级水平的服务质量已达到不能容忍的程度。

各级公路的服务水平应与其技术等级相适应。高速公路、一级公路应按二级服务水平设计；二、三级公路上的无信号交叉路段可按三级服务水平设计；四级公路可视需要确定。各级公路的服务水平与服务交通量规定见表2-9～表2-11。

表2-9 高速公路服务水平等级

服务水平	密度/[pcu/(km·ln)]	设计速度/(km/h)								
		120			100			80		
		速度/(km/h)	V/C	最大服务交通量/[pcu/(h·ln)]	速度/(km/h)	V/C	最大服务交通量/[pcu/(h·ln)]	速度/(km/h)	V/C	最大服务交通量/[pcu/(h·ln)]
一	≤7	≥109	0.34	750	≥96	0.33	700	≥78	0.30	600
二	≤18	≥90	0.74	1600	≥79	0.67	1400	≥66	0.60	1200
三	≤25	≥78	0.88	1950	≥71	0.86	1800	≥62	0.78	1550
四	≤45	≥48	接近1.0	<2200	≥47	接近1.0	<2100	≥45	接近1.0	<2000
	>45	<48	>1.0	0~2200	<47	>1.0	0~2100	<45	>1.0	0~2000

注：V/C是在理想条件下，最大服务交通量与基本通行能力之比；基本通行能力是四级服务水平上半部的最大小时交通量；下表同。

表2-10 一级公路服务水平等级

服务水平	密度/[pcu/(km·ln)]	设计速度/(km/h)								
		100			80			60		
		速度/(km/h)	V/C	最大服务交通量/[pcu/(h·ln)]	速度/(km/h)	V/C	最大服务交通量/[pcu/(h·ln)]	速度/(km/h)	V/C	最大服务交通量/[pcu/(h·ln)]
一	≤7	≥92	0.32	650	≥75	0.29	500	≥57	0.25	400
二	≤18	≥73	0.65	1300	≥60	0.61	1100	≥50	0.56	900
三	≤25	≥68	0.85	1700	≥56	0.78	1400	≥47	0.72	1150
四	≤40	≥50	接近1.0	<2000	≥46	接近1.0	<1800	≥40	接近1.0	<1600
	>40	<50	>1.0	0~2000	<46	>1.0	0~1800	<40	>1.0	0~1600

表 2-11 二级公路、三级公路服务水平等级

服务水平	延误率/%	设计速度/(km/h) 80 速度/(km/h)	V/C 不准超车区/% <30	V/C 不准超车区/% 30~70	V/C 不准超车区/% >70	设计速度/(km/h) 60 速度/(km/h)	V/C 不准超车区/% <30	V/C 不准超车区/% 30~70	V/C 不准超车区/% >70	设计速度/(km/h) 40 速度/(km/h)	V/C 不准超车区/% <30	V/C 不准超车区/% 30~70	V/C 不准超车区/% >70
一	≤30	≥76	0.15	0.13	0.12	≥57	0.15	0.13	0.11		0.14	0.13	0.10
二	≤60	≥67	0.40	0.34	0.31	≥54	0.38	0.32	0.28		0.37	0.25	0.20
三	≤80	≥58	0.64	0.60	0.57	≥48	0.58	0.48	0.43		0.54	0.42	0.35
四	<100	≥48 <48	1.0	1.0	1.0	≥40 <40	1.0	1.0	1.0		1.0	1.0	1.0

注：① 设计速度为 80km/h、60km/h、40km/h，路面宽度为 9m 时，其基本通行能力分别为 2500pcu/h、2300pcu/h、2100pcu/h；

② 延误率为车头时距小于或等于 5s 的车辆数占总交通量的百分比。

2. 设计通行能力

设计通行能力由可能通行能力乘以与该路段服务水平相应的交通量和基本通行能力之比（V/C）得到。

V/C 是在理想条件下，各级服务水平最大服务交通量与基本通行能力之比。其值小说明最大服务交通量小，车流运行条件好，可以理解成服务水平较高；反之则服务交通量大，车流运行条件差，服务水平也低。当设计小时交通量超过设计通行能力时，意味着道路将发生堵塞。

各种通行能力的计算方法，详见交通工程有关内容。

2.6 汽车行驶特性概述

道路设计是以满足汽车行驶的基本要求为前提的。汽车行驶主要的要求是安全、迅速、经济和舒适，它是通过人、车、路和环境等方面来共同保证的。因此，在道路线形设计时，需要研究汽车在道路上的行驶特性及其对道路设计的具体要求，这是道路线形设计的理论基础。

2.6.1 汽车行驶性能的主要内容

1. 动力性能

动力性能指汽车在良好路面上直线行驶时，由汽车受到的纵向力决定所能达到的平均

行驶速度,即指汽车加速、爬坡和获得最大速度的性能。汽车的动力性能较好,就具有较高的车速、较好的爬坡能力和加速能力。动力性能将决定道路的最大纵坡、坡长限制,及长陡坡上陡坡与缓坡的组合状况。

2. 制动性

制动性指汽车行驶中能在短距离停车且维持行驶方向稳定性,和在下长坡时能维持一定车速的能力。汽车制动性的好坏,直接关系到行车安全。制动性能好,汽车才能以较高的车速行驶,及在下长坡时保障行车安全。制动性能与道路的行车视距直接相关。

3. 行驶稳定性

行驶稳定性指汽车在行驶过程中,受到外部因素作用时能保持正常行驶状态和方向,不致失去控制而产生滑移、倾覆等现象的能力。汽车行驶稳定性直接关系到行车的安全,将决定道路圆曲线极限最小半径和纵、横向组合最大纵坡的取值,也影响道路纵坡度的设置。

4. 操纵稳定性

操纵稳定性指汽车能否按照驾驶员的意图受到控制的性能,包括汽车的转向特性、高速稳定性和操纵轻便性。汽车的转向特性,影响着汽车在弯道上的行驶轨迹。

5. 燃油经济性

燃油经济性是指汽车以最少的燃油消耗量完成单位运输工作的能力,它是汽车的主要使用性能之一。燃油经济性越好,单位行程的燃油消耗量越小。

6. 行驶平顺性

行驶平顺性是指汽车在不平道路上行驶时,汽车免受冲击和振动的能力。汽车行驶平顺性对汽车平均技术车速、驾驶员和乘客的舒适感、被运输货物的完整性等有很大的影响。

要改善和提高汽车的上述性能,通常有改进汽车设计和提高道路设计两个根本途径。关于汽车的行驶特性参数,将根据其对道路几何线形设计的影响分别在各章中阐述。

2.6.2 汽车行驶对路线的要求

从道路线形设计来讲,汽车行驶对路线的要求主要从以下方面来保证:

(1) 保证汽车在道路上行驶的稳定性。为保证汽车在道路上行驶的稳定性,即保证汽车行驶时不发生翻车、侧滑或倒溜等,道路线形设计时,在研究汽车行驶中力系的平衡和行车稳定性的基础上,需要合理地选用圆曲线的半径,设置较缓的道路纵坡和横坡,并提高车轮与路面之间的附着力。

(2) 尽可能地提高车速。评价运输工作效率的指标,是汽车运输生产率和运输成本。影响运输生产率和运输成本的因素很多,平均运行速度是主要的因素之一。为了提高汽车平均行驶速度，就需要充分地发挥汽车行驶的动力性能，因此在公路设计时必须严格控制曲线半径、最大纵坡及其坡长，合理设置缓和坡段。

（3）保证道路上的行车连续。为了保证道路上行车的均匀连续，公路线形设计需要保证足够的视距和安全净空，合理地设置平、竖曲线，并尽可能地减少平面交叉等。

（4）尽量满足行车舒适性。在道路线形设计时，需要正确地组合平面线形和纵面线形，注意线形与景观的协调，以增进驾驶者和乘客在视觉上和心理上的舒适感；对平、竖曲线的最小半径要加以限制，以免离心力过大而引起驾驶员和乘客的不舒适感。

本 章 小 结

本章介绍了道路线形设计的主要控制因素，包括驾驶人行为、设计车辆及设计车速、交通量、通行能力以及汽车行驶特性。公路设计时建立设计的基本依据即为主要控制因素，这些因素是由设计者选择或决定的，它们决定了道路的等级，同时又为线形设计如圆曲线半径、纵坡坡度、行车视距等提供了依据。

习 题

2-1 影响道路勘测设计的主要控制因素有哪些？应该如何理解和运用这些控制因素？

2-2 汽车行驶性能的主要内容包括什么？它们对道路线形设计有何作用？

2-3 什么是设计通行能力？如何计算？

第 3 章

平 面 设 计

本章教学要点

知识模块	掌握程度	知识要点
路线	了解	路线的基本概念，路线三视图，路线设计顺序
汽车行驶轨迹	了解	满足汽车行驶轨迹的路线特性
平面线形要素	掌握	平面线形三要素
直线	重点掌握	直线的特点及运用，直线最大长度、直线最小长度
圆曲线	重点掌握	几何要素、半径大小及其长度、桩号的计算
缓和曲线	重点掌握	作用、性质及形式，几何要素、长度及参数，缓和曲线的省略
平面线形设计	掌握	平面线形设计原则、组合类型
行车视距	掌握	行车视距的概念、标准及运用
平面设计主要成果	掌握	直线、曲线及转角一览表，逐桩坐标表，公路路线平面设计图

本章技能要点

技能要点	掌握程度	应用方向
通过平、纵、横三维线形反映道路空间实体	了解	设计平面线形三要素，进行合理组合来计算其几何要素，最终计算平面线形各主点里程桩号，并以图、表的形式反映平面设计成果
依据规范设计平面线形三要素	理解	
不同线形组合的设计与计算	理解	

 **导入案例**

太原至宁武的公路，1997年改建后更名为太佳公路，后又更名为太克公路，在这条公路的31km+700m处，有一个又急又陡的"U"形弯。对于过往的车辆来说，它就像百慕大三角一样可怕，从1997年10月到现在，几乎每个星期都有一辆车在这黑色"U"形弯道上发生事故。这个弯道属于陡坡急弯，弯道径小而纵坡度大，而且一般弯道应该是外高里低，此处却正好相反，是里高外低，所以车辆行经此处时往往离心力大于向心力，容易造成侧翻。

3.1 路线平面设计概述

3.1.1 路线

为了研究的方便，可把路线设计分为平面设计、纵断面设计和横断面设计。

在路线平面图上研究道路的基本走向及线形的过程，称为路线平面设计；在路线纵断面图上研究道路纵坡及坡长的过程，称为路线纵断面设计；在路线横断面图上研究路基断面形状的过程，称为路线横断面设计。三者是相互关联的，既分别进行又需综合考虑。

路线设计的顺序一般是先定平面线形，并沿这个平面线形进行勘查测量，以取得地面线、地质及水文地质等资料。然后再进行纵断面和横断面设计。为求得线形的均衡和减少土石方工程量，必要时再修改平面线形。这样经过几次反复尝试，才能得到一条满意的线形。路线设计的范围，仅限于路线的几何性质，一般不涉及结构。结构设计在路基路面和桥梁工程等课程中讲述。

本章主要介绍平面线形设计，纵断面和横断面设计将在后续章节中介绍。

3.1.2 汽车行驶轨迹

一条道路设计得好坏与否，直接关系到道路使用者即驾驶员的行驶顺畅程度和运行安全程度。现代道路的服务对象主要是汽车，所以在道路设计时，需要研究汽车的行驶条件、动力特性和制动性能等。在进行路线的平面设计时，主要研究汽车在行驶过程中留在地面上的行驶轨迹。只有当平面线形与这个轨迹相符合或接近时，才能保证行车的顺畅与安全。

大量的观测研究表明，汽车行驶轨迹在几何性质上有以下特征：

(1) 轨迹线连续，即在任何一点上不出现错头、折点或间断。

（2）轨迹线曲率连续，即轨迹上任何一点不会出现两个曲率值。

（3）轨迹线曲率对里程或时间的变化率连续，即轨迹上任一点不会出现两个曲率变化率值。

图3.1所示的平面线形不满足上述第（1）条要求，路线上出现了错头、不圆滑、不相切等情况，是不允许出现在路线线形上的。

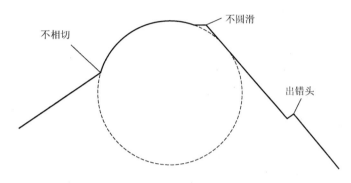

图 3.1 不连续的平面线形

图3.2所示的平面线形，在弯道处两直线之间插入了一段圆弧进行过渡，满足上述第（1）条要求，但不满足第（2）条要求，即其轨迹线曲率不连续，直线与圆曲线衔接处曲率发生突变。

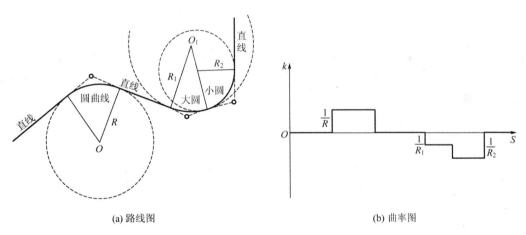

图 3.2 曲率不连续的平面线形

为满足第（2）条轨迹线曲率连续的要求，在直线和圆曲线之间可增加一种曲率逐渐变化的线形，称为缓和曲线，使其满足曲率连续的要求，如图3.3所示。尽管图3.3所示平面线形的曲率却是连续的，但其变化率却是不连续的，即不满足上述第（3）条要求。也就是说，这种线形仍然不完全符合汽车的行驶轨迹形态。尽管它与汽车的行驶轨迹不完全相符，但偏离也不大，在工程实际应用中，现代高等级道路一般都采用图3.3所示的平面线形，实践证明这是一种能够较好满足行车要求的路线线形。低等级道路由于行车速度低，为了便于设计与施工，直线与圆曲线直接衔接的平面线形也经常被采用。

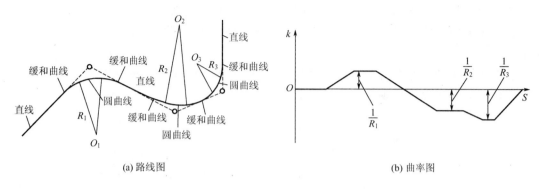

图 3.3　曲率连续的平面线形

3.1.3　平面线形要素

行驶中的汽车，其导向轮旋转面与车身纵轴之间有下列三种关系：
(1) 角度为零。
(2) 角度为常数。
(3) 角度为变数。
与上述三种状态对应的行驶轨迹线如下：
(1) 曲率为零的线形——直线。
(2) 曲率为常数的线形——圆曲线。
(3) 曲率变化的线形——缓和曲线。

实践证明，在直线和圆曲线之间设置了缓和曲线，使平面线形在视觉上更加平顺，能够更好地引导驾驶员的视线。弯道处的圆曲线和缓和曲线统称为平曲线；直线、圆曲线、缓和曲线称为平面线形三要素。我国三级及以上公路平面线形均由此三要素构成，四级公路可不设缓和曲线。

3.2　直　　线

3.2.1　直线的特点及运用

在平面线形三要素中，直线线形在公路和城市道路中使用最广泛。一般在定线时，只要地势平坦，无大的地物障碍，定线人员都首先考虑使用直线通过，采用直线线形的路线如图 3.4 所示。直线以最短的距离连接两目的地，路线短捷、里程最小；直线线形简单，容易测设；汽车在直线上行驶时受力简单，方向明确，驾驶操作简易。

图 3.4　直线形的路线示例

但直线若使用不当也会造成各种问题。如直线线形大多难于与地形协调，若直线运用不当，不仅破坏了线形的连续性，也不便于线形设计自身的协调；对于山岭或丘陵地区，过分强调采用直线线形会严重破坏自然景观，不仅难以跟环境协调，且会造成大挖大填，工程经济效益也差；同时过长的直线易使驾驶员感到单调、疲劳，难以准确目测车距，容易产生尽快驶出直线的急躁情绪，导致超速而发生交通事故。所以在运用直线线形时必须持谨慎态度，不宜过分强调采用直线或采用过长的直线。

一般情况下，下列路段可采用直线线形：
(1) 路线不受地形、地物限制的平坦地区或山间的开阔谷地，如戈壁滩、大草原等。
(2) 城镇及其近郊道路，或以直线条为主进行规划的区域，如规划方正的农耕区等。
(3) 长大桥梁、隧道等构造物路段。
(4) 路线交叉点及其前后路段。
(5) 双车道道路提供超车的路段。

上述情况中，长大桥梁、隧道等构造物路段及路线交叉点及其前后路段，为保证行车安全，满足行车视距要求，宜采用直线；双车道道路提供超车的路段为便于安全超车，也宜采用直线。关于行车视距的设计将在本书后续章节介绍。

3.2.2　直线的最大长度

平面线形三要素中，直线具有十分明显的优势，故常被优先采用。在采用直线线形时，需注意所用直线的最大长度应有所限制。

我国地域辽阔，地形条件在不同的地区有很大的不同，对直线最大长度很难做出统一的规定。经过对不同路段、行驶车速在 100km/h 的驾驶人员和乘客的心理反应和感受进行调查发现：位于城市近郊的公路，作为城市干道的一部分，道路两旁景观丰富，驾驶员和乘客无直线过长希望驶出的不良反应；位于乡间平原区的公路，冬季植物枯萎，景色单调，太长的直线使人情绪受到影响，夏天稍许改善，但驾驶人员加速行驶、希望尽快驶完直线的心理普遍存在；位于大戈壁、大草原的公路，直线长度可达几十 km，司乘人员极度疲劳，车速超过设计速度很多，但在这种特殊的地形条件下，除了直线外别无其他选择，人为设置弯道不但不能改善单调状况，反而增加了路线长度。

我国在道路设计时，一般参照使用国外的经验值如德国和日本的规定，直线的最大长度（以 m 计）为 20V（V 是计算行车速度，用 km/h 为单位表示）。

在进行路线设计时，应遵守的原则是：道路线形应与地形相适应，与景观相协调，不可片面强求长直线或曲线。我国已建成的多条高速公路，大多位于平原微丘区，在长直线的使用上参照了国外的规定并允许稍有增长。如京津塘和济青高速公路的直线长不超过 3.2km；沈大高速公路多处出现 5~8km 的长直线，最长 13km。

当采用长直线线形时，为弥补景观单调的缺陷，应结合沿线具体情况采取相应的措施并注意下述问题：

（1）长直线上纵坡度不宜过大，长直线加上陡的下坡易导致超速行车；

（2）长直线与大半径凹形竖曲线组合为宜，这样可以使生硬呆板的直线得到一些缓和或改善，如图 3.5、图 3.6 所示；

（3）道路两侧地形空旷时，宜采取种植不同树种或设置一定建筑物、雕塑、广告牌等措施，从而改善单调的景观；

（4）长直线尽头的平曲线，除曲线半径、超高、加宽、视距等必须符合规定外，还必须采取设置标志、增加路面抗滑能力等安全措施。

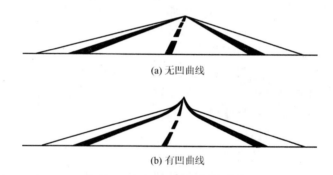

(a) 无凹曲线

(b) 有凹曲线

图 3.5　长直线与凹形竖曲线组合

(a) 无凹曲线　　　　　　　　　　　(b) 有凹曲线

图 3.6　长直线与凹形竖曲线组合实例

必须强调，无论高速公路还是一般公路，在任何情况下都要避免单纯追求长直线的错误倾向。

3.2.3 直线的最小长度

考虑到线形的连续和驾驶的方便,相邻两曲线之间应有一定的直线长度,这个直线长度是指前一曲线的终点(缓直 HZ 或圆直 YZ)到后一曲线起点(直缓 ZH 或直圆 ZY)之间的长度。

1. 同向曲线间直线最小长度

同向曲线之间若插入较短的直线段,易产生把直线和两端的曲线看成为反向曲线的错觉,如图 3.7 所示。这种线形破坏了道路整体线形的连续性,且容易造成驾驶操作的失误,设计中应尽量避免。这种线形组合所产生的缺陷是来自司机的错觉,若将两曲线拉开,即限制中间直线的最短长度,使前方相邻曲线在司机的视觉以外,则可以避免上述缺点。

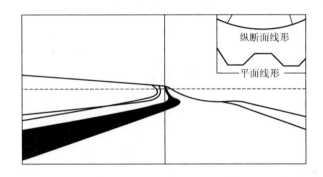

图 3.7 同向曲线之间插入短直线

大量的观测资料证明,行车速度越高,司机注视点越远,这个距离在数值上大约是行车速度 V(以 km/h 计)的 6 倍(以 m 计),《公路路线设计规范》推荐同向曲线之间的最短直线长度以不小于 $6V$ 为宜。这种要求在车速较高的公路($V \geqslant 60 \text{km/h}$)上应尽可能保证,而对于低速公路($V \leqslant 40 \text{km/h}$)则有所放宽,参考执行即可。

2. 反向曲线间直线最小长度

两反向曲线间设有直线段时,由于两弯道转弯方向相反,考虑其超高和加宽缓和的需要及驾驶人员的操作方便,其间的直线最小长度应予以限制。《公路路线设计规范》规定,当计算行车速度不小于 60km/h 时,同向曲线间直线最小长度(以 m 计)以不小于行车速度(以 km/h 计)的 2 倍为宜;当计算行车速度不大于 40km/h 时,可参照上述规定执行。若反向曲线均已设缓和曲线,在受到限制时也可将两反向曲线首尾相连。

3. 相邻回头曲线间直线最小长度

回头曲线是指山区公路为克服高差,在同一坡面上回头展线时所采用的曲线。两相邻回头曲线之间应争取有较长的距离。由一个回头曲线的终点至下一个回头曲线的起点,在二、三、四级公路上应分别不小于 200m、150m 和 100m。

3.3 圆曲线

在各级公路和城市道路设计中，路线转弯处不论转角大小，均应设置平曲线。各级道路的平曲线中，圆曲线是不可缺少的组成元素，具有易与地形相适应、线形美观、易于测设等优点，在设计中运用十分普遍。

3.3.1 圆曲线的几何要素

一般情况下，平曲线由圆曲线和缓和曲线共同组成，某些情况下可不设置缓和曲线，如四级公路可不设缓和曲线，其他各级公路当曲线半径大于或等于"不设缓和曲线的半径"时，也可不设缓和曲线，故此类弯道的平曲线中只含有圆曲线。圆曲线的几何要素如图 3.8 所示，各几何要素按式(3-1)～式(3-4) 计算。

$$T = R\tan\frac{\alpha}{2} \tag{3-1}$$

$$L = \frac{\pi}{180}\alpha R \tag{3-2}$$

$$E = R\left(\sec\frac{\alpha}{2} - 1\right) \tag{3-3}$$

$$J = 2T - L \tag{3-4}$$

式中　T——切线长（m）；

　　　L——曲线长（m）；

　　　E——外距（m）；

　　　J——超距或校对值（m）；

　　　α——转角（°）；

　　　R——圆曲线半径（m）。

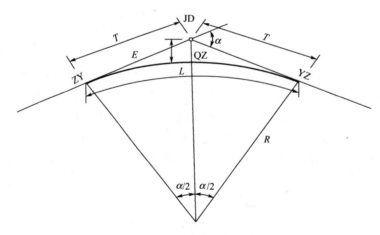

图 3.8　圆曲线几何要素

3.3.2 圆曲线半径

由上节可知，圆曲线各曲线要素均与圆曲线半径有关，只有确定了半径的取值，才能进行曲线要素的计算。现以弯道上行驶的车辆为研究对象进行分析，以得到圆曲线半径的值。

1. 圆曲线半径的影响因素

汽车在曲线上行驶时，由于离心力的作用，使汽车产生向外侧滑移和向外侧倾覆两种不利状况。在平曲线上行驶的汽车所受到的离心力 F 如图3.9所示，按式(3-5)计算。

$$F = \frac{G}{g} \cdot \frac{v^2}{R} \tag{3-5}$$

式中　F——离心力（N）；
　　　G——重力（N）；
　　　R——圆曲线半径（m）；
　　　g——重力加速度，其值为 9.8m/s^2；
　　　v——汽车的行驶速度（m/s）。

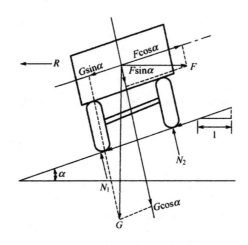

图3.9　曲线上汽车的受力分析

弯道处通常把路面做成外侧高、内侧低的单向横坡形式，即超高，从而提高汽车在平曲线上行驶的稳定性。汽车在具有超高的平曲线上行驶时，重力的水平分力可以抵消一部分离心力的作用，其余可由汽车轮胎与路面之间的横向摩阻力与之平衡。

沿着平行于路面的横向力方向 X 和垂直于路面的竖直力方向 Y 对离心力 F 和汽车重力 G 进行分解，可得下式：

$$X = F\cos\alpha - G\sin\alpha$$
$$Y = F\sin\alpha + G\cos\alpha$$

由于路面的横向倾角 α 一般很小，$\sin\alpha = \tan\alpha = i_h$，$\cos\alpha \approx 1$，其中 i_h 称为横向超高坡度或超高横坡度（也称超高率），因此可得

$$X = F - Gi_h = \frac{G}{g} \cdot \frac{v^2}{R} - Gi_h = G\left(\frac{v^2}{gR} - i_h\right) \tag{3-6}$$

在汽车行驶的过程中，横向力 X 是一个不稳定的因素，为了表示汽车所受横向力的程度，采用单位车重所受的横向力即横向力系数 μ 来衡量汽车所受横向力的程度：

$$\mu = \frac{X}{G} = \frac{v^2}{gR} - i_h = \frac{v^2}{127R} - i_h \tag{3-7}$$

式中　v、V——计算行车速度，分别以 m/s、km/h 为单位计；

　　　R——平曲线半径（m）。

式（3-7）反映了横向力系数和车速、平曲线半径及超高率之间的关系。由上式可知，横向力系数越大，汽车行驶的稳定性越差。

将式（3-7）变形可得

$$R = \frac{v^2}{127(\mu + i_h)} \tag{3-8}$$

由式（3-8）可知，计算行车速度 V 一定时，曲线半径 R 的最小值取决于容许的最大横向力系数及最大超高横坡度。

1）横向力系数 μ

横向力系数对行车产生的不利影响表现如下：

（1）不利于行车安全。汽车在弯道处行驶时，不发生滑移的前提条件是横向力系数 μ 不大于轮胎与路面之间的横向摩阻系数 f，即

$$\mu \leqslant f \tag{3-9}$$

式中　f——轮胎与路面之间的横向摩阻系数，与车速、路面类型、轮胎状态等有关；一般在干燥路面上为 0.4～0.8，在潮湿的沥青路面上降低到 0.25～0.4，路面结冰或积雪时降到 0.2 以下，在光滑的冰面上可降到 0.06（不加防滑链）。

（2）增加燃料消耗和轮胎磨损。弯道处由于横向力的存在，车辆的燃油消耗和轮胎磨损均有所增加，对此国外实测的燃料消耗和轮胎磨损情况见表 3-1。

表 3-1　实测的燃料消耗和轮胎磨损情况

横向力系数 μ	燃料消耗/%	轮胎磨损/%	横向力系数 μ	燃料消耗/%	轮胎磨损/%
0	100	100	0.15	115	300
0.05	105	160	0.20	120	390
0.10	110	220			

（3）使驾驶操纵困难。在横向力作用下，弯道上的车辆轮胎会发生横向变形，使轮胎的中间平面与轮迹前进方向形成横向偏移角，在车辆高速行驶时将增加驾驶操纵的难度，不易保持驾驶方向的稳定。经验表明，横向偏移角超过 5°时，驾驶员就不易保持驾驶方向的稳定。

（4）乘客感觉不舒适。横向力系数的存在不仅造成驾驶员操作的困难、燃油消耗及轮胎磨损的增加，还对乘客的乘车感觉造成不良影响。横向力系数 μ 过大时，乘客感觉不舒

适。据试验，乘客的心理感受随横向力系数 μ 的变化如下：
① 当 $\mu<0.10$ 时，不感到有曲线存在，觉得很平稳。
② 当 $\mu=0.15$ 时，稍感到有曲线存在，觉得尚平稳。
③ 当 $\mu=0.20$ 时，已感到有曲线存在，稍感不稳定。
④ 当 $\mu=0.35$ 时，感到有曲线存在，觉得不稳定。
⑤ 当 $\mu>0.40$ 时，觉得非常不稳定，车辆有倾覆的危险。

计算圆曲线最小半径时，一般取 $\mu=0.10\sim0.16$，根据公路等级采用不同的值，车速高时取低值，车速低时取高值。

2) 最大超高横坡度 $i_{h,max}$

弯道上的车辆在高速行驶时，将承受很大的离心力而不易保持平衡状态，设置超高就是为了抵消部分离心力的作用。但道路上行驶车辆的速度差异较大，特别是混合交通路段。对于低速行驶的慢车而言，其在弯道上受离心力的影响非常小，若弯道处设置的超高横坡度过大，超出轮胎与路面间的横向摩阻系数 f，则慢车有沿路面最大合成坡度下滑的危险，因此要选择合适的超高横坡度 i_h 才能保证行车的安全，同时应保证 $i_{h,max} \leq f$。

确定最大的超高横坡度 $i_{h,max}$，除了考虑道路所在地区的气候条件外，还应充分考虑驾驶员和乘客的心理安全感。对丛山区、城市附近、交叉口及非机动车交通量大的公路，最大超高横坡度应比一般路段小。我国《公路工程技术标准》明确规定：超高横坡度按计算行车速度、平曲线半径大小，结合路面类型、自然条件和车辆组成等情况确定。高速公路、一级公路的超高横坡度不应大于10%，其他各级公路不应大于8%；在积雪冰冻地区，最大超高横坡度不宜大于6%；当超高横坡度的计算值小于路拱坡度时，应设置等于路拱横坡度的超高。若超高横坡度小于路拱横坡度，则不利于路面排水。

《城市道路路线设计规范》规定的城市道路最大超高横坡度见表3-2。

表3-2 城市道路最大超高横坡度

计算行车速度/(km/h)	80	60	50	40	30	20
最大超高横坡度/%	6	4		2		

2. 圆曲线最小半径

1) 极限最小半径

极限最小半径是各级道路按设计行车速度行驶的车辆能保证安全行车的最小允许半径。我国《公路工程技术标准》和《城市道路设计规范》中所制定的极限最小半径是考虑了我国的具体情况并参照国外资料，取适当的横向力系数 μ 和最大超高横坡度 $i_{h,max}$ 代入式(3-8)计算，将其结果取整归纳而得出。

极限最小半径是道路平面线形设计中的极限值，在特殊困难条件下采用。

2) 一般最小半径

一般最小半径指按计算行车速度行驶的车辆能保证其安全性和舒适性的最小允许半径，它是通常情况下推荐采用的最小半径，介于极限最小半径与不设超高的最小半径之间，其超高值随半径增大而减小。

3）不设超高的最小半径

当圆曲线半径较大时，车辆所受离心力较小，靠轮胎与路面间的摩阻力已足以保证车辆安全稳定行驶，此时可不设超高。对于行驶在曲线外侧车道上的车辆，其 i_h 为负值，大小等于路拱横坡，称为"反超高"。

我国《公路工程技术标准》和《城市道路路线设计规范》（CJJ 193—2012）圆曲线最小半径规定见表 3-3 和表 3-4。

表 3-3 公路圆曲线最小半径

设计速度/(km/h)		120	100	80	60	40	30	20
最大超高	10%	570	360	220	115	—	—	—
	8%	650	400	250	125	60	30	15
	6%	710	440	270	135	60	35	15
	4%	810	500	300	150	65	40	20
不设超高的最小半径/m	路拱≤2.0%	5500	4000	2500	1500	600	350	150
	路拱>2.0%	7500	5250	3350	1900	800	450	200

注："—"为不考虑采用最大超高的情况；下表同。

表 3-4 城市道路圆曲线最小半径

设计速度/(km/h)		120	100	80	60	40	30	20
最大超高	10%	570	360	220	115	—	—	—
	8%	650	400	250	125	60	30	15
	6%	710	440	270	135	60	35	15
	4%	810	500	300	150	65	40	20
不设超高的最小半径/m	路拱≤2.0%	5500	4000	2500	1500	600	350	150
	路拱>2.0%	7500	5250	3350	1900	800	450	200

3. 圆曲线最大半径

选取圆曲线半径时，在与地形条件相适应前提下应尽量采用较大值，但半径大到一定程度时，其几何性质与直线已无太大区别，易给驾驶员造成判断上的错误反而带来不良后果，同时也不便于测设及道路养护维修。所以我国《公路工程技术标准》和《城市道路路线设计规范》规定道路平面线形圆曲线的最大半径不宜超过 10000m。

综上所述，在确定圆曲线半径时，既要满足技术要求，又要经济合理，不可盲目采用大半径曲线而增加不必要的工程量；条件许可时，宜选用不设超高的圆曲线最小半径；圆曲线半径大小应与地形相适应，地形条件受限制时，采用大于或接近于圆曲线一般最小半径值；地形条件特别困难时，方可采用极限最小半径；圆曲线半径的选取应与设计车速相适应，同相衔接路段线形要素相协调，使之构成连续、均衡的曲线线形；同时应注意平、纵组合，避免小半径曲线与陡坡组合。

3.3.3 圆曲线桩号计算

对于未设置缓和曲线的圆曲线，其几何要素为 T、L、E 和 J，相应计算公式和公式中符号意义如 3.3.1 节所述。在圆曲线上有三个主点桩，如图 3.8 所示，相应里程桩号计算如下：

$$ZY = JD - T$$
$$YZ = ZY + L$$
$$QZ = ZY + L/2$$
$$JD = QZ + J/2 \text{（校核）}$$

【例 3-1】 某弯道上设置一圆曲线，交点桩号为 K3+500，转角 $\alpha_右 = 60°$，半径 $R = 600\text{m}$，试计算曲线要素和曲线主点里程桩号。

解：（1）计算圆曲线要素。代入公式得

$$T = R\tan\frac{\alpha}{2} = 600 \times \tan\frac{60°}{2} = 346 \text{ (m)}$$

$$L = \frac{\pi}{180}\alpha R = \frac{\pi}{180} \times 60 \times 600 = 628 \text{ (m)}$$

$$E = R\left(\sec\frac{\alpha}{2} - 1\right) = 600 \times \left(\sec\frac{60°}{2} - 1\right) = 93 \text{ (m)}$$

$$J = 2T - L = 2 \times 346 - 628 = 64 \text{ (m)}$$

（2）计算主点里程桩号。代入公式得

$$ZY = JD - T = (K3+500) - 346 = K3+154$$
$$YZ = ZY + L = (K3+154) + 628 = K3+782$$
$$QZ = ZY + L/2 = (K3+154) + 628/2 = K3+468$$

对以上计算进行校核如下：

$$JD = QZ + J/2 = (K3+468) + 64/2 = K3+500$$

JD 点桩号与已知条件一致，经校核证明无误。

3.4 缓和曲线

平面线形设计时，为满足行车轨迹线曲率连续的要求，在直线和圆曲线或半径相差较大的两个同向圆曲线之间增加一种曲率逐渐变化的线形，即上文提及的缓和曲线。缓和曲线是道路平面线形三大要素之一，是平面线形的重要组成部分。《公路工程技术标准》规定，除四级公路可不设缓和曲线外，其余各级公路都应按要求设置缓和曲线。在城市道路

上,缓和曲线也被广泛使用,《城市道路路线设计规范》规定,当设计车速大于等于40km/h时,应按要求设置缓和曲线。

3.4.1 缓和曲线的作用与性质

1. 缓和曲线的作用

设置缓和曲线有以下作用:

(1) 缓和曲线曲率连续变化,便于车辆遵循。在进行路线的平面设计时,主要研究汽车在行驶过程中留在地面上的行驶轨迹。只有当平面线形与这个轨迹相符合或接近时,才能保证行车的顺畅与安全。为满足行车轨迹线曲率连续的要求,所以在直线和圆曲线之间增加曲率逐渐变化的缓和曲线。设置缓和曲线后,平面线形更加符合行车轨迹,便于车辆遵循。

(2) 离心加速度逐渐变化,旅客感觉舒适。汽车在直线上行驶时,不产生离心力。当车辆以一定车速驶入弯道时,若仅设置圆曲线,曲率会产生突变,则车辆瞬间承受较大的离心力,令乘客感觉不适。设置缓和曲线后,曲率逐渐过渡,离心加速度也逐渐过渡,令乘客感觉舒适。

(3) 超高及加宽逐渐变化,行车更加平稳。弯道上的车辆在高速行驶时,将承受很大的离心力而不易保持平衡状态,设置超高就是为了抵消部分离心力的作用,同时考虑车辆在弯道上行驶时占用路面情况发生改变,所以需要对路面进行加宽,以保证行车安全。超高和加宽均需要一定长度的过渡段来完成,最后达到圆曲线上的设计超高和加宽值,这一过渡过程一般在缓和曲线长度内完成。

(4) 与圆曲线配合,增加线形美观。圆曲线与直线相连,曲率发生突变,路线在视觉上给人以扭曲感。设置缓和曲线以后,缓和曲线与圆曲线搭配,线形连续圆滑,使线形变得美观,如图 3.10、图 3.11 所示。

(a) 不设缓和曲线感觉路线扭曲　　　　　　(b) 设置缓和曲线后变得平顺美观

图 3.10　直线与曲线连接效果图

(a) 不设缓和曲线　　　　　　　　(b) 设置缓和曲线

图 3.11　直线与曲线连接实例

2. 缓和曲线的性质

缓和曲线应满足汽车从直线逐渐驶入圆曲线的行驶轨迹。现对汽车在弯道上的行驶轨迹进行分析，该轨迹如图 3.12 所示。假定汽车匀速行驶，方向盘匀速转动，当方向盘转动角为 φ 时，前轮相应转动角度为 $\varPhi$，它们之间的关系为

$$\varPhi = k\varphi$$

式中　$\varPhi$——前轮相应转动角度（rad）；
　　　φ——方向盘转动角度（rad）；
　　　k——小于 1 的系数。

方向盘转动的角速度为 ω，则汽车前轮转动的角度为

$$\varPhi = k\varphi = k\omega t$$

式中　ω——方向盘转动的角速度（rad/s）；
　　　t——行驶时间（s）。

由图 3.12 可知：

$$r = \frac{d}{\tan\varPhi}$$

式中　r——行车轨迹曲线半径（m）；
　　　d——汽车前后轮轴距（m）。

图 3.12　汽车转弯简化图

由于 $\varPhi$ 很小，故上式可近似地表示为

$$r = \frac{d}{\tan\varPhi} = \frac{d}{k\omega t}$$

设汽车按速度 v（单位为 m/s）等速行驶，经过时间 t（单位为 s）后行驶距离为 l（单位为 m），则可得

$$l = vt$$

整理得

$$l = \frac{vd}{k\omega r} \tag{3-10}$$

式中 v、d、k、ω 都为常数，令

$$\frac{vd}{k\omega} = C$$

则可得

$$l = \frac{C}{r} \tag{3-11}$$

或

$$rl = C \tag{3-12}$$

式中　l——汽车自曲线起点开始转弯，经时间 t（s）后行驶的距离（m）；

　　　r——汽车行驶 t（s）后的曲率半径（m）；

　　　C——常数。

上式说明，汽车匀速从直线进入圆曲线（或从圆曲线进入直线）时，其行驶轨迹的弧长与曲线的曲率半径的乘积为常数。这一性质与数学上的回旋线正好相符。

3.4.2　缓和曲线的形式

1. 回旋线作为缓和曲线

在道路设计中，最常用的缓和曲线形式是回旋线，如图 3.13 所示。回旋线的基本公式为

$$rl = A^2 \tag{3-13}$$

式中　r——回旋线上任意点的曲率半径（m）；

　　　l——回旋线上任意点到原点的长度（m）；

　　　A——回旋线的参数。

由于 rl 的量纲是 m^2，为使量纲一致，令常数

$$C = A^2$$

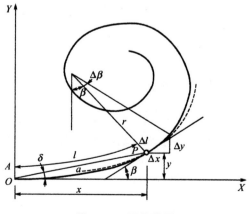

图 3.13　回旋线图

C 表示回旋线曲率变化的缓急程度。在回旋线终点处，$r=R$，$l=L_s$，则上式可表示为

$$RL_s=A^2 \tag{3-14}$$

或

$$A=\sqrt{RL_s} \tag{3-15}$$

式中　R——回旋线所连接的圆曲线的半径（m）；

　　　L_s——缓和曲线的长度（m）。

如图 3.13 所示，在回旋线上任一点 P 处取微分单元，有

$$dl=r \cdot d\beta$$
$$dx=dl \cdot \cos\beta$$
$$dy=dl \cdot \sin\beta$$

式中　β——回旋线上任一点 P 的法线方向与轴的夹角，称为回旋线的旋转角；

　　　x，y——回旋线上任一点 P 的坐标值。

将 $r \cdot l = A^2$ 代入得

$$l \cdot dl = A^2 \cdot d\beta$$
$$dl = \frac{A^2}{l} \cdot d\beta$$

积分得

$$l^2 = 2A^2\beta$$

则缓和曲线角为

$$\beta = \frac{l^2}{2A^2} \tag{3-16}$$

将 $dl = \frac{A^2}{l} \cdot d\beta$ 代入 dx、dy 的表达式可得

$$dx = \frac{A^2}{l} \cdot \cos\beta d\beta = \frac{A}{\sqrt{2\beta}} \cdot \cos\beta d\beta$$

$$dy = \frac{A^2}{l} \cdot \sin\beta d\beta = \frac{A}{\sqrt{2\beta}} \cdot \sin\beta d\beta$$

将以上两式分别积分并将 $\cos\beta$、$\sin\beta$ 用级数展开，整理得

$$x = l - \frac{l^3}{40r^2} + \frac{l^5}{3456r^4} - \cdots$$

$$y = \frac{l^2}{6r} - \frac{l^4}{336r^3} + \frac{l^6}{42240r^5} - \cdots$$

在回旋线终点处，$l=L_s$，$r=R$，代入得

$$x = L_s - \frac{L_s^3}{40R^2} + \frac{L_s^5}{3456R^4} - \cdots \tag{3-17}$$

$$y = \frac{L_s^2}{6R} - \frac{L_s^4}{336R^3} + \frac{L_s^6}{42240R^5} - \cdots \tag{3-18}$$

式中　l——任一点的弧长（m）；

　　　L_s——缓和曲线长度（m）；

　　　R——圆曲线半径（m）。

若用切线支距法敷设缓和曲线,则可采用下列近似公式:

$$x = l - \frac{l^3}{40r^2} \tag{3-19}$$

$$y = \frac{l^2}{6r} - \frac{l^4}{336r^3} \tag{3-20}$$

2. 缓和曲线的其他形式

除回旋线外,三次抛物线和双纽线也可作为缓和曲线。从保证汽车平顺行驶角度而言,三种曲线都可作为缓和曲线,但回旋线使用较多。我国公路及城市道路规范推荐采用回旋线来作为缓和曲线使用。

3.4.3 缓和曲线的几何要素

1. 回旋线各要素计算公式

图 3.14 所示回旋线上,任一点 P 的曲率半径为

$$r = \frac{A}{\sqrt{2\beta}} \tag{3-21}$$

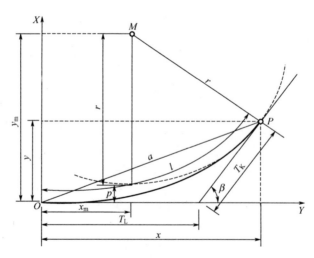

图 3.14 回旋线要素

P 点的回旋线长为

$$l = A\sqrt{2\beta} \tag{3-22}$$

缓和曲线角为

$$\beta = \frac{l^2}{2A^2} = \frac{l^2}{2rl} = \frac{l}{2r} \tag{3-23}$$

长切线长为

$$T_L = x - y \cdot \cos\beta \tag{3-24}$$

短切线长为

$$T_K = \frac{y}{\sin\beta} \quad (3-25)$$

P 点的弦长为

$$a = \frac{y}{\sin\delta} \quad (3-26)$$

P 点的偏角为

$$\delta = \arctan\frac{y}{x} \approx \frac{\beta}{a} \quad (3-27)$$

2. 有缓和曲线的平曲线几何要素

道路平面线形的基本组合为：直线—缓和曲线—圆曲线—缓和曲线—直线，如图 3.15 所示。

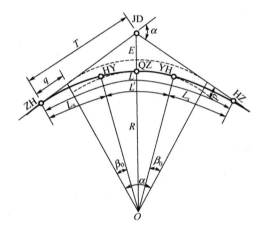

图 3.15　基本型平曲线

其各几何元素的计算公式如下：

$$q = \frac{L_s}{2} - \frac{L_s^3}{240R^2} \quad (3-28)$$

$$p = \frac{L_s^2}{24R} - \frac{L_s^4}{2384R^3} \quad (3-29)$$

$$\beta_0 = 28.6479\frac{L_s}{R} \quad (3-30)$$

$$T = (R+p)\tan\frac{\alpha}{2} + q \quad (3-31)$$

$$L = (\alpha - 2\beta_0)\frac{\pi}{180}R + 2L_s \quad (3-32)$$

$$E = (R+p)\sec\frac{\alpha}{2} - R \quad (3-33)$$

$$J = 2T - L \quad (3-34)$$

式中　q——缓和曲线起点到圆曲线原起点的距离，也称为切线增值（m）；

p——设缓和曲线后圆曲线内移值（m）；

β_0——缓和曲线终点的缓和曲线角（°）；

L_s——缓和曲线长（m）；
R——圆曲线半径（m）；
α——转角（°）；
T——切线长（m）；
L——曲线长（m）；
E——外距（m）；
J——超距（m）。

3. 设缓和曲线的平曲线主点里程桩号

设缓和曲线的平曲线主点包括 ZH、HY、QZ、YH、HZ 五点，如图 3.15 所示。主点里程桩号计算如下：

$$ZH = JD - T$$
$$HY = ZH + L_s$$
$$QZ = HY + L'/2$$
$$YH = HY + L'$$
$$HZ = YH + L_s$$
$$JD = QZ + J/2 \text{（校核）}$$

式中　L'——圆曲线长度（m）；
其他各物理量意义同前。

3.4.4　缓和曲线的长度及参数

1. 缓和曲线的最小长度

车辆在缓和曲线上要完成曲率的连续过渡，要求缓和曲线有足够的长度，使司机能从容地操纵方向盘、乘客感觉舒适、道路线形美观流畅，平曲线上超高和加宽的过渡也能在缓和曲线段内合理完成，所以应当规定缓和曲线的最小长度。

缓和曲线最小长度由以下几个方面综合确定。

1) 离心加速度变化率

汽车由直线逐渐过渡到圆曲线，其离心加速度由直线上的零增加到进入圆曲线时的最大值，从乘客感觉出发，这种离心加速度的变化率应控制在一定的范围之内。

离心加速度为

$$a = \frac{v^2}{R}$$

离心加速度的变化率为

$$a_s = \frac{a}{t} = \frac{v^2/R}{t} = \frac{v^2}{tR}$$

匀速行驶时有

$$t = \frac{L_s}{v}$$

则可得

$$a_s = \frac{v^3}{L_s R}$$

式中　v——汽车行驶速度（m/s）；
　　　t——汽车在缓和曲线上行驶的时间（s）；
　　　R——圆曲线半径（m）；
　　　L_s——缓和曲线长度（m）。

在道路设计中，一般取 $a_s \leqslant 0.6 \mathrm{m/s^3}$，代入上式，则缓和曲线的最小长度为

$$L_{s,\min} = 0.036 \frac{V^3}{R} \tag{3-35}$$

式中　V——汽车行驶速度（km/h）。

2）缓和段内行驶时间

缓和曲线应具备一定长度，以保证驾驶员不因缓和段过短而令驾驶操作过于匆忙。一般要求缓和段内操作反应时间 t 不小于 3s。

缓和段长度为

$$L_s = vt = \frac{V}{3.6}t$$

式中　v，V——汽车行驶速度，单位分别为 m/s、km/h。

将操作反应时间 $t = 3$s 代入得

$$L_{s,\min} = \frac{V}{1.2} \tag{3-36}$$

3）超高渐变率

一般情况下将超高过渡段设置在缓和曲线上，若缓和段过短，则超高变化过于急促，造成路面扭曲，不利于行车。

我国道路规范规定了合适的超高渐变率，由此得到缓和曲线最小长度的计算公式为

$$L_{s,\min} = \frac{B \Delta i}{p} \tag{3-37}$$

式中　B——道路超高横断面旋转轴至车行道外侧边缘线的宽度（m）；
　　　Δi——超高横坡度与路拱坡度的代数差（%）；
　　　p——适当的超高渐变率，即旋转轴线与车行道外侧边缘线之间的相对坡度。

考虑了上述影响缓和曲线长度的各项因素，《公路路线设计规范》制定了各级公路缓和曲线的最小长度，见表 3-5。《城市道路路线设计规范》制定的城市道路最小缓和曲线长度见表 3-6。

表 3-5　各级公路缓和曲线最小长度

设计车速/(km/h)	120	100	80	60	40	30	20
$L_{s,\min}$/m	100	85	70	50	35	25	20

注：四级公路为超高、加宽过渡段长度。

表 3-6 城市道路缓和曲线最小长度

设计车速/(km/h)	100	80	60	50	40	30	20
$L_{s,\min}$/m	85	70	50	45	35	25	20

2. 缓和曲线参数 A 的确定

回旋线参数 A 值决定了回旋线曲率变化的缓急程度。A 值越大，回旋线的弯曲度越平缓，回旋线所占空间越大。确定合理的缓和曲线参数 A，可以使线形达到顺适与美观的要求。参数 A 的最小值应根据汽车在缓和曲线上行驶的要求、行驶时间要求及允许的超高渐变率等决定。国家标准规定了缓和曲线最小长度，由公式 $RL_s = A^2$ 可确定最小参数 A 值。

根据驾驶员视觉研究认为，当缓和曲线角 $\beta < 3°$ 时，曲线极不明显，视觉上易被忽略；当 $\beta > 29°$ 时，曲线过于弯曲，很难与圆曲线顺接。保持缓和曲线角 β 在 $3° \sim 29°$，就可确定适当的 A 值，大致在下列范围：

$$\frac{R}{3} \leqslant A \leqslant R$$

经验表明，当圆曲线半径 $R \approx 100\text{m}$ 时，宜取 $A = R$；若 $R < 100\text{m}$，则取 $A \geqslant R$；反之在圆曲线较大时，可取 $A \approx R/3$；若 $R > 3000\text{m}$，即使 $A < R/3$ 也是可行的。

3.4.5 缓和曲线的省略

在直线和圆曲线之间设置缓和曲线后，圆曲线在原来与直线相切的基础上产生了一个内移值 p，在缓和曲线长度 L_s 一定的情况下，p 与圆曲线半径成反比，当半径 R 大到一定程度时，p 值甚微，即使直线与圆曲线径相连接，汽车也能完成曲率渐变行驶，因为在车道的富余宽度中已经包含了这个内移值。因此规范中规定在下列情况下可不设回旋线。

1. 直线与圆曲线间缓和曲线的省略

《公路工程技术标准》规定，当圆曲线半径大于或等于表 3-3 中不设超高的最小半径时，可不设缓和曲线；四级公路可将直线和圆曲线径相连接，在圆曲线两端的直线上设置超高缓和段、加宽缓和段。

《城市道路路线设计规范》规定，当计算行车速度小于 40km/h 时，可以省略缓和曲线；大于 40km/h 时，如半径大于不设缓和曲线的最小圆曲线半径，缓和曲线也可以省略，见表 3-7。

表 3-7 城市道路不设缓和曲线的最小圆曲线半径

计算行车速度/(km/h)	100	80	60	50	40
不设缓和曲线的最小圆曲线半径/m	3000	2000	1000	700	500

2. 半径不同的同向圆曲线间缓和曲线的省略

（1）当小圆半径大于表 3-3 中不设超高的最小半径时，可以省略缓和曲线。

(2) 当小圆半径大于表 3-8 中所列半径，且符合下列条件之一时，可以省略缓和曲线：

① 小圆曲线按规定设置相当于最小回旋曲线长的回旋线时，其大圆与小圆的内移值之差不超过 0.10m。

② 计算行车速度不小于 80km/h 时，大圆半径与小圆半径之比小于 1.5。

③ 计算行车速度小于 80km/h 时，大圆半径与小圆半径之比小于 2。

表 3-8　复曲线中小圆临界曲线半径

计算行车速度/(km/h)	120	100	80	60	40	30
临界曲线半径/m	2100	1500	900	500	250	130

3.5　平面线形设计

3.5.1　平面线形设计的一般原则

道路平面线形除了满足直线长度、圆曲线半径及缓和曲线长度等参数要求外，还应满足以下方面的要求：

(1) 平面线形应直捷、连续，与地形、地物相适应，与周边环境相协调。在地势平坦开阔的平原微丘区，路线受地形地物限制较少，平面线形三要素中直线所占比例较大。而在地势起伏很大的山岭和重丘区，受地形地物限制较大，路线弯道多，曲线所占比例较大。可以设想，若在没有任何障碍物的开阔地区（如戈壁、草原等）故意设置一些不必要的弯道，或者在高低起伏的山区强求长直线，都会给人以不协调的感觉。路线要与地形相适应，这既是美学问题，也是经济问题和生态保护问题。直线、圆曲线及缓和曲线的选用与合理组合取决于地形、地物等具体条件，片面强调路线要以直线为主或以曲线为主，或人为规定三者的比例都是不合理的。

(2) 除满足行驶力学基本要求外，高速路还应尽量满足视觉和心理上的要求。高速公路、一级公路及计算行车速度大于 60km/h 的公路和城市道路，应注重立体线形设计，尽量做到线形连续、指标均衡、视觉良好、景观协调、安全舒适。计算行车速度越高，线形设计所考虑的因素就更应周全。

对于计算行车速度小于 40km/h 的道路，首先应在保证行车安全的前提下，正确运用平面线形要素最小值，在条件允许且不过多增加工程量的情况下力求做到各种线形要素的合理组合，并尽量避免和减少不利的组合，以期充分发挥投资效益。

(3) 应保持平面线形的均衡与连贯。为使一条公路上的车辆尽量以均匀的速度行驶，应注意各线形要素保持连续性而不出现技术指标的突变。以下几点在设计时应充分注意：

① 长直线尽头不能接一小半径曲线。长的直线和长的大半径曲线会导致较高的车速，

若突然出现小半径曲线,会因减速不及而造成事故。特别是长下坡方向的尽头更要注意。若由于地形所限小半径曲线难免时,中间应插入过渡性曲线,并使纵坡度不要过大。

② 高、低标准之间要有过渡。同一等级的公路由于地形的变化,在指标的采用上也会有变化。同一条公路采用不同计算行车速度的各设计路段之间,也会形成技术标准的变化。遇有这种高、低标准变化的路段,除满足有关设计路段长度上的要求外,还应结合地形的变化,使路线的平面线形指标逐渐过渡,避免出现突变。不同标准路段相互衔接的地点,应选在交通量发生变化处,或者驾驶者能够明显判断前方需要改变行车速度的地方。

(4) 应避免连续急弯的线形。这种线形给驾驶者造成极大不便,给乘客的舒适性也带来不良影响。设计时可在曲线间插入足够长的直线或缓和曲线加以过渡。

(5) 平曲线应有足够的长度。平曲线太短,汽车在曲线上行驶时间过短,会使驾驶操纵来不及调整,应控制平曲线(包括圆曲线及其两端的缓和曲线)的最小长度,见表3-9~表3-12。

表3-9 各级公路平曲线最小长度

计算行车速度/(km/h)	120	100	80	60	40	30	20
平曲线最小长度/m	200	170	140	100	70	50	40

表3-10 公路转角等于或小于7°时的平曲线长度

计算行车速度/(km/h)		120	100	80	60	40	30	20
平曲线长度/m	一般值	$1400/\alpha$	$1200/\alpha$	$1000/\alpha$	$700/\alpha$	$500/\alpha$	$350/\alpha$	$280/\alpha$
	低限值	200	170	140	100	70	50	40

注:α 为路线转角值(°),当 $\alpha<2°$ 时按 2° 计算。

表3-11 城市道路平曲线与圆曲线最小长度

设计车速/(km/h)	80	60	50	40	30	20
平曲线最小长度/m	140	100	85	70	50	40
圆曲线最小长度/m	70	50	40	35	25	20

表3-12 城市道路小转角平曲线最小长度

设计车速/(km/h)	80	60	50	40	30	20
平曲线最小长度/m	$1000/\theta$	$700/\theta$	$600/\theta$	$500/\theta$	$350/\theta$	$280/\theta$

注:θ 为平曲线转角,当 $\theta<2°$ 时按 2° 计算。

道路弯道在一般情况下是由前后两段缓和曲线(或超高、加宽缓和段)和中间一段圆曲线组成。缓和曲线的长度不能小于该级公路对其最小长度的规定,中间圆曲线的长度宜大于3s的车辆行程。当条件受限时,可将两段缓和曲线在曲率相等处直接相接,此时的圆曲线长度为零。

路线转角的大小反映了路线的舒顺程度,通常认为转角小一些较好。但如果转角过小,即使设置了较大的半径也容易把曲线长度看成比实际的要短,造成急转弯的错觉。这种倾向随转角越小越显著,以致造成驾驶者枉作减速转弯的操作。一般认为,平曲线转角 $\theta<7°$ 属于小转角弯道。对于小转角弯道,应设置较长的平曲线,其长度应符合表 3-10 中规定的"一般值"。但受地形及其他特殊情况限制时,可减短至表中的"低限值"。

3.5.2 平面线形要素的组合类型

路线平面线形设计时,应合理运用直线、圆曲线及缓和曲线三种线形,对线形三要素进行合理组合。平面线形要素的组合有以下几种类型。

1. 简单型

将直线线形直接与圆曲线相接的组合称为简单型,即按直线—圆曲线—直线的顺序组合,如图 3.16 所示。

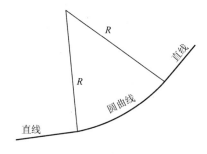

图 3.16 简单型曲线

简单型组合在 ZY 点和 YZ 点处曲率突变,对行车不利,一般仅用于四级公路。其他等级公路中,当圆曲线半径达到不设缓和曲线所要求的规定时,也可省略缓和曲线而构成简单型。

2. 基本型

按直线—缓和曲线—圆曲线—缓和曲线—直线的顺序组合的,称为基本型,如图 3.17、图 3.18 所示。

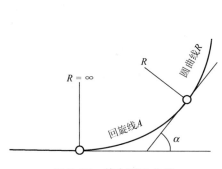

图 3.17 基本型平曲线

图 3.18 基本型实例

基本型中的缓和曲线参数、圆曲线最小长度都应符合有关规定。两缓和曲线参数可以相等，也可以根据地形条件设计成不相等的非对称型曲线。从线形的协调性看，宜将缓和曲线—圆曲线—缓和曲线的长度比设计成 1∶1∶1；当圆曲线半径较大且平曲线较长时，也可设置为 1∶2∶1。

若缓和曲线—圆曲线—缓和曲线的长度比按 1∶1∶1 设计，缓和曲线长度 L_s 与圆曲线半径 R 之间有以下关系：

$$L_s = \frac{\alpha}{2} \cdot R \cdot \frac{\pi}{180} \tag{3-38}$$

若缓和曲线—圆曲线—缓和曲线的长度比按 1∶2∶1 设计，则缓和曲线长度 L_s 与圆曲线半径 R 之间有以下关系：

$$L_s = \frac{\alpha}{3} \cdot R \cdot \frac{\pi}{180} \tag{3-39}$$

式中　α——转角（°）。

【例 3-2】 某平原微丘区二级公路某弯道设一对称的基本型平曲线，$R=250$m，缓和曲线长 $L_s=80$m，JD 点桩号为 K5+300，转角 $\alpha_{右}=30°$，试计算该平曲线上各主点里程桩号。

解：(1) 曲线要素计算。将已知数据代入公式得

$$q = \frac{L_s}{2} - \frac{L_s^3}{240R^2} = \frac{80}{2} - \frac{80^3}{240 \times 250^2} = 39.97 \text{ (m)}$$

$$p = \frac{L_s^2}{24R} - \frac{L_s^4}{2384R^3} = \frac{80^2}{24 \times 250} - \frac{80^4}{2384 \times 250^3} = 1.07 \text{ (m)}$$

$$\beta_0 = 28.6479 \frac{L_s}{R} = 28.6479 \times \frac{80}{250} = 9°10'$$

$$T = (R+p)\tan\frac{\alpha}{2} + q = (250+1.07)\tan\frac{30°}{2} + 39.97 = 107.76 \text{ (m)}$$

$$L' = (\alpha - 2\beta_0)\frac{\pi}{180}R = (30° - 2 \times 9°10') \times \frac{\pi}{180} \times 250 = 50.88 \text{ (m)}$$

$$L = (\alpha - 2\beta_0)\frac{\pi}{180}R + 2L_s = (30° - 2 \times 9°10') \times \frac{\pi}{180} \times 250 + 2 \times 80 = 210.88 \text{ (m)}$$

$$J = 2T - L = 2 \times 107.76 - 210.88 = 4.64 \text{ (m)}$$

(2) 主点里程桩号计算。由公式可得

$$ZH = JD - T = (K5+300) - 107.76 = K5+192.24$$

$$HY = ZH + L_s = (K5+192.24) + 80 = K5+272.24$$

$$QZ = HY + L'/2 = (K5+272.24) + 50.88/2 = K5+297.68$$

$$YH = HY + L' = (K5+272.24) + 50.88 = K5+323.12$$

$$HZ = YH + L_s = (K5+323.12) + 80 = K5+403.12$$

对以上计算校核如下：

$$JD = QZ + J/2 = (K5+297.68) + 4.64/2 = K5+300$$

JD 点桩号与已知条件一致，经校核证明无误。

3. S 型

两个反向圆曲线用两段缓和曲线连接的组合,称为 S 型,如图 3.19、图 3.20 所示。

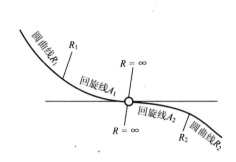

图 3.19　S 型平曲线

图 3.20　S 型实例

S 型相邻两个缓和曲线参数 A_1 与 A_2 宜相等。当采用不同的参数时,A_1 与 A_2 之比以小于 1.5 为宜。此外,在 S 型曲线上,两个反向缓和曲线之间不应设置直线。不得已插入直线时,必须尽量短,其短直线的长度应符合下式:

$$\Delta l \leqslant \frac{A_1 + A_2}{40}$$

式中　Δl——反向缓和曲线间短直线长度 (m);
　　　A_1、A_2——缓和曲线参数。

若中间直线段长度 Δl 因地形需要必须长于上述规定,则整体不能视之为 S 型平曲线,而应按两独立的基本型曲线设计。

S 型两圆曲线半径之比不宜过大,宜符合下式:

$$\frac{R_1}{R_2} = \frac{1}{3} \sim 1$$

式中　R_1——小圆半径 (m);
　　　R_2——大圆半径 (m)。

【例 3-3】　某二级公路 ($V=80$km/h) 上有两个相邻交点,交点间距 D 为 479.55m,现按 S 型曲线设计。第一个交点 JD_1 桩号为 K4+382.62,转角 α_1 为 $16°00'00''$,半径 R_1 为 1000m,缓和曲线长 L_{s1} 为 135m;转角 α_2 为 $34°30'00''$。试确定第二段曲线的 L_{s2} 和 R_2,并计算平曲线各主点桩号。

解:(1) 确定第二段曲线的 L_{s2} 和 R_2。

已知第一段曲线的转角 α_1、半径 R_1 和缓和曲线长 L_{s1},先计算第一段曲线要素,将已知数据代入公式得

$$p_1 = \frac{L_{s1}^2}{24R_1} - \frac{L_{s1}^4}{2384R_1^3} = \frac{135^2}{24 \times 1000} - \frac{135^4}{2384 \times 1000^3} = 0.759 \text{ (m)}$$

$$q_1 = \frac{L_{s1}}{2} - \frac{L_{s1}^3}{240R_1^2} = \frac{135}{2} - \frac{135^3}{240 \times 1000^2} = 67.490 \text{ (m)}$$

$$T_1 = (R_1 + p_1)\tan\frac{\alpha_1}{2} + q_1 = (1000 + 0.759)\tan\frac{16°}{2} + 67.490 = 208.14 \text{ (m)}$$

由于 $T_1 + T_2 = D$，故可得

$$T_2 = D - T_1 = 479.55 - 208.14 = 271.41 \text{(m)}$$

L_{s2} 和 R_2 相互关联，可先假设 R_2 值，根据 R_2 算得 L_{s2}，再对 L_{s2} 值进行验算，若满足要求则假设的 R_2 值可用，否则修改 R_2 值。

R_2 值需满足以下两个条件：

① $R_2 \geqslant 250\text{m}$（二级公路 $V = 80\text{km/h}$ 对应的圆曲线最小半径极限值）；

② $R_1/R_2 = 1/3 \sim 1$。

初步拟定 $R_2 = 590\text{m}$，计算第二段曲线要素如下：

$$p_2 = \frac{L_{s2}^2}{24R_2} - \frac{L_{s2}^4}{2384R_2^3} = \frac{L_{s2}^2}{24 \times 590} - \frac{L_{s2}^4}{2384 \times 590^3}$$

$$q_2 = \frac{L_{s2}}{2} - \frac{L_{s2}^3}{240R_2^2} = \frac{L_{s2}}{2} - \frac{L_{s2}^3}{240 \times 590^2}$$

由于 $T_2 = (R_2 + p_2)\tan\frac{\alpha_2}{2} + q_2 = 271.41\text{m}$，所以经代入后算得 $L_{s2} = 175.78\text{m}$，取整为 175m。

（2）验算 L_{s2}。

分别按离心加速度的变化率、驾驶员操作反应时间、超高渐变率等条件进行验算，可知 $L_{s2} = 175\text{m}$ 均能满足要求，验算过程略。

（3）验算 S 型曲线设置条件。

S 型曲线应满足以下三条要求：

① A_1 与 A_2 之比应小于 1.5。

② 短直线的长度应符合 $\Delta l \leqslant (A_1 + A_2)/40$。

③ 两圆曲线半径应满足 $R_1/R_2 = 1/3 \sim 1$。

经验算各项均满足要求。

若想使短直线的长度 $\Delta l = 0$，即两段曲线首尾相连，可根据缓和曲线长度的增减约为切线长度增减的 1/2 的关系，令

$$L_{s2} = 175 + 2 \times \Delta l = 175.2 \text{ (m)}$$

则两曲线直接相连。

曲线主点桩号计算与标准型相同，本题从略。

4. 卵型

用一个缓和曲线连接两个同向圆曲线的组合，称为卵型曲线，如图 3.21 所示。

卵型曲线中的缓和曲线参数 A 不应小于该级公路关于缓和曲线最小参数的规定，同时为满足视觉要求，应控制在下列界限之内：

$$\frac{R_2}{2} \leqslant A \leqslant R_2$$

两圆曲线半径之比应符合下式：

$$0.2 \leqslant \frac{R_2}{R_1} \leqslant 0.8$$

两圆曲线的间距应符合下式：

$$0.003 \leqslant \frac{D}{R_2} \leqslant 0.03$$

式中 A——缓和曲线参数（m）；
   R_1——大圆半径（m）；
   R_2——小圆半径（m）；
   D——两圆曲线间距（m）。

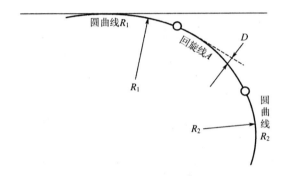

图 3.21 卵型平曲线

5. 凸型

在两个同向缓和曲线之间不设置圆曲线而直接径相衔接的组合，称为凸型曲线，如图 3.22 所示。

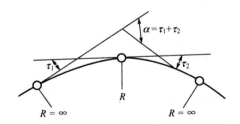

图 3.22 凸型平曲线

凸型的缓和曲线参数及其连接点的曲率半径，应分别符合容许最小缓和曲线参数和圆曲线一般最小半径的规定。

凸型曲线尽管在各衔接处的曲率是连续的，但因中间圆曲线的长度为零，对驾驶操作造成一些不利因素，所以只有在路线严格受地形、地物限制时方可采用。

6. 复合型

两个以上同向缓和曲线在曲率相等处相互连接的形式，称为复合型，如图3.23所示。复合型的两个缓和曲线参数 A_1 与 A_2 之比宜为

$$A_1 : A_2 < 1 : 1.5$$

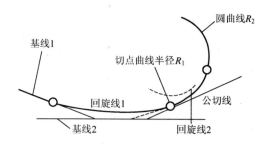

图 3.23　复合型平曲线

复合型缓和曲线除受地形或受其他特殊限制处外一般很少使用，多出现在互通式立体交叉的匝道线形设计中。

7. C 型

同向曲线的两缓和曲线在曲率为零处径相连接的形式，称为 C 型曲线，如图 3.24 所示。

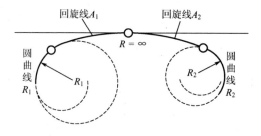

图 3.24　C 型平曲线

其连接处的曲率为零，相当于两基本型的同向曲线中间直线长度为零，这种线形对行车会产生不利影响，因此，C 型曲线只在特殊地形条件下方可采用。

8. 回头曲线

二、三、四级公路越岭线路段，因受地形、地质条件限制，采用自然展现难以达到要求时，可设置回头形式的曲线来展线，称为回头曲线，如图3.25所示。

回头曲线一般由一条转角接近或大于180°的圆曲线作为主曲线，主曲线上、下各设置一段圆曲线作为副曲线，主、副曲线之间直接相连或用直线连接。

相邻回头曲线之间应保证有较长的距离，《公路路线设计规范》规定两回头曲线之间，即由一个回头曲线的终点至下一个回头曲线的起点的最小直线长度，二级公路一般值为200m，三级公路为150m，四级公路为100m；地形特别受限时，可采用低限值，分别为120m、100m、80m。

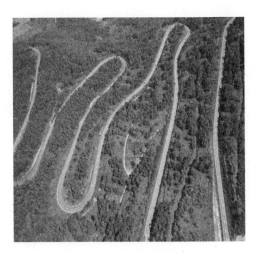

图 3.25 回头曲线实例

回头曲线前后线形应保持连续性,并设置限速标志。《公路路线设计规范》规定回头曲线的极限指标见表 3-13。

表 3-13 回头曲线极限指标

主线设计车速/(km/h)	40		30	20
回头曲线设计车速/(km/h)	35	30	25	20
圆曲线最小半径/m	40	30	20	15
缓和曲线最小长度/m	35	30	25	20
超高横坡度/%	6	6	6	6
双车道路面加宽值/m	2.5	2.5	2.5	3.0
最大纵坡/%	3.5	3.5	4.0	4.5

设计车速为 40km/h 的公路,根据地形条件可选用 35km/h 或 30km/h 的回头曲线设计车速。

3.6 行车视距

为了行车安全,驾驶人员应能看到汽车前面相当远的一段路程,一旦发现前方路面上有障碍物或迎面来车,能及时采取措施(刹车或避绕),避免相撞,这一必需的最短距离称为行车视距。

行车视距能否得到保证,直接关系到行车的安全,它是道路使用质量的重要指标之一。道路平面上的暗弯(挖方路段的弯道及内侧有障碍物的弯道)、纵断面上的凸形竖曲线及下穿式立体交叉的凹形竖曲线上都有可能存在视距不足的问题,如图 3.26~图 3.29 所示。

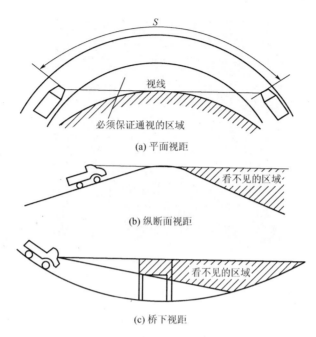

(a) 平面视距

(b) 纵断面视距

(c) 桥下视距

图 3.26 影响行车视距的地点

图 3.27 影响行车视距的地点实例——平面视距

图 3.28 影响行车视距的地点实例——纵断面视距

图 3.29 影响行车视距的地点实例——桥下视距

在道路设计中保证足够的行车视距,是确保行车安全、提高行车舒适性的重要措施。

驾驶员发现障碍物或迎面来车时,根据驾驶员采取的措施不同,行车视距可分为以下几种类型:

(1) 停车视距:汽车行驶时,自驾驶人员看到前方障碍物时起,到安全停车所需的最短距离。

(2) 会车视距:在同一车道上两对向汽车相遇,从相互发现并同时采取措施时起,到两车安全停止所需的最短距离。

(3) 超车视距:在双车道公路上,后车超越前车时,从开始驶离原车道之处起,至可见逆行车并能超车后安全驶回原车道所需的最短距离。

上述三种视距中,前两种属于对向行驶,第三种属于同向行驶。第三种所需安全距离最长,故需单独进行分析。对向行驶的两种视距中,会车视距约为停车视距的二倍,故只需对停车视距进行分析。

要确定行车视距,首先要明确"目高"和"物高"。"目高"是指驾驶员眼睛距地面的高度,规定以车体较低的小客车为标准,据实测数据可采用1.2m;"物高"指路面上障碍物的高度,障碍物的最低高度可考察汽车底盘离地的最小高度,一般在0.14~0.20m,我国设计规定"物高"为0.1m。

3.6.1 停车视距

停车视距是指在汽车行驶时,驾驶员发现前方障碍物,经判断决定采取制动措施到汽车在障碍物前安全停止所需的最短距离。停车视距可分为反应距离、制动距离和安全距离三部分组成,计算公式为

$$S_T = S_1 + S_2 + S_3$$

式中 S_T——停车视距(m);
S_1——反应距离(m);
S_2——制动距离(m);
S_3——安全距离(m)。

1. 反应距离

"反应距离"是指当驾驶员发现前方的障碍物,经过判断决定采取制动措施的那一瞬间到制动器真正起作用的那一瞬间汽车所行驶过的距离。

反应距离所经历的这段时间,可细分为"感觉时间"和"反应时间"。驾驶员的感觉时间取决于物体的外形、颜色,驾驶员的视力及大气的可见度等。高速行驶时的感觉时间要比低速时短一些,这是由于高速行驶时驾驶员保持高度警惕的缘故。反应时间则因人而异,和驾驶员的机敏程度有关。根据实测资料,设计上采用的感觉时间取1.5s,反应时间取1.0s,感觉和反应的总时间为2.5s。在该时间内汽车行驶的距离为

$$S_1 = \frac{V}{3.6}t \qquad (3-40)$$

式中 V——汽车的行驶速度（km/h）；

t——感觉和反应的总时间（s）。

2. 制动距离

制动距离是指汽车从制动生效到汽车完全停止，这段时间内汽车行驶的距离 S_2。计算公式为

$$S_2 = \frac{V^2}{254(\varphi+\psi)} \qquad (3-41)$$

式中 V——汽车的行驶速度（km/h）。设计车速为 120～80km/h 时，采用设计车速的 85%；60～40km/h 时，采用设计车速的 90%；30～20km/h 时，采用设计车速。

φ——路面与轮胎之间的附着系数，主要取决于路面的粗糙程度和潮湿程度、轮胎的花纹和气压以及车速和荷载等。一般按路面在潮湿状态下的数值计算，如水泥混凝土路面在潮湿状态的 φ 值为 0.5，沥青混凝土路面在潮湿状态的 φ 值为 0.4。

ψ——道路阻力系数，等于滚动阻力系数 f 与道路纵坡度 i 之和。

3. 安全距离

安全距离 S_3 一般取 5～10m，以保证汽车有足够的距离在障碍物前安全地停下来，而不至于接触到障碍物。

综上所述，停车视距（单位：m）的计算公式应为

$$S_T = S_1 + S_2 + S_3 = \frac{V}{3.6}t + \frac{V^2}{254(\varphi+\psi)} + (5\sim10) \qquad (3-42)$$

《公路路线设计规范》对各级公路停车视距的规定见表 3-14。

表 3-14 各级公路停车视距

计算行车速度/(km/h)	120	100	80	60	40	30	20
停车视距/m	210	160	110	75	40	30	20

《城市道路路线设计规范》对停车视距的规定见表 3-15。

表 3-15 城市道路停车视距

计算行车速度/(km/h)	100	80	60	50	40	30	20
停车视距/m	160	110	70	60	40	30	20

3.6.2 超车视距

在对向行驶的双车道公路上，快车超越前面的慢车的过程中，从快速车追上慢车并开始

驶离原车道之处起,至超越慢车后安全驶回原车道所需的最短距离称为超车视距,如图3.30所示。为保证安全超车,驾驶员必须看到前面足够长度的车流空隙。

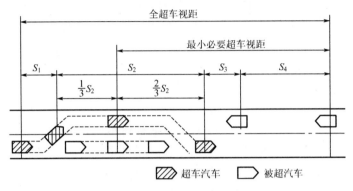

图 3.30 超车视距图示

超车视距可按阶段分为以下四部分:加速行驶距离 S_1、超车汽车在对向车道上行驶的距离 S_2、超车完成后超车汽车与对向汽车之间的安全距离 S_3、超车汽车从开始超车到完成超车时对向汽车的行驶距离 S_4。

《公路路线设计规范》规定了各级公路的最小超车视距,见表 3-16。对向行驶的双车道公路,应根据需要并结合地形,在适当的距离内设置具有超车视距的路段。

表 3-16 二、三、四级公路超车视距

设计速度/(km/h)	80	60	40	30	20
超车视距一般值/m	550	350	200	150	100
超车视距低限值/m	350	250	150	100	70

3.6.3 行车视距的应用

《公路路线设计规范》对各级公路的行车视距作了如下规定:
(1)高速公路和一级公路应满足停车视距的要求,其停车视距的规范值见表 3-14。
高速公路和一级公路应设置中间带,故不存在会车视距问题。高速公路和一级公路的车道数均在四个以上,划有车道线,且设有专门的超车道,也不存在超车问题。
行车视距的三种类型中,停车视距是最起码的要求。无论是单车道、双车道,有无中央分隔带,各级公路和城市道路都应保证停车视距的要求。
(2)二、三、四级公路,一般应满足会车视距的要求。
对于快慢车分道行驶的多车道公路,可不要求满足会车视距或超车视距,通过道路中央画线来严格执行分道行驶的双车道公路也不存在会车视距或超车视距问题。但我国二级及二级以下的公路,一般为双车道道路,以混合交通为主,且绝大多数双车道公路并没有划分车道线,故规范中规定二级及以下公路应满足会车视距的要求。在工程特别困难或受其他限制的地段,可采用停车视距,但必须采取分道行驶的措施,如设分隔带、分道线、分隔桩,或设两条分离的单车道。

(3) 对向行驶的双车道公路,应根据需要并结合地形在适当的距离内设置具有超车视距的路段,一般情况下,超车路段不小于路线总长度的10%~30%。

我国城市道路以四车道及以上多车道道路为主,应满足表3-15对停车视距的规定。双车道道路上若对向行驶的车辆有会车可能,则应满足会车视距,其值为表3-15中停车视距的2倍。

3.6.4 行车视距的保证

汽车在弯道上行驶时,弯道内侧行车视线可能被树木、建筑物、路堑边坡等障碍物所阻挡而使行车视距受到影响。因此,在路线设计时应对路线平面上的"暗弯"进行视距检查,若不能保证视距要求,则必须清除视距区内的障碍物;若应挖方边坡阻碍视线导致视距不足,可按需要开挖一定宽度的视距台,如图3.31、图3.32所示。

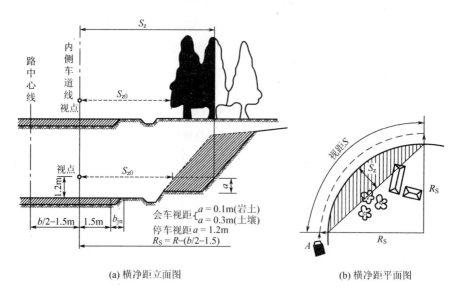

(a) 横净距立面图　　　　(b) 横净距平面图

图 3.31　视线障碍与视距

注:b 为未加宽的行车道宽。

图 3.32　视距台实例

图 3.31 中阴影部分是阻碍驾驶员视线的范围，范围以内的障碍物都应加以清除。

在弯道各点的横断面上，驾驶员视点轨迹线与视距曲线之间的距离称为横净距，图 3.31 中所示距离 S_z 为内侧车道上汽车应保证的横净距。横净距 S_z 可根据视距 S、曲线长 L、视点轨迹线半径 R 计算得到。若横净距 S_z 小于行车轨迹至障碍物的距离（即 $S_z < S_{z0}$），则视距能够得到保证，反之则视距不能得到保证。

驾驶员视点离地面 1.2m，距未加宽路面内侧内缘 1.5m。

一般来说，检查弯道内平面视距能否保证的方法有两种：一是视距包络图法，二是横净距法。

1. 视距包络图法

视距包络图就是在驾驶员视点轨迹线上每隔一定间隔绘出一系列视距线，以形成的外边缘轮廓线作为清除障碍界限的方法，如图 3.33 所示。

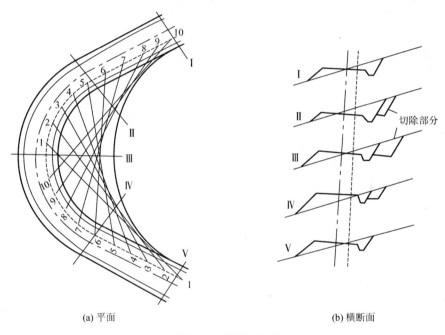

(a) 平面　　　　　　　　　　　　(b) 横断面

图 3.33　视距包络图

具体步骤如下：

(1) 按一定比例绘制弯道平面图，绘出路基、路面边缘线和道路中心线，并根据路面宽度绘出驾驶员的视点轨迹线。

(2) 在视点轨迹线上按一定距离进行量距分点。方法为从弯道两端相连直线上距曲线起点（或终点）为一个视距长 S 处起，按距离 S 定出多组视线 1—1，2—2，3—3…10—10 等，直到曲线结束后一个视距长 S 处为止。

(3) 连接相同编号的点形成一系列视距线，视距线形成的外切边缘轮廓线即为视距包络图。

(4) 根据中线上各中桩的位置，在其横断面方向量出视点轨迹线到视距包络图的距离，即可得到本断面所需的横净距值。

2. 横净距法

横净距用 h 表示,可根据视距 S 和弯道的曲线长 L、行车轨迹曲线半径 R_S 算出。

不设回旋线的横净距计算如下:

(1) 当 $L>S$ 时,如图 3.34 所示,横净距为

$$h=R_S-R_S\cos\frac{\varphi}{2}=R_S\left(1-\cos\frac{S}{2R_S}\right) \tag{3-43}$$

式中　R_S——驾驶员视点轨迹线半径。

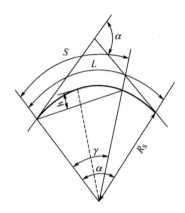

图 3.34　$L>S$ 的情形

(2) 当 $L<S$ 时,如图 3.35 所示,横净距为

$$h=h_1+h_2$$

式中:

$$h_1=R_S-R_S\cos\frac{\alpha}{2}$$

$$h_2=\frac{S-L}{2}\sin\frac{\alpha}{2}$$

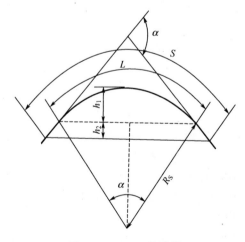

图 3.35　$L<S$ 的情形

于是可得

$$h = R_S\left(1-\cos\frac{\alpha}{2}\right) + \frac{S-L}{2}\sin\frac{\alpha}{2}$$

$$= R_S\left(1-\cos\frac{L}{2R_S}\right) + \frac{S-L}{2}\sin\frac{L}{2R_S} \tag{3-44}$$

计算出弯道的横净距以后，对于横净距范围内的所有障碍物都要清除。对于设有缓和曲线的横净距，可以近似地按上述方法计算，也可参照缓和曲线及平曲线变化率进行推测，或参阅相关设计规范。

3. 保证行车视距的工程措施

（1）清除障碍物。

① 清除视距包络曲线与视点轨迹线间的全部障碍物，适用于连续障碍物的清除，如路堑边坡等（宜用最大横净距法检查）；

② 清除距离视点轨迹线小于最大横净距的障碍物，适用于分散障碍物如独立建筑物等。

（2）分道行驶。二、三、四级公路，在工程特殊困难或受其他条件限制的路段，若保证 2 倍停车视距不可能，则必须满足停车视距，同时必须采用严格的分道行驶措施，如设分道线、分隔带、分隔桩，或设成两条分离的单车道。

除平面上考虑视距要求外，纵断面的凸形竖曲线及下穿式立体交叉凹形竖曲线也应满足视距要求，该要求在选择竖曲线半径时已考虑。平面交叉口的视距由视距三角形保证，详见平面交叉章节。

3.7 道路平面设计成果

道路平面设计成果，包括各种图样（图纸）和表格。其中主要的图样，有路线平面设计图、路线交叉设计图、平面布置图和纸上移线图等；主要的表格，有直线、曲线及转角一览表，路线交点坐标表、逐桩坐标表、路线固定表、总里程及断链桩号表等。本文重点就"直线、曲线及转角一览表""逐桩坐标表"和"公路路线平面设计图"予以说明。

3.7.1 直线、曲线及转角一览表

直线、曲线及转角一览表集中反映了路线平面设计的主要成果，包括各 JD 点的编号、坐标及桩号，各弯道转角值、平曲线要素、曲线主点桩号及直线长度和方向，见表 3-17。只有在完成该表之后，才能据此计算"逐桩坐标表"和绘制"路线平面设计图"，同时为路线纵断面设计、横断面设计等提供数据。表 3-17 的格式对公路和城市道路均适用。

表 3-17 直线、曲线及转角一览表示例（某公路某段）

交点号	交点坐标/m		交点桩号	转角值	曲线要素值/m					
	X	Y			半径	缓和曲线长度	切线长	曲线长	外距	校正值
1	2	3	4	5	6	7	8	9	10	11
起点	41808.204	90033.595	K0+000.000							
2	41317.589	90464.099	K0+652.716	右 35°35′23.8″	800.000	0.000	256.775	496.929	40.198	16.620
3	40796.308	90515.912	K1+159.946	左 57°32′51.8″	250.000	50.000	162.511	301.099	35.692	23.922
4	40441.519	91219.007	K1+923.562	左 34°32′06.9″	150.000	40.000	66.753	130.413	7.5449	3.093
5	40520.204	91796.474	K2+503.273	右 78°53′21.9″	200.000	45.000	187.381	320.376	59.534	54.386
6	40221.113	91898.700	K2+764.966	左 51°40′28.6″	224.130	40.000	128.668	242.141	25.224	15.194
7	40047.399	92390.466	K3+271.313	左 34°55′48.9″	150.000	40.000	67.322	131.447	7.715	3.198
8	40190.108	92905.941	K3+802.980	右 22°25′23.6″	600.000	0.000	118.930	234.816	11.673	3.044
终点	40120.034	93480.920	K4+379.175							

（续）

交点号	曲线位置					直线长度及方向			测量断链		备注
	第一缓和曲线起点	第一缓和曲线终点或圆曲线起点	曲线中点	第二缓和曲线起点或圆曲线终点	第二缓和曲线终点	直线长度/m	交点间距/m	计算方位角或计算方向角	桩号	增减长度/m	
1	12	13	14	15	16	17	18	19	20	21	22
起点											
2		K0+395.940	K0+644.405	K0+892.870		395.940	652.715	138°44′01.5″			
3	K0+997.435	K1+047.435	K1+147.984	K1+248.534	K1+298.543	104.565	523.850	174°19′25.3″			
4	K1+856.809	K1+896.809	K1+922.016	K1+947.222	K1+987.222	558.276	787.539	116°46′33.5″			
5	K2+315.892	K2+360.892	K2+476.079	K2+591.268	K2+636.268	328.669	582.803	82°14′26.6″			
6	K2+636.398	K2+676.298	K2+757.368	K2+838.439	K2+878.439	0.030	316.078	161°07′48.5″			
7	K3+203.995	K3+243.995	K3+269.719	K3+295.442	K3+335.442	325.556	521.546	109°27′19.9″			
8		K3+684.055	K3+801.463	K3+918.871		348.613	534.865	74°31′31″			
终点						460.304	579.233	96°56′54.6″			

3.7.2 逐桩坐标表

高等级公路的线形指标高，表现在平面上是圆曲线半径较大，缓和曲线较长，在测设和放样时需采用坐标法，方能保证其测量精度，所以计算一份"逐桩坐标表"是十分必要的。首先应选用合适的坐标系统，然后计算各个中桩的坐标，其计算和测量的方法是按"从整体到局部"的原则进行的。逐桩坐标表示例见表 3-18。

表 3-18 逐桩坐标表示例（某公路某段）

桩号	坐标/m		方向角	桩号	坐标/m		方向角
	x	y			x	y	
K1+500.00	40632.336	90840.861	116°46′33.0″	YH+947.00	40446.902	91245.344	89°52′50.9″
K1+540.00	40614.316	90876.572	116°46′33.0″	K1+960.00	40447.413	91258.112	85°46′43.6″
K1+570.00	40600.801	90903.355	116°46′33.0″	K1+980.00	40449.567	91227.993	82°29′23.3″
K1+600.00	40587.286	90930.139	116°46′33.0″	HZ+987.22	40450.531	91285.148	82°14′27.0″
K1+630.33	40573.623	90957.216	116°46′33.0″	K2+000.00	40452.257	91297.811	82°14′27.0″
K1+669.00	40556.202	90991.740	116°46′33.0″	K2+010.00	40453.607	91307.719	82°14′27.0″
K1+680.00	40551.246	91001.561	116°46′33.0″	K2+030.00	40456.307	91327.536	82°14′27.0″
K1+700.00	40542.236	91019.416	116°46′33.0″	K2+050.00	40459.007	91347.353	82°14′27.0″
K1+720.00	40533.226	91037.272	116°46′33.0″	K2+070.00	40461.707	91367.170	82°14′27.0″
K1+750.00	40519.711	91064.055	116°46′33.0″	K2+100.00	40465.757	91396.895	82°14′27.0″
K1+780.00	40506.196	91090.838	116°46′33.0″	K2+120.00	40468.458	91416.712	82°14′27.0″
K1+800.00	40497.186	91108.694	116°46′33.0″	K2+140.00	40471.158	91436.529	82°14′27.0″
K1+820.00	40488.176	91126.549	116°46′33.0″	K2+160.00	40473.858	91456.346	82°14′27.0″
K1+840.00	40479.166	91144.405	116°46′33.0″	K2+180.00	40476.558	91476.163	82°14′27.0″
ZH+856.31	40471.593	91159.412	116°46′33.0″	K2+200.00	40479.258	91495.980	82°14′27.0″
K1+870.00	40465.708	91171.216	115°56′42.1″	K2+220.00	40481.959	91515.797	82°14′27.0″
HY+896.81	40455.191	91195.860	109°08′09.7″	K2+240.00	40484.659	91535.613	82°14′27.0″
K1+900.00	40454.177	91198.885	107°55′03.1″	K2+260.00	40487.359	91555.430	82°14′27.0″
QZ+922.01	40448.963	91220.253	99°30′30.3″	K2+280.00	40490.059	91575.247	82°14′27.0″
K1+940.00	40447.061	91238.126	92°38′19.1″	K2+300.00	40492.759	91595.064	82°14′27.0″

(续)

桩号	坐标/m		方向角	桩号	坐标/m		方向角
	x	y			x	y	
ZH+315.89	40494.905	91610.809	82°14′27.0″	K2+540.00	40427.920	91813.357	139°59′49″
K2+340.00	40497.902	91634.730	84°05′26.5″	K2+560.00	40411.983	91825.427	145°43′35″
HY+360.89	40499.302	91655.568	88°41′08.7″	K2+580.00	40394.921	91835.845	151°27′22″
K2+380.00	40498.828	91674.665	94°09′37.3″	YH+591.27	40384.875	91840.947	154°41′05″
K2+400.00	40496.383	91694.506	99°53′23.8″	K2+600.00	40376.910	91844.518	156°56′35″
K2+420.00	40491.969	91714.005	105°37′10″	K2+620.00	40358.262	91851.740	160°17′15″
K2+440.00	40485.631	91732.965	111°20′56″	GQ+636.27	40342.893	91857.077	161°07′48″
K2+460.00	40477.431	91751.198	117°04′43″	K2+650.00	40329.916	91861.563	160°31′48″
QZ+476.08	40469.544	91765.206	121°41′06″	K2+670.00	40311.319	91868.655	157°30′02″
K2+500.00	40455.794	91784.761	128°32′16″	K2+700.00	40284.324	91881.898	149°57′30″
K2+520.00	40442.573	91799.757	134°16′02″				

3.7.3 路线平面设计图

路线平面设计图是道路设计文件的重要组成部分。该图全面、清晰地反映了道路平面位置和经过地区的地形、地物等，是设计人员设计意图的重要体现。平面设计图对提供给有关部门审批、专家评议、日后指导施工、恢复定线等方面都有重要作用。

1. 公路路线平面设计图

1) 平面图的比例尺和测绘范围

公路路线地形图是指包括道路中线在内的有一定宽度的带状地形图。若为供工程可行性研究、初步设计阶段的方案研究与比选，可采用 1∶50000 或 1∶10000 的比例尺测绘（或向国家测绘部门和其他工程单位搜集）；若作为道路工程初步设计、施工图设计的设计文件组成部分，则应采用更大的比例尺，一般常用 1∶2000，平原微丘区可用 1∶5000。地形特别复杂地段的路线初步设计、施工图设计可用 1∶500 或 1∶1000。如为路线局部纸上移线，则比例尺应视具体情况酌情放大。

带状地形图的测绘宽度，一般为中线两侧各 100~200m。对 1∶5000 的地形图，测绘宽度每侧应不小于 250m。如有比较线，应将比较线包括进去。

2) 路线平面图的内容及绘制方法

(1) 导线及道路中线的展绘。在展绘导线或中线以前，需按图幅的合理布局，绘出坐标方格网，坐标网格采用 5cm×5cm 或 10cm×10cm，要求图廓网格的对角线长度误差均不大于 0.5mm。然后按导线点（或交点，下同）坐标 x、y 精确地点绘在相应位置上。每张导线图展绘完毕后,用比例尺复核各点间距,再用量角仪校核每个角度是否与计算相符,复核无误后,再按"逐桩坐标表"所提供的数据,展绘曲线,并注明路线在本张图中的起点和终点里程桩号、曲线要素等。

路线一律按前进方向从左至右绘,在每张图的拼接处绘出接图线。在图的右上角注明共×张、第×张。在图纸的空白处注明曲线元素及主要点里程桩号等。

(2) 控制点的展绘。各种比例尺的地形图均应展绘和测出各等级三角点、导线点、图根点、水准点等,并按规定的符号表示。

(3) 各种构造物的测绘。各类建筑物、构筑物及其主要附属设施应按《公路勘测规范》的规定测绘和表示。各种线状地物,如管线、高低压电线等应实测其支架或电杆的位置。对穿越路线的高压线,应实测其垂线距地面的高度并注明电压。地下管线应详细测定其位置及埋深。道路及其附属物应按实际形状测绘。公路交叉口应注明每条公路的走向。铁路应注明轨面高程,公路应注明路面类型,涵洞应注明洞底标高等。

(4) 水系及其附属物的测绘。应标明海洋的海岸线位置,湖泊(水库)的湖岸线位置,水渠顶边及高程,堤坝顶部及坡脚的高程,水井井台高程,水塘塘顶边及塘底的高程。河流、水沟等应注明水流流向。

(5) 地形、地貌等测绘。地形、地貌、植被、不良地质地带等,均应详细测绘并用等高线和国家测绘局制定的"地形图图式"符号及数字注明。

3) 公路路线平面设计图

公路路线平面设计图示例如图 3.36 所示。

2. 城市道路平面设计图

1) 绘图比例尺和测绘范围

城市道路相对于公路,长度较短而宽度较宽,在绘图比例尺的选用上一般比公路大,在做技术设计时,可采用 1:500~1:1000 的比例尺绘制。绘图的范围视道路等级而定,等级高的范围应大一些,等级低的可小些。通常延至道路两侧红线以外各 20~50m 处,或中线两侧各 50~150m 处,特殊情况除外。

2) 内容及绘制方法

城市道路平面图应示出路中线两侧红线以外各 20~50m 的地形、地物、应标明路中心线,远、近期的规划红线,车行道线、人行道线、停车场、绿带、交通岛、人行横道线、沿街建筑物主要出入口(接坡),各种地上、地下管线的定向位置,雨水进水口、窨井等,注明交叉口及沿线里程桩号。弯道及交叉口处应注明曲线要素、交叉口侧石或侧墩的转弯半径等。如图 3.37 所示。

在城市道路设计文件中所提供的平面设计图应包括两种图式:一种是直接在地形图上所做的平面布置图,红线以内和红线以外的地形地物一律保留;另一种是只给出红线以外的地形地物,红线以内只给出车道线和道路上的各种设施而不给出地形地物。两种图各有优缺点,前者可以看出设计人员如何处理道路与地形地物之间关系(包括拆迁情况),后者则可更清晰地表现道路上各种设施的位置和尺寸。前一种图一般用在方案研究和初步设计中,后一种图用在技术设计或施工图设计中。

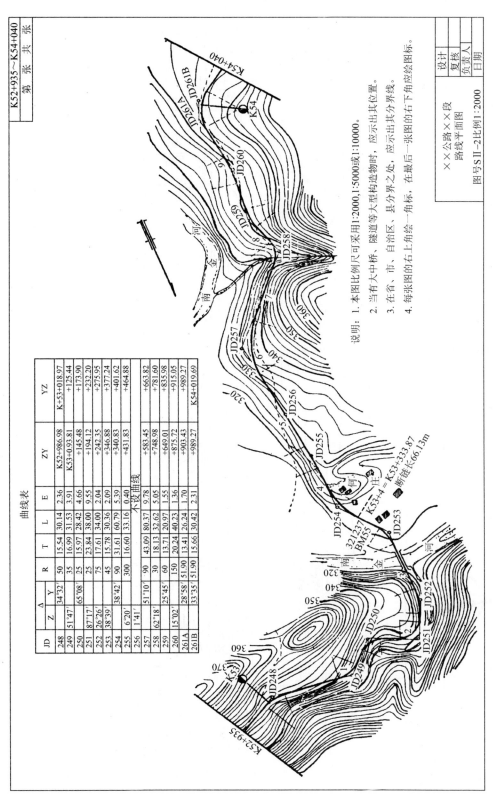

图 3.36 公路路线平面设计图示例

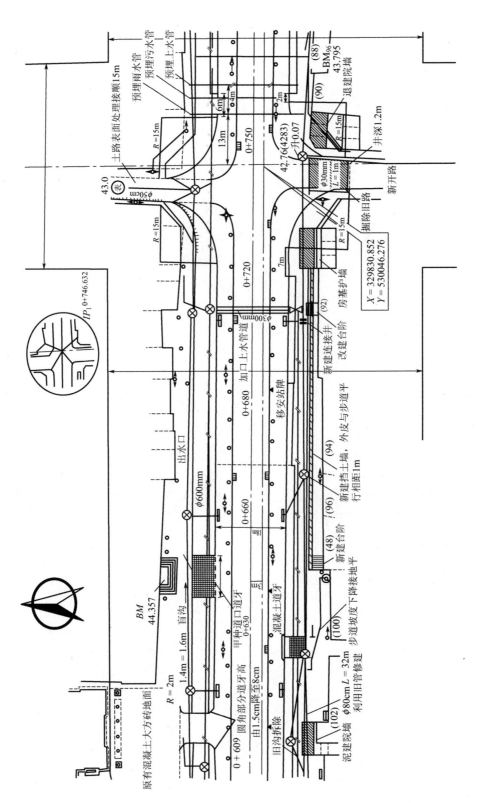

图 3.37 城市道路平面设计图示例

本 章 小 结

平面线形设计是路线设计的重要环节，平面线形的优劣直接影响到纵、横断面线形及全局。在平面线形设计时，一定要把握相关规范对平面线形各参数的规定。要设计出一条好的路线，除了满足规范规定以外，更应综合考虑对路线产生影响的相关因素，遵循线形设计的一般原则，掌握各种平面线形组合的特点及适用场合，因地制宜地选择合理的平面线形。

习 题

3-1 汽车行驶轨迹有哪些特征？如何根据这些特征确定路线平面线形？

3-2 路线平面线形由哪些要素组成？

3-3 直线线形具有哪些特征？什么场合下宜使用直线？

3-4 为何要限制直线的长度？

3-5 圆曲线最小半径的确定应考虑哪些因素？

3-6 最小圆曲线半径有哪几种？分别在什么情况下使用？

3-7 缓和曲线的作用是什么？缓和曲线的长度受到哪些因素的影响？

3-8 什么情况下可不设置缓和曲线？

3-9 平面线形要素的组合类型有哪些？分别适宜在何种场合下应用？

3-10 什么称为行车视距？行车视距分为哪些类型？路线设计时如何考虑行车视距的要求？

3-11 某单圆曲线，交点桩号为 K1+469.230，转角为 $\alpha=51°41'24''$，若要求该曲线外距控制约为 10m，试确定该曲线的平曲线半径（取百米的整数倍数），并计算曲线要素及主点桩号。

3-12 平原区某公路有两个交点，间距为 407.54m，JD_1=K7+231.38，偏角 α_1=$12°24'20''$（左偏），半径 R_1=1200m；JD_2 为右偏，α_2=$15°32'50''$，R_2=1000m。试按 S 型曲线计算 L_{s1}、L_{s2} 长度，并计算两曲线主点里程桩号。

第 4 章

道路纵断面设计

本章教学要点

知识模块	掌握程度	知识要点
路线纵断面概述	掌握	纵断面图上设计线的基本概念,路基设计标高的基本概念
汽车动力特性	了解	汽车的行驶阻力,汽车的牵引力和牵引平衡方程式,汽车的动力特性,汽车的纵向稳定性
纵坡设计	掌握	纵坡设计的一般要求,最大纵坡、最小纵坡、坡长限制与缓和坡段、平均纵坡、合成纵坡
竖曲线设计	掌握	竖曲线种类与作用,竖曲线要素计算,竖曲线半径或长度,竖曲线设计与计算
视觉分析及道路平、纵线形组合设计	熟悉	视觉分析,道路平、纵线形组合设计
爬坡车道与避险车道	熟悉	爬坡车道,避险车道
纵断面设计方法及步骤	掌握	纵断面设计要点,纵断面设计方法与步骤
纵断面设计图	掌握	纵断面设计图

本章技能要点

技能要点	掌握程度	应用方向
纵坡设计	理解	通过掌握纵断面线形设计的基本概念、原理及设计方法,不仅为设计道路纵断面打下良好基础,而且也为道路施工奠定识图基础
竖曲线设计	理解	
视觉分析及道路平、纵线形组合设计	理解	
纵断面设计方法及步骤,绘制纵断面设计图	理解	

> **导入案例**
>
> 昆石高速是云南省兴建的由昆明至石林的一条高速公路。该路是云南省迄今为止在昆明市内投资最大、等级最高的高速公路。但该公路在K26+000～K33+000段（即阳宗坡下行线），7km连续长下坡，坡陡弯急，无加水站和避险车道，货车容易因超载、车速过快而引发制动失效，导致重特大交通事故；在昆明向石林方向K44+000～K52+000段（清水沟坡），8km连续长下坡，坡长且陡（最大纵坡达到5°），还有两处隧道，隧道内还有弯道，隧道路面雨天湿滑，隧道入口处易发事故。大型车辆在下长坡时频繁刹车，容易造成刹车热衰竭，导致车辆失控而发生事故。由此可见，道路纵断面设计至关重要，关系到行车的安全。

4.1 路线纵断面概述

沿道路中线竖向剖面的展开图，即为路线纵断面图，它主要反映路线起伏、纵坡与原地面的切割情况。图4.1所示为某路段的路线纵断面图。

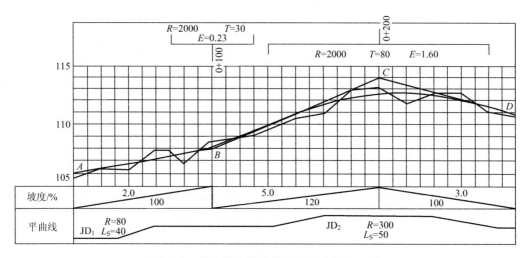

图 4.1 某路段的路线纵断面图（单位：m）

从图4.1可以看出，在纵断面上有两条主要线条：一条是地面线（又称黑线），为通过公路中线原地面各桩点的高程（此标高来自于地形图）的连线；它是一条不规则的空间折线，基本上反映了路中线地面高低变化的概况。另一条是设计线，为路线上各点路基设计高程的连线（又称红线）；它是由坡度线和竖曲线组成的空间线。设计线上表示路基边缘各点的标高，称为设计标高。纵断面设计的主要任务，就是根据汽车的动力性能、公路等级和性质、当地的自然地理条件以及工程经济性等，来研究道路空间线形的纵坡大小及其长度，是道路设计的重要内容之一，而且将直接影响到行车的安全与迅速、工程造价、运营费用和乘客的舒适程度。

4.1.1 公路纵断面设计线概述

公路纵断面设计线由直线和竖曲线两种线形要素所组成，它是根据汽车的动力性能、地形条件、路基临界高度及运输与工程经济性等方面的要求，通过技术、经济及视觉效果等多方面的比较后定出来的，反映了公路路线的起伏变化情况。

直线有上坡和下坡，是用高差、水平长度及纵坡度表示的。纵坡度（简称纵坡）i 表征匀坡路段坡度的大小，其值可按式(4-1)计算：

$$i = \frac{H_2 - H_1}{L} \times 100\% \qquad (4-1)$$

式中　　i——纵坡（%）；
　　　　H_1、H_2——按路线前进方向为序的坡线两端点的标高（m）；
　　　　L——坡线两端点间的水平距离，称为坡线长度，简称坡长（m）。

由式(4-1)可知，按路线前进方向，上坡时 i 为"+"，下坡时 i 为"-"。

在直线的纵坡转折处为了平顺过渡，须设置一定长度的竖曲线来进行缓和。相邻两坡线的交点称为变坡点。变坡点前后两坡线的坡度之差，称为坡差，用符号 ω 表示，其值可按式(4-2)计算：

$$\omega = i_1 - i_2 \qquad (4-2)$$

式中　　ω——坡差，以弧度计；
　　　　i_1、i_2——变坡点前后坡线的纵坡，以小数计，上坡取"+"，下坡取"-"。

按式(4-2)计算结果，ω 为"+"时为凸形竖曲线，纵断面图上用"凸"符号表示；ω 为"-"时则为凹形竖曲线，用符号"凹"表示，如图4.1所示。

4.1.2 有关路基设计标高的规定

如上所述，在规划道路纵断面设计线时，首先要确定道路中线在纵断面上的设计标高，即路基（包括路面厚度）的设计标高。对此有如下规定。

1. 新建公路的路基设计标高

高速公路、一级公路，采用中央分隔带的外侧边缘标高（图4.2）；二、三、四级公路，采用路基设计标高（图4.3）。在设置超高加宽的路段，则是指超高加宽前该处原路基边缘的标高。

2. 新建城市道路的路基设计标高

新建城市道路的路基设计标高，一般为行车道中线、中央分隔带中线的高程，如图4.4所示。

图 4.2 高速、一级公路路基设计标高设置位置

图 4.3 二、三、四级公路路基设计标高设置位置

图 4.4 城市道路路基设计标高设置位置

3．改建公路的路基设计标高

改建公路的路基设计标高一般按新建公路的规定办理，也可视具体情况而采用中央分隔带或行车道中线标高。

4.1.3 填挖高度的含义

纵断面图中，同一桩点的设计标高与地面标高的差值称为施工高度，又称填挖高度。若该桩点的施工高度为"＋"，即设计标高大于地面标高，这样的路段即为填方路段，如图 4.5 所示；若施工高度为"－"，则为路堑，这样的路段为挖方路段，如图 4.6 所示。施工高度的大小，直接反映了路堤的高度和路堑的深度。

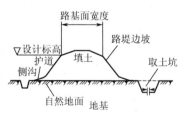

图 4.5 路堤工程

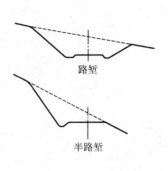

图 4.6 路堑工程

4.2 汽车动力特性

如 2.6 节所述,道路设计是以满足汽车行驶的基本要求为前提的。因此,在道路线形设计时,需要研究汽车在道路上的行驶特性及其对道路设计的具体要求,这是道路线形设计的理论基础。

4.2.1 汽车的行驶阻力

汽车在公路上行驶所受的阻力,主要有空气阻力、滚动阻力、坡度阻力和惯性阻力四种,分述如下。

1. 空气阻力 Z_w

汽车在行驶中,迎风面空气受阻所引起的阻力称为空气阻力。空气阻力的大小,与汽车的迎风面积、空气密度和车速等有关,根据空气动力学原理,可用式(4-3)计算:

$$Z_w = \frac{KFV^2}{13} \tag{4-3}$$

式中　K——空气阻力系数(kg/m³),见表 4-1;
　　　F——汽车迎风面积(m²),其值约等于汽车轮距与汽车最大高度之积;
　　　V——车速(km/h)。

表 4-1　K 与 F 值

车　型	K/(kg/m³)	F/m²	KF/(kg/m)
闭式车身小客车	0.20～0.35	1.6～2.8	0.3～0.9
敞式车身小客车	0.40～0.50	1.5～2.0	0.6～1.0
载重汽车	0.50～0.70	3.0～5.0	1.5～3.5
厢式车身大客车	0.25～0.40	4.5～6.6	1.0～2.6

2. 滚动阻力 Z_f

滚动阻力是车轮在路面上滚动所产生的阻力，是由路面与轮胎变形所引起的。它与路面种类、状态、车速、轮胎结构及充气压力有关，其值可按式(4-4)计算：

$$Z_f = Gf \tag{4-4}$$

式中 G——汽车总重（N）；

        f——滚动阻力系数，其值见表4-2。

汽车滚动阻力系数是一个综合性的阻力系数，其影响因素较多，它与轮胎的变形、轮胎与路面间的摩擦、路面的平整度、路面的干湿程度、路面的清洁及油污程度、汽车的行驶速度以及汽车的构造、量测的方法等都有关系。

表4-2   各种路面的滚动阻力系数 f

路面类型	水泥混凝土及沥青混凝土路面	表面平整的沥青碎石路面	碎石路面	干燥平整的土路	潮湿不平整的土路
f	0.01～0.02	0.02～0.025	0.03～0.05	0.04～0.05	0.07～0.15

3. 坡度阻力 Z_i

爬坡时作用于汽车上的阻力，称为坡度阻力，其计算公式为

$$Z_i = Gi \tag{4-5}$$

式中 G——汽车总重（N）；

        i——公路某路段的设计纵坡（%），上坡取"+"，下坡取"—"。

4. 惯性阻力 Z_j

汽车在加（减）速过程中受到的惯性阻力，包括汽车整体质量保持原来运动状态所产生的线性惯性阻力和汽车各转动部件（车轮、飞轮、传动系统、发动机等）加（减）速所产生的旋转惯性阻力，可按式(4-6)计算：

$$Z_j = \delta \frac{G}{g} a \tag{4-6}$$

式中 Z_j——包括线性和旋转在内的总惯性阻力（N）。

        a——汽车的加（减）速度（m/s²）。当等速行驶时，$a=0$；加速时 a 取"+"，减速时 a 取"—"。

        g——重力加速度（m/s²）。

        δ——惯性阻力换算系数（或旋转质量换算系数），是一个大于1的系数。其值可按下式计算：

$$\delta = 1 + \delta_1 + \delta_2 i_k^2$$

式中 δ_1——车轮惯性影响系数，可取 0.03～0.05；

        δ_2——发动机飞轮惯性影响系数，对小客车可取 0.05～0.07，载重车可取 0.04～0.05；

        i_k——汽车变速箱的变速比。

其余符号含义同前。

4.2.2 汽车的牵引力和牵引平衡方程式

1. 汽车的牵引力

汽车行驶的牵引力来源于汽车的内燃机，内燃机输出有效功率 N，通过一系列的转化和传动，使驱动轮获得一个扭矩 M_k，在 M_k 的作用下推动汽车行驶。

汽车牵引力可根据 M_k 或 N 求得：

$$F = \frac{M_k}{r_k} = \frac{M \cdot i_k i_0 \eta_m}{r_k} \tag{4-7}$$

式中 F——牵引力（N）；

M——发动机曲轴上的有效扭矩（N·m），可查汽车有关的技术性能表；

r_k——车轮胎有效半径（m），即变形半径，为未变形半径 r 的 $0.93\sim0.96$ 倍；

i_0——主减速器的减速比，可查汽车有关的技术性能表；

i_k——汽车变速器的变速比，可查汽车有关的技术性能表；

η_m——传动系的机械效率，载重汽车为 $0.8\sim0.85$，小汽车为 $0.85\sim0.9$。

牵引力的计算公式为

$$F = \frac{3.6 N \eta_m}{V} \tag{4-8}$$

式中 N——发动机功率（W），可查汽车的有关技术性能表；

V——车速（km/h）。

2. 汽车的行驶条件

1）必要行驶条件

汽车在公路上行驶时，当牵引力的大小等于各种阻力之代数和时，汽车就等速行驶；当牵引力大于各行驶阻力之代数和时，汽车就加速行驶；当牵引力小于各行驶阻力之代数和时，汽车就减速行驶，直至停止。要使汽车行驶，牵引力必须大于或等于各种行驶阻力之代数和，这就是汽车处于行驶状态的必要条件。当汽车牵引力等于各种行驶阻力之代数和的状态时，称为牵引平衡，其方程式为

$$F = Z_w + Z_i + Z_f + Z_j \tag{4-9}$$

式中 F——牵引力（N）；

Z_w、Z_i、Z_f、Z_j——空气阻力、坡度阻力、滚动阻力、惯性阻力（N）。

2）充分行驶条件

只有足够的牵引力尚不能保证汽车行驶，如果轮胎与路面之间没有摩阻力或摩阻力不够大，则牵引力就不可能发挥作用，车轮只能在路面上打滑（车轮转速飞快，但前进速度甚慢甚至无法前进），所以汽车的牵引力又受驱动轮与路面之间摩阻力的限制，即牵引力不能大于轮胎与路面之间的摩阻力：

$$F \leqslant F_{\varphi \max} \tag{4-10}$$

式中 $F_{\varphi \max}$——最大摩阻力（N）。

式（4-10）就是汽车行驶的充分条件。这个条件如果被破坏，则轮轴上不得有效获得

牵引力，F 再大也只能使车轮打滑空转。

又因 $F_{\varphi\max}=G_{驱}\varphi$，所以有

$$F \leqslant G_{驱}\varphi \tag{4-11}$$

式中　$G_{驱}$——驱动轮荷载重力（N）；一般情况下，小汽车取为总重力的 0.5～0.65，载重汽车取为总重力的 0.65～0.80。

　　　φ——轮胎与路面之间的纵向附着系数，见表 4-3。

其他符号意义同前。

表 4-3　各类路面上附着系数 φ 取值

路面类型	路面状况			
	干燥	潮湿	泥泞	冰雪
水泥混凝土路面	0.7	0.5	—	—
沥青混凝土路面	0.6	0.4	—	—
过滤式极低路面	0.5	0.3	0.2	0.1

4.2.3　汽车的动力特性

牵引平衡方程 $F=Z_w+Z_i+Z_f+Z_j$ 中的各个力，只有牵引力和空气阻力与车速直接有关。惯性阻力只有在加速（或减速）时才与车速有关；滚动阻力虽与车速有关，但在一般速度范围内，其随车速变化很小，可近似地看成与车速无关；坡度阻力则与车速完全无关。所以可将与车速有直接关系的 F 和 Z_w 放在一起，则该方程可改写为

$$F-Z_w=Z_i+Z_f+Z_j \tag{4-12}$$

$F-Z_w$ 称为汽车的后备牵引力，其值与汽车的构造和车速有关。

将式(4-4)～式(4-6) 代入式(4-12) 可得

$$F-Z_w=G(f+i)+\delta\frac{G}{g}a \tag{4-13}$$

设 $\psi=f+i$，ψ 称为道路阻力系数，将上式两边除以 G，并设 $\dfrac{F-Z_w}{G}=D$，称为汽车的动力因素，则可得

$$D=\psi+\frac{\delta}{g}a \tag{4-14}$$

动力因素 D 表示汽车单位重力的后备牵引力，用来克服公路上的阻力或用来加速，可直接用来评价不同类型汽车的牵引性能，而牵引力则不能。例如，具有相同牵引力的两种不同的汽车，如果其重力不同，则显然重力轻的汽车具有较好的牵引性。由于 F、Z_w 和 G 取决于车速和汽车的类型，与道路条件无关，因此任何汽车都可以在不考虑道路条件下事先通过试验、计算而绘出其动力特性图。图 4.7 就是某汽车的动力特性图。

利用动力特性图，可以求出汽车在某一条件下（即道路阻力系数 ψ 为某一定值时），行驶时所能保持的速度 V，并可决定汽车克服此时的行驶阻力所采用的挡位，还可近似地

决定在比最高速度为低的任何速度 V 下所能获得的加速度,以及求得任一挡行驶时汽车所能克服的坡度等。

对于不同挡位的 $D-V$ 关系曲线,D 值均有一定的使用范围。挡位越低,D 值越大,则速度也越低。对某一挡位来说,又有各自的动力因素最大值 D_{max},与 D_{max} 相应的等速行驶速度称为临界速度 V_k(图 4.8)。

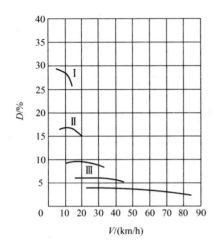

图 4.7　某汽车的动力特性图

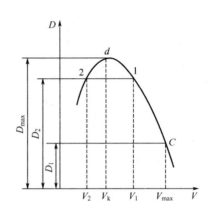

图 4.8　临界速度

当某一挡位的 $\psi = D_{max}$ 时,说明在该挡已无法加速,只能等速或减速行驶。若要加速,必须改善道路行驶条件,使 ψ 减小。

如果汽车采用某一挡位作等速行驶,当道路阻力系数为 $D_2 = \psi_2$ 时,则汽车可以采用 V_1 或 V_2 的任一速度作等速行驶,其中 $V_1 > V_k$,$V_2 < V_k$。下面分析一下 V_1 和 V_2 的行驶情况:

(1) 此时也可以自动将速度由 V_2 提高到 V_1 继续行驶。这样的行驶情况称为稳定行驶。

(2) 当采用 $V_2 < V_k$ 的速度行驶时,若同样遇到意外阻力(如果驾驶员不提高车速的话),汽车只能在原来挡位上自动降低车速,这样由图 4.8 可知,D 值将随之减小。D 值减小后,反过来又使车速降低,直至汽车熄火停止。这样的行驶情况称为不稳定行驶。

因此,临界车速 V_k 是汽车稳定行驶的极限,又称为某一挡位稳定行驶的最小速度。一般汽车行驶都采用大于某一挡位的临界速度作为行驶速度,以便克服意外阻力而继续行驶。

当汽车油门开足,变速器挂最高挡(直接挡),汽车满载(不带挂车),在表面平整坚实的水平路段上作稳定行驶时,汽车不可能再加速,即 $dv/dt = 0$,所以 $\psi = f$,即 $D = f$,则此时的稳定行驶速度 V_{max} 为该汽车的最高速度(图 4.8)。每一挡位都有自身的最高速度,而直接挡的最高速度最大,所以在平坡($i = 0$)的道路上用直接挡,速度最快。但当碰到意外的较大阻力时,将无法提高动力因素 D 值来克服该意外阻力,这时只能换较低挡提高 D 值来克服该阻力,但换挡后速度就降低了。这就是汽车爬坡或克服其他阻力时采用低挡降低车速的原因。

汽车以直接挡行驶时的最高速度与最小稳定行驶速度之间的差值越大,表示汽车对道路阻力变化的适应性能越强。汽车以其他挡位行驶时,也同样存在着各自的最高速度和稳定行驶速度,所以公路设计时,应对行驶在该路段上的车型的上述两项指标进行了解,以便控制阻力的变化范围，满足主要车型的要求。

根据汽车动力特性，汽车上坡时，若坡度较缓，汽车的行驶阻力之代数和小于或等于汽车所用挡位的牵引力，汽车就能使用该挡位按等速或变速（加、减速）走完这段坡道。

当坡度较陡，汽车上坡的行驶阻力之代数和大于汽车所用挡位的牵引力时，在坡道很短的情况下，在上坡前只要提高汽车的初速，利用动力冲坡的原理，在车速降到临界速度之前即使不换挡也可冲过此坡道。但如果坡道既长又陡，这时汽车利用动力冲坡将无法冲过这坡道，必须在车速下降到某一程度时，换到较低挡位来求得较大的动力因素，从而增大牵引力，汽车才能继续上升走完全程，但换为较低挡，汽车速度就慢了。若汽车已换为 I 挡仍克服不了行驶阻力之代数和，说明这坡道太陡，汽车无法提供更大的动力因素，则汽车将爬不上此坡，汽车速度会降到临界速度以下，直至熄火停车。

汽车使用低挡时间越长或换挡次数太多，会增长行驶时间，增加汽车燃油消耗和机件磨损。但行驶时间是汽车运输经济效益的关键，而从汽车动力特性图上可看出道路纵坡对车速影响极大（i 越大，需要的 D 越大，而 D 越大、使用的挡位越低，则车速越慢）。为了使汽车能保持较高的车速，少用低挡或减少换挡次数，对道路纵坡提出如下要求：

(1) 纵坡度应力求平缓。
(2) 陡坡宜短，长坡道的纵坡度应加以严格限制。
(3) 纵坡度变化不宜太多，尤其应避免急剧起伏变化，力求纵坡均匀。

4.2.4 汽车行驶的纵向稳定性

汽车的行驶稳定性是指在行驶的过程中，汽车在外部因素作用下能保持正常行驶状态和方向，不致发生失控而产生滑移、倾覆等现象的能力。本节主要介绍汽车行驶的纵向稳定性，为纵断面设计提供理论依据。

汽车在直线坡道上行驶时，当公路的纵坡倾角 α 大到一定程度，就有可能使汽车发生纵向倾覆或纵向倒溜滑移，为简化计算，假定汽车上陡坡道时以低速等速行驶，则可略去空气阻力、滚动阻力和惯性阻力，其受力状况如图 4.9 所示。

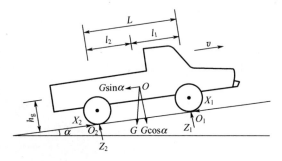

图 4.9 汽车上坡受力图

1. 纵向倾覆

汽车产生纵向倾覆的临界状态是汽车前轮法向反作用力 Z_1 为零，此时，汽车可能绕 O_2 点发生倾覆现象。对 O_2 点取矩并让 $Z_1=0$，可得

$$Gl_2\cos\alpha_0 - Gh_g\sin\alpha_0 = 0 \tag{4-15}$$

即

$$\tan\alpha_0 = \frac{l_2}{h_g} \tag{4-16}$$

式中　G——汽车的总重力（N）；

α_0——Z_1 为零时极限坡道倾角（°）；

l_2——汽车重心至后轴的距离（m）；

h_g——汽车重心离路面的高度（m）。

当坡道倾角 $\alpha \geqslant \alpha_0$ 时（或道路纵坡 $i \geqslant i_0$ 时，i_0 为 Z_1 为零时道路的纵坡度），汽车可能发生纵向倾覆。由式（4-16）可知，纵向倾覆状况主要与汽车重心至后轴的距离 l_2 和重心高度 h_g 有关，l_2 越大，h_g 越低，则纵向稳定性越好。

2. 纵向滑移

对后轮驱动的汽车，根据附着条件，驱动轮不产生滑移的临界状态为

$$G\sin\alpha_j = \varphi G_{驱} \tag{4-17}$$

因为 $\sin\alpha_j \approx \tan\alpha_j \approx i_j$，则有

$$i_j = \tan\alpha_j = (G_{驱}/G)\varphi \tag{4-18}$$

式中 α_j——产生纵向滑移临界状态时坡道倾角（°）；

i_j——产生纵向滑移临界状态时道路纵坡度，其他符号意义同前。

当坡道倾角 $\alpha \geqslant \alpha_j$（或道路纵坡度 $i \geqslant i_j$）时，汽车可能产生纵向滑移。i_j 的大小主要取决于驱动轮荷载 $G_{驱}$ 与汽车总重力 G 的比值以及附着系数 φ。因此，防止汽车滑移一方面要增加汽车重量，另一方面要增加车轮与路面的附着力。

3. 纵向稳定性的保证

由于现代汽车在设计制造时重心都比较低，一般 $l_0/h_g \geqslant (G_{驱}/G)\varphi$，因而大多数情况下，汽车在产生纵向倾覆之前，首先发生纵向滑移。为保证汽车行驶的纵向稳定性，道路设计应以满足不产生纵向滑移为条件，这样也就避免了汽车的纵向倾覆现象的出现。所以，汽车行驶时纵向稳定性的条件为

$$i < i_j = (G_{驱}/G)\varphi \tag{4-19}$$

只要设计的道路纵坡度 i 满足上式条件，当汽车满载时一般都能保证纵向行驶的稳定性。但在运输中装载过高时，由于重心高度 h_g 的过分增大而破坏了纵向稳定性条件（图 4.10）。所以，应对汽车装载高度有所限制。

图 4.10 汽车装载过高破坏其纵向稳定性

4.3 纵坡设计

4.3.1 纵坡设计的一般要求

纵坡设计的一般要求如下：

(1) 纵坡设计必须满足《公路工程技术标准》（以下简称《标准》）中关于纵坡坡度、坡长、竖曲线设计要求等各项规定。

(2) 为保证汽车能以一定的车速安全舒顺地行驶，纵坡应具有一定的平顺性，起伏不宜过大及过于频繁（图 4.11）。尽量避免采用极限纵坡值。缓和坡段应自然地配合地形设置，在连续采用极限长度的陡坡之间，不宜插入最短的缓和坡段，以争取较均匀的纵坡。垭口附近的纵坡应尽量放缓一些。连续上坡或下坡路段，应避免设置反坡。

图 4.11 道路起伏过于频繁

(3) 纵坡设计时，应对沿线的地形、地质、水文、气候等自然条件综合考虑，根据不同的具体情况妥善处理，以保证公路的畅通和稳定。

(4) 地下水位较高的平原微丘区和潮湿地带的路段，应满足最小填土高度的要求，以保证路基稳定。

(5) 对于山岭重丘区，纵坡设计应考虑填挖平衡，移挖作填，减少借方和废方，以降低工程造价。

(6) 纵坡设计时，应照顾当地民间运输工具、农业机械、农田水利等方面的特殊要求。

4.3.2 最大纵坡

最大纵坡是指在纵断面设计中，各级公路允许采用的最大坡度值。越岭公路常常采用较大纵坡，这是因为纵坡越大，路程就越短，一般来说工程量也就越省。但由于汽车牵引力有一定限制，故纵坡不能采用太大值，必须对最大纵坡加以限制。

1. 确定最大纵坡应考虑的因素

(1) 汽车的动力性能：要根据公路上行驶的车辆状况，按汽车行驶的必要条件和充分条件来确定。

(2) 公路等级：公路等级越高，则要求行车速度越高。从动力特性图看，对同类型车辆来说，速度越高，其爬坡能力就越低，所以不同等级的公路有不同的最大纵坡值。

(3) 自然因素：公路所经地区的地形、海拔高度、气温、雨量、湿度和其他自然因素，均影响汽车的行驶条件和上坡能力。

2. 最大纵坡的确定

最大纵坡是公路纵断面设计的重要控制指标，特别是在山岭区，纵坡的大小直接影响到路线的长短、使用质量、运输成本和工程造价。

最大纵坡的决定主要综合考虑货车的爬坡能力、下坡制动安全性、油耗、公路等级、地形等多种因素，并要保证行车安全。从最大爬坡能力来看，东风汽车可以爬上27%的坡度，但这显然是不安全和不经济的。从下坡制动安全性、交通事故率来看，纵坡不宜超过8%，否则会发生制动失灵、雨天滑翻、水箱开锅等现象。

从油耗来看，根据我国油耗与道路纵坡关系的研究结果（图4.12），纵坡每提高1%，每吨公路的油耗量就急剧增加，特别是纵坡超过7%以后更明显。表4-4是单位长度路段采用不同坡度时货车的油耗估算表，从表中可以看出，坡度对于油耗的影响是相当显著的。

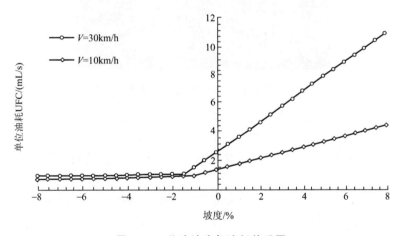

图4.12 公路坡度与油耗关系图

表4-4 纵坡与油耗关系表

坡度/%	0	2	4	6	8
单位油耗/(mL/s)	2.20	4.20	6.20	8.40	10.40
每公里油耗/mL	264	504	744	1008	12.48
万辆车每年油耗/(10^4 mL)	96	184	272	368	456

因此,《标准》对各级公路的最大纵坡规定见表4-5。但是从能耗角度和环境保护角度考虑,发达国家当采用大于3%的纵坡时,就需要进行环保论证。最大纵坡只是在线形受地形限制严重的路段才准采用,例如越岭路线为争取高度、缩短路线长度或避开困难工程,可应用最大纵坡。而在一般情况下应尽量采用较小的纵坡。

表4-5 各级公路最大纵坡

公路等级	高速公路				一		二		三		四	
计算行车速度/(km/h)	120	100	80	60	100	60	80	40	60	30	40	20
最大纵坡/%	3	4	5	5	4	6	5	7	6	8	6	9

注:① 高速公路受地形条件或其他特殊情况限制时,经技术经济论证,最大纵坡可增加1%;
② 海拔2000m以上或严寒冰冻地区的山岭重丘区公路,最大纵坡不应大于8%。

3. 最大纵坡的运用

对于货车比重较高的路段,应尽量采用平缓的纵坡,不应轻易采用规定值。统计表明,坡度大于3%的路段事故率是平缓路段事故率的2~3倍,且随着坡度的加大,油耗急剧增加,环境污染随之加重。

对于以行驶小客车或轻型车为主的机场公路、旅游公路,采用较大纵坡可明显减少工程造价时,可采用规定值或适当突破指标。

对于设计速度较低的改建工程,经技术经济论证可以在规定值基础上增加1%。

对互通区主线最大纵坡的规定,主要是从保证匝道向主线平稳汇流角度考虑的,因此,主线减速区上坡路段和主线加速区下坡路段的纵坡值可以灵活运用。

例如:某设计速度100km/h的高速公路,其中一个互通式立交主线范围达847m,受河流、现有公路和铁路的限制,互通区范围需克服约22m高差,平均纵坡2.6%,如果按此平均纵坡设计,将不满足规范对互通区主线纵坡的要求(2%),也不利于主线汇流。设计时可将此段纵坡分为两段设计,前400m段为主线减速区,可采用较大的3.25%坡度;后450m段为主线汇流加速区,可采用较缓的满足规范要求的2%坡度。这样设计之后,既有利于主线减速分流,又可满足主线汇流要求。

4.3.3 最小纵坡

一般来说,为使公路上汽车行驶快速安全,纵坡设计得小一些总是有利的。但在挖方路段、设置边沟的低填路段和横向排水不畅路段,为保证排水的要求,防止积水渗入路基而影响其稳定性,一般应避免采用水平纵坡,以免因为排水而将边沟挖得过深。故《标准》规定,在各级公路的长路堑路段以及其他横向排水不畅的路段,均应采用不小于0.3%的纵坡,否则应对其边沟作纵向排水设计。

干旱地区以及横向排水良好的路段,其最小纵坡可不受上述限制。

4.3.4 纵坡折减

在海拔3000m以上的高原地区,因空气稀薄而使汽车发动机功率降低,相应地降低了汽车的爬坡能力；此外，在高原地区行车，汽车水箱容易"开锅"，破坏其冷却系统。故相关标准规定在海拔3000m以上的高原地区行车，各级公路的最大纵坡值应按表4-6的规定折减，最大纵坡折减后，如小于4%，则仍用4%。

表4-6　高原纵坡折减值

海拔高度/m	3000～4000	4000～5000	5000 以上
折减值/%	1	2	3

4.3.5　坡长限制与缓和坡段

坡长限制，主要是指对较陡纵坡的最大长度和一般纵坡的最小长度加以限制，现分述如下。

1. 最大坡长

按动力因素的要求，有较陡纵坡的坡段，其坡长应较小。实际观测调查的结果表明，纵坡大于5%的坡段，若其坡长过大，上坡时需提高D值而采用较低挡令速度下降，发动机易受磨损甚至熄火停驶；下坡时坡度阻力为负值而使汽车加速行驶，为保证安全往往又使用制动器来减速，多次制动会使制动器失灵甚至造成车祸。因此，对纵坡大于5%的坡段，其最大坡长必须加以限制。《标准》对各级公路不同纵坡的最大坡长规定见表4-7。高速公路和一级公路纵坡及坡长的选用应充分考虑车辆运行质量要求。对高速公路，即使纵坡为2%，其坡长也不宜过长；二级、三级、四级公路当连续纵坡大于5%时，应在不大于表4-7所规定的长度处设缓和坡段。

表4-7　各级公路纵坡长度限制　　　　　　　　单位：m

设计速度/(km/h) 纵坡坡度/%	120	100	80	60	40	30	20
3	900	100	1100	1200	—	—	—
4	700	800	900	1000	1100	1100	1200
5	—	600	700	800	900	900	1000
6	—	—	500	600	700	700	800
7	—	—	—	—	500	500	600
8	—	—	—	—	300	300	400
9	—	—	—	—	—	200	300
10	—	—	—	—	—	—	200

在实际纵坡设计中，当大于5%的坡长还未达到其规定的限制坡长时，可变化坡度（应为连续上坡或连续下坡），但其长度应按坡长限制的规定进行折算。例如：某三级山岭

区公路（设计车速为40km/h）的第一坡段纵坡为8.0%，长度为120m，查表4-7可知坡长限制值为300m，即占坡长限制值的2/5；若相邻坡段的纵坡为7.0%，查表4-7可知坡长限制值为500m，则其坡长不应超过500m×3/5＝300m。也就是说8.0%的纵坡设计了长度120m以后，还可接着设计坡度为7.0%的300m坡长，此时坡长限制值已用完。

2. 最小坡长

最小坡长的限制是从汽车行驶平顺性、乘客的舒适性、纵面视距和相邻两竖曲线的布置等方面考虑的。如果坡长过短，转坡过多，使纵坡线形呈锯齿形状，路容也不美观；此外，当相邻坡段的纵坡相差较大，而坡长又较短时，汽车运行中换挡频繁也增加了驾驶员的操作劳动强度。在一般情况下，应保证汽车在坡道上行驶时间为9～15s。因此，纵坡的坡长应有一定的最短长度。

我国综合考虑了计算行车速度和地形条件等情况来规定最小坡长，见表4-8。

表4-8 各级公路最小坡长

计算行车速度/(km/h)	120	100	80	60	40	30	20
最小坡长/m	300	250	200	150	120	100	60

3. 缓和坡段

缓和坡段的作用主要是为了改善汽车在连续陡坡上行驶的紧张状况，避免汽车长时间低速行驶或汽车下坡产生的不安全因素。因此，当陡坡的长度达到限制坡长时，应安排一段缓坡，用以恢复在陡坡上行驶所降低的速度。汽车在缓坡上行驶的长度，理论上应满足汽车加速或减速行驶过程的需要。

《标准》规定，对于二、三、四级公路，当连续纵坡大于5.0%时，应在不大于表4-7所规定的长度处设置缓和坡段。缓和坡段的纵坡应不大于3%，其长度应符合表4-8的规定；线形宜采用直线，困难路段可用曲线。缓和坡段的具体位置应结合纵向地形的起伏情况，以尽量减少填挖方工程数量来确定。一般情况下，缓和坡段宜设置在平面的直线或较大半径的平曲线上，以便充分发挥缓和坡段的作用，提高道路的使用质量。在极特殊的情况下，可以将缓和坡段设于半径比较小的平曲线上，但应适当增加缓和坡段的长度，而回头曲线段不能作为缓和坡段。

4.3.6 平均纵坡

如图4.13所示，当一个路段由若干坡段组成，其两端点的高差与路段长度之比称为平均纵坡，用符号 i_p 表示，即

$$i_p = \frac{H}{L} \times 100\% \qquad (4-20)$$

式中　i_p——路段平均纵坡（%）；

　　　H——路段两端点的高差（m）；

　　　L——路段的长度（m）。

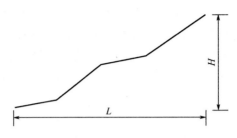

图 4.13 平均纵坡示意图

平均纵坡是衡量纵断面线形设计质量的一个重要限制性指标。在山区公路的纵坡设计时，可能会不间断地交替使用标准规定的最大纵坡和缓和坡段，这似乎是合法的，但会造成汽车长时间用低挡爬坡，或下坡需频繁刹车制动甚至发生不良后果，这就不合理。避免产生这种现象的办法，是对路段的平均纵坡进行控制。《标准》规定：为了合理运用最大纵坡、坡长和缓和坡段的规定，以保证车辆安全顺利行驶，二、三、四级公路越岭线的平均纵坡，一般以接近 5.5%（相对高差为 200～500m）和 5%（相对高差大于 500m）为宜，并注意任何相连 3km 路段的平均纵坡不宜大于 5.5%。高速公路、一级公路的平均纵坡限制尚在研究。

4.3.7 合成坡度

道路在平曲线地段，若纵向有纵坡且横向有超高时，则最大坡度既不在纵坡上，也不在超高上，而是在纵坡和超高的合成方向上，这时的最大坡度称为合成坡度（图 4.14），其方向即流水线方向。

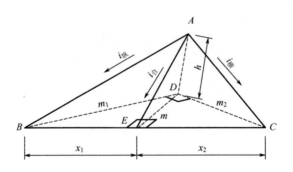

图 4.14 道路合成坡度

如图所示，在直角三角形 △BCD 中，$x_1+x_2=\overline{BC}=\sqrt{m_1^2+m_2^2}$，因 △BDE∽△BDC，故有

$$\frac{m}{m_1}=\frac{m_2}{x_1+x_2}=\frac{m_2}{\sqrt{m_1^2+m_2^2}}$$

整理得

$$\frac{1}{m^2}=\frac{m_1^2+m_2^2}{m_1^2 \cdot m_2^2}=\frac{1}{m_2^2}+\frac{1}{m_1^2}$$

左右两边各乘以 h^2，可得

$$\left(\frac{h}{m}\right)^2 = \left(\frac{h}{m_1}\right)^2 + \left(\frac{h}{m_2}\right)^2$$

或写成

$$i_{合}^2 = i_{横}^2 + i_{纵}^2$$

即合成坡度值为

$$i_{合} = \sqrt{i_{横}^2 + i_{纵}^2} \tag{4-21}$$

式中　$i_{合}$——合成坡度（%）；
　　　$i_{纵}$——路段纵坡（%）；
　　　$i_{横}$——路段超高横坡（%）。

汽车在有合成坡度的地段行驶，若合成坡度过大，当车速较慢或汽车停在合成坡道上时，汽车可能沿合成坡度的方向产生侧滑或打滑；若遇到急弯陡坡，汽车可能会在短时间向合成坡度方向下滑，因合成坡度比纵坡和横坡均大，所以速度会突然加快，使汽车沿合成坡度冲出弯道之外而产生事故；此外，在合成坡度上行车还会造成汽车倾斜、货物偏重，可致使汽车倾倒。因此，对合成坡度也应加以限制。《标准》规定各级公路的最大容许合成坡度见表4-9；对积雪严寒地区，各级公路的合成坡度应不大于8%。当陡坡与小半径曲线重叠时，在条件允许时宜采用较小的合成坡度。为保证路面排水迅速，各级公路的最小合成坡度应不小于0.5%。

表4-9　合成坡度值

公路等级	高速公路				一		二		三		四	
计算行车速度/(km/h)	120	100	80	60	100	60	80	40	60	30	40	20
合成坡度/%	10.0	10.0	10.5	10.5	10.0	10.5	9.0	10.0	9.5	10.0	9.0	10.0

4.4　竖曲线设计

4.4.1　竖曲线的种类和作用

纵断面上两相邻纵坡线的交点为变坡点，为保证行车安全、顺适及视距的需要而在变坡点处设置的纵向曲线，称为竖曲线。在纵坡设计时，由于纵断面上只反映水平距离和竖直高度，因此竖曲线的切线长与弧长均指其在水平面上的投影，切线支距是竖直的高程差，相邻两条纵坡线相交角用坡差表示。如图4.15所示，当竖曲线变坡点在曲线上方时为凸形竖曲线，反之为凹形竖曲线。

竖曲线的主要作用如下：

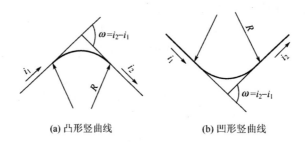

(a) 凸形竖曲线　　　　　　(b) 凹形竖曲线

图 4.15　竖曲线基本形式

（1）起缓冲作用，以平缓的竖曲线取代折线可消除汽车在该处的颠簸，增大乘客的舒适感。

（2）确保公路纵向的路面视距。在凸形竖曲线处，倘若纵坡坡差较大，则盲区较大，会影响行车安全，如图 4.16 所示；若设置了适当的竖曲线，则视距将获得保证。

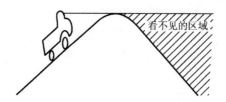

图 4.16　纵坡坡差过大导致盲区过大

4.4.2　竖曲线要素计算

竖曲线的形式有圆曲线和抛物线，在使用范围内二者相差不大，但在设计和计算上，抛物线比圆曲线更方便，故一般采用二次抛物线为竖曲线形式。

1. 竖曲线基本方程

设相邻两纵坡坡度分别为 i_1 和 i_2。抛物线竖曲线有两种可能的形式：

（1）坐标原点设在竖曲线顶点（或底点），如图 4.17(a) 所示。

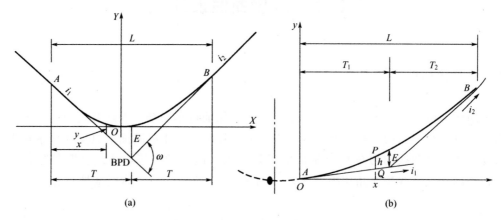

(a)　　　　　　　　　　(b)

图 4.17　竖曲线基本要素示意图

在图示坐标系下,二次抛物线基本方程为
$$y=\frac{1}{2R}x^2 \tag{4-22}$$

式中 R——抛物线顶点处的曲率半径。

(2) 坐标原点不在竖曲线顶点(或底点),如图 4.17(b) 所示。

在图示坐标系下,二次抛物线基本方程为
$$y=\frac{1}{2k}x^2+i_1 x \tag{4-23}$$

式中 k——抛物线顶点处的曲率半径。

对竖曲线上任一点 P,其切线的斜率(纵坡)为
$$i_p=\frac{dy}{dx}=\frac{x}{k}+i_1 \tag{4-24}$$

当 $x=0$ 时,$i_p=i_1$;

当 $x=L$ 时,$i_p=\frac{L}{k}+i_1=i_2$。 $\tag{4-25}$

由式(4-25),可以得到抛物线顶点曲率半径为
$$k=\frac{L}{i_2-i_1}=\frac{L}{\omega} \tag{4-26}$$

抛物线上任一点的曲率半径为
$$r=\left[1+\left(\frac{dy}{dx}\right)^2\right]^{\frac{3}{2}}/\frac{d^2 y}{dx^2} \tag{4-27}$$

因 $\frac{dy}{dx}=i_1$,$\frac{d^2 y}{dx^2}=\frac{1}{k}$,代入式(4-27) 可得抛物线上任一点的曲率半径为
$$r=k\ (1+i_1^2)^{3/2}$$

因切线坡度 i_1 较小,故 i_1^2 可略去不计,则可得
$$R=r\approx k$$

故二次抛物线竖曲线基本方程式(通式)为
$$y=\frac{1}{2R}x^2+i_1 x \tag{4-28}$$

2. 竖曲线几何要素

1) 竖曲线长度 L 或竖曲线半径 R

由式(4-26) 和 $R=r\approx k$ 可知:
$$L=R\omega \tag{4-29}$$

2) 竖曲线切线长 T

因为 $T=T_1=T_2$,则可得
$$T=\frac{L}{2}=\frac{R\omega}{2} \tag{4-30}$$

3）竖曲线上任一点竖距 h

如图 4.17(b) 所示，竖距为

$$h=\overline{PQ}=y_P-y_Q=\frac{x^2}{2R}+i_1x-i_1x=\frac{x^2}{2R} \qquad (4-31)$$

式中　x——竖曲线上任意点与竖曲线始点或终点的水平距离；

　　　y——竖曲线上任意点到切线的纵距，即竖曲线上任意点与坡线的高差。

4）竖曲线外距 E

由图可得

$$E=\frac{T^2}{2R}=\frac{L\omega}{8}=\frac{T\omega}{4} \qquad (4-32)$$

4.4.3　竖曲线的半径或长度

1. 竖曲线设计限制因素

在道路纵断面设计中，竖曲线设计受众多因素控制，其中以下三个限制因素决定了竖曲线的最小半径或长度。

1）缓和冲击

当汽车行驶在竖曲线上时产生径向离心力，这个力在凹形竖曲线上方向与汽车的重力方向相同，属于超重；在凸形竖曲线上方向与汽车重力方向相反，则属于失重。失重易产生振动、冲击，甚至会因汽车弹簧超负荷而产生不良的后果；失重又会使旅客产生不舒适的感觉。因而设计时，应控制离心加速度值以保证行车的安全、舒适。汽车在曲线上行驶时，其离心力为

$$a=\frac{v^2}{R}$$

将 v(m/s) 改为 V(km/h) 并整理可得

$$R=\frac{V^2}{13a}$$

根据试验，认为离心加速度 a 限制在 $0.5\sim0.7$m/s² 比较合适。相关标准规定的竖曲线最小半径值相当于 $a=0.278$m/s²，将此值代入上式可得

$$R_{min}=\frac{V^2}{3.6}, \text{ 或 } L_{min}=\frac{V^2\omega}{3.6} \qquad (4-33)$$

2）时间行程不过短

当竖曲线两端直线坡段的坡度差很小时，即使半径较大，竖曲线的长度亦有可能较小，此时汽车在竖曲线段倏忽而过，冲击增大，使乘客不适，从视觉上考虑也会感到线形突然转折。因此，汽车在竖曲线上行驶的时间 t 不能太短，以此来控制竖曲线长度，即

$$L=vt=\frac{Vt}{3.6}$$

式中　L——竖曲线长度（m）；

v, V——计算行车速度 (m/s, km/h);

　　　t——行车时间 (s)。

经统计,在竖曲线上行车时间 t 为 3s 时,驾驶员操作较为方便,旅客感觉良好,所以通常取 t 为 3s,则有

$$L_{\min} = \frac{Vt}{3.6} = \frac{3V}{3.6} = \frac{V}{1.2} \quad (4-34)$$

式中　$L_{\min}$——凸形或凹形竖曲线的最小长度 (m)。

其余符号意义同前。

3) 满足视距要求

当汽车行驶在凸形竖曲线上时,如果半径太小,会阻止司机视线。当汽车行驶在凹形竖曲线时,如果地形起伏较大,而竖曲线半径较小,在夜间行车时,前灯照射距离过近,将影响行车速度和安全;在高速公路和城市道路上,经常会有一些跨线桥、门式交通标志等,如果其刚好在凹形竖曲线上方,也会影响驾驶员的视线。关于竖曲线需要满足的视距要求,将在后面详细分析。

总之,无论凸形竖曲线还是凹形竖曲线,在设计上都受到上述三种因素的控制。但需要明确哪一种限制因素为最不利的情况,才能有效运用这些控制因素。

2. 竖曲线最小半径和最小长度

1) 凸形竖曲线

汽车在凸形竖曲线上行驶时,因前方隆起使驾驶员视线受障碍,将形成盲区,如图 4.18 所示。因而为保证行车安全,设计时满足视距要求是主要问题。

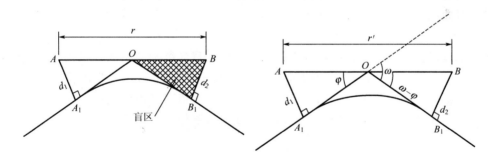

图 4.18　凸形竖曲线设置基本原理图

(1) 设置原理。

如图 4.18 所示,设两相邻坡段 A_1O 和 B_1O 的坡度角为 φ 和 $\omega-\varphi$,$\overline{AA_1}=d_1$ (d_1 为司机视线高,即目高),$\overline{BB_1}=d_2$ (d_2 为障碍物高,即物高)。公路设计中规定:小汽车 $d_1=1.2$m,大汽车 $d_1=1.5\sim1.6$m,为了安全起见,通常均取 $d_1=1.2$m。根据图示几何关系可得

$$r = \frac{d_1}{\sin\varphi} + \frac{d_2}{\sin(\omega-\varphi)} \approx \frac{d_1}{\varphi} + \frac{d_2}{\omega-\varphi}$$

令 $\dfrac{dr}{d\varphi}=0$,则可得

$$r_{\min} = \frac{(\sqrt{d_1} + \sqrt{d_2})^2}{\omega}$$

设当 $r_{\min} = S$ 时 $\omega = \omega_k$，故得

$$\omega_k = \frac{(\sqrt{d_1} + \sqrt{d_2})^2}{S} = 定值 \quad (4-35)$$

式中　$r_{\min}$——最小可见长度（m）；

　　　S——实际路面视距长度（m）；

　　　ω——相邻公路纵坡坡差；

　　　ω_k——能保证视距时的纵坡坡差，称为临界坡差。

在设计停车视距时取 $d_2 = 0$，在设计会车视距时可取 $d_1 \approx d_2$，则在停车视距时有

$$\omega_k = \frac{d_1}{S_T} \quad (4-36)$$

在会车视距时有

$$\omega_k = \frac{4d_1}{S_H} \quad (4-37)$$

式中　S_T、S_H——停车及会车视距。

显然，如 ω 为相邻公路实际坡差，则可知：

① 当 $\omega \leq \omega_k$ 时，已自然保证了视距，可不设竖曲线；

② 当 $\omega > \omega_k$ 时，不能保证视距，需设置竖曲线。

这就是竖曲线的设置原理，它对判断是否需要设置竖曲线有一定意义。但应当指出，为保证道路线性顺畅、行车安全舒适，我国公路设计现已规定：无论 $\omega \leq \omega_k$ 或 $\omega > \omega_k$，一律应设置竖曲线。

（2）凸形竖曲线半径 $R_{凸}$。

当汽车行驶在凸形竖曲线上，若半径过小，驾驶盲区范围会扩大，阻挡司机视线，因此为保证行车视距，需要讨论竖曲线最小半径。如图 4.19 所示，竖曲线长度与行车视距长度之间包括以下两种情况，分别进行讨论。由于所有道路必须满足停车视距的要求，所以下列计算中无论是凸形竖曲线还是凹形竖曲线都按照停车视距来选取。

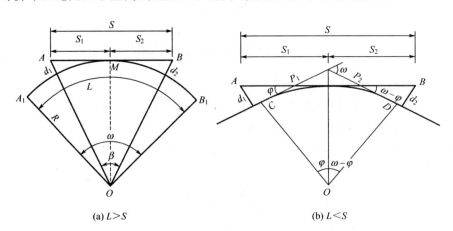

图 4.19　凸形竖曲线中 L 与 S 的关系

① 竖曲线长度 L 大于视距长度 S，如图 4.19(a) 所示。

根据图示几何关系可近似得

$$d_1 = \frac{S_1^2}{2R_凸}, \quad d_2 = \frac{S_2^2}{2R_凸}$$

由此得

$$S_1 = \sqrt{2R_凸 d_1}, \quad S_2 = \sqrt{2R_凸 d_2}$$

$$S = S_1 + S_2 = \sqrt{2R_凸}(\sqrt{d_1} + \sqrt{d_2})$$

则有

$$R_凸 = \frac{S^2}{2(\sqrt{d_1} + \sqrt{d_2})^2}$$

当采用停车视距 S_T 时，$d_1 = 1.2\text{m}$，$d_2 = 0.1\text{m}$，$(\sqrt{d_1} + \sqrt{d_2})^2 \approx 2\text{m}$，即有

$$R_凸 = \frac{S_T^2}{4} \tag{4-38}$$

因 $L = R \cdot \omega$，故凸形竖曲线最小长度为

$$L_凸 = \frac{S_T^2}{4}\omega \tag{4-39}$$

式中符号含义同前。

② 竖曲线长度 L 小于视距长度 S，如图 4.19(b) 所示。

当相邻公路纵坡坡差为 ω 时，因变坡角很小，可近似认为折线 CP_1P_2D 的总长度等于竖曲线长度 L，则有 $\overline{P_1P_2} = L/2$，而 $L = R \cdot \omega$，则据几何关系可得

$$S = \overline{AP_1} + \overline{P_2B} + \overline{P_1P_2} \approx \frac{d_1}{\varphi} + \frac{d_2}{\omega - \varphi} + \frac{R_凸 \omega}{2}$$

及

$$S = \frac{(\sqrt{d_1} + \sqrt{d_2})^2}{\omega} + \frac{R_凸 \omega}{2}$$

由此导出最小凸形竖曲线半径 $R_凸$ 为

$$R_凸 = \frac{2}{\omega}\left[S - \frac{(\sqrt{d_1} + \sqrt{d_2})^2}{\omega}\right]$$

当采用停车视距 S_T 时有

$$R_凸 = \frac{2}{\omega}\left(S_T - \frac{2}{\omega}\right) \tag{4-40}$$

因 $L = R \cdot \omega$，故凸形竖曲线最小长度为

$$L_凸 = 2\left(S_T - \frac{2}{\omega}\right) \tag{4-41}$$

比较以上两种情况，显然式(4-39)比式(4-41)计算结果要大，故设计时应以式(4-39)来控制竖曲线最小半径。

根据缓和冲击、时间形成及视距要求三个限制因素，可以计算出各种设计速度时的凸形竖曲线最小半径和最小长度，见表 4-10。

表 4-10 凸形竖曲线最小半径和长度

计算行车速度/(km/h)	停车视距 S_T/m	缓和冲击要求 $L_{min}=\dfrac{V^2\omega}{3.6}$	视距要求 $L_{min}=\dfrac{S_T^2\omega}{4}$	采用值 L_{min}	《标准》规定值/m		
					极限最小半径 $R_{min}=\dfrac{L_{min}}{\omega}$	一般最小半径	竖曲线最小长度
120	210	4000ω	11025ω	11000ω	11000	17000	100
100	160	2778ω	6400ω	6500ω	6500	10000	85
80	110	1778ω	3025ω	3000ω	3000	4500	70
60	75	1000ω	1406ω	1400ω	1400	2000	50
40	40	444ω	400ω	450ω	450	700	35
30	30	250ω	225ω	250ω	250	400	25
20	20	111ω	100ω	100ω	100	100	20

相关标准规定的表中一般最小半径为极限最小半径的 1.5~2.0 倍，在条件许可时应尽量采用大于一般最小半径的竖曲线半径。当受地形条件及其他特殊条件限制时，方可采用表列极限最小值。竖曲线最小长度是按照 3s 行程计算取整数而得。在设计竖曲线最小半径或最小长度时，应该综合前述三个控制因素取大值。

2）凹形竖曲线

凹形竖曲线极限最小半径的确定应考虑两种视距要求：一是保证夜间行车安全，前灯照明应有足够的距离；二是保证跨线桥下行车有足够的视距。

(1) 前灯照射距离要求。

在凹形竖曲线上，竖曲线与行车视距之间也存在两种情况，分别如图 4.20、图 4.21 所示。

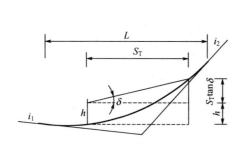

图 4.20 车前灯照射距离 $L \geqslant S_T$

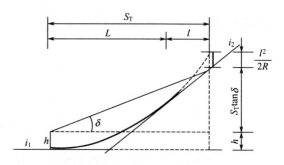

图 4.21 车前灯照射距离 $L < S_T$

① 当 $L \geqslant S_T$ 时，如图 4.20 所示，可得

$$h + S_T \tan\delta = \dfrac{S_T^2}{2R} = \dfrac{S_T^2 \omega}{2L}, \quad L_{min} = \dfrac{S_T^2 \omega}{2(h + S_T \tan\delta)}$$

式中　　h——车前灯高度，可取 0.75m；

　　　　δ——车前灯光束扩散角，可取 1.5rad。

将 h 和 δ 数据代入得

$$L_{\min}=\frac{S_T^2\omega}{1.5+0.0524S_T} \quad (4-42)$$

② 当 $L<S_T$ 时，如图 4.21 所示，可得

$$S_T=L+l,\ \text{或}\ l_{115}=S_T-L$$

$$h+S_T\tan\delta=\frac{(L+l)^2}{2R}-\frac{l^2}{2R}=\frac{\omega(2S_T-L)}{2}$$

$$L_{\min}=2\left(S_T-\frac{h+S_T\tan\delta}{\omega}\right)$$

同理，将以上数据代入得

$$L_{\min}=2\left(S_T-\frac{0.75+0.026S_T}{\omega}\right) \quad (4-43)$$

显然，式(4-42)计算结果大于式(4-43)，故应以式(4-42)作为设计凹形竖曲线最小长度时的有效控制。

(2) 跨线桥下视距要求。

为保证汽车穿过跨线桥时有足够的视距，汽车行驶在凹形竖曲线上时，应对竖曲线最小半径加以限制。

① 当 $L\geqslant S_T$ 时，行车情况如图 4.22 所示。

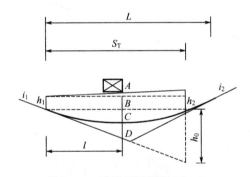

图 4.22　跨线桥下视距 $L\geqslant S_T$

根据图示几何关系可得到

$$\overline{AB}=h_1+\frac{h_2-h_1}{S_T}l$$

$$h_0=\frac{S_T^2}{2R}$$

$$\frac{\overline{BD}}{h_0}=\frac{l}{S_T}$$

整理得

$$\overline{BD}=h_0\frac{l}{S_T}=\frac{S_T}{2R}l,\qquad \overline{CD}=\frac{l^2}{2R}$$

$$h = \overline{AB} + \overline{BD} - \overline{CD} = h_1 + \frac{h_2 - h_1}{S_T}l + \frac{S_T}{2R}l - \frac{l^2}{2R}$$

由 $\frac{dh}{dl} = 0$，解出 l，代入上式并整理可得 h_{max} 为

$$h_{max} = h_1 + \frac{1}{2R}\left[\frac{R(h_2 - h_1)}{S_T} + \frac{S_T}{2}\right]^2$$

$$L_{min} = \frac{S_T^2 \omega}{\left[\sqrt{2(h_{max} - h_1)} + \sqrt{2(h_{max} - h_2)}\right]^2}$$

式中 h_{max}——桥下设计净空，可取 $4.5m$；

h_1——司机视线高，可取 $1.5m$（载重车）；

h_2——障碍物高度，可取 $0.75m$。

将以上数据代入得

$$L_{min} = \frac{S_T^2 \omega}{26.92} \tag{4-44}$$

② 当 $L < S_T$ 时，行车情况如图 4.23 所示。

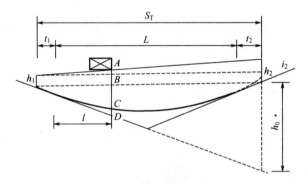

图 4.23 跨线桥下视距 $L < S_T$

由图示几何关系可知：

$$\overline{AB} = h_1 + \frac{h_2 - h_1}{S_T}(t_1 + l), \quad \frac{\overline{BD}}{h_0} = \frac{t_1 + l}{S_T}$$

将 $h_0 = \frac{(L + t_2)^2}{2R} - \frac{t_2^2}{2R}$ 代入上式可得

$$\overline{BD} = h_0 \frac{t_1 + l}{S_T} = \left[\frac{(L + t_2)^2}{2R} - \frac{t_2^2}{2R}\right]\frac{t_1 + l}{S_T}$$

此外有 $\quad \overline{CD} = \frac{l^2}{2R}, \quad t_2 = S_T - t_1 - L$

由此可得

$$h = \overline{AB} + \overline{BD} - \overline{CD} = h_1 + \frac{h_2 - h_1}{S_T}(t_1 + l) + \frac{L(t_1 + l)}{2RS_T}(L - 2t_2) - \frac{l^2}{2R}$$

由 $\frac{dh}{dl} = 0$，解出 l，代入上式并整理可得

$$h_{\max}=h_1+\frac{1}{2RS_T^2}\left[(2S_Tt_1+R(h_2-h_1)+\frac{L}{2}(2S_T-2t_1-L)\right]\left[R(h_2-h_1)+\frac{L}{2}(2S_T-2t_1-L)\right]$$

由 $\dfrac{\mathrm{d}h_{\max}}{\mathrm{d}t_1}=0$，解出 t_1，代入上式并整理可得

$$h_{\max}=h_1+\frac{[2R(h_2-h_1)+(2S_T+L)]^2}{8RL(2S_T-L)}$$

由此可解得

$$L_{\min}=2S_T-\frac{4h_{\max}}{\omega}\left[1-\frac{(h_2+h_1)}{2h_{\max}}+\sqrt{\left(1-\frac{h_1}{h_{\max}}\right)\left(1-\frac{h_2}{h_{\max}}\right)}\right]$$

式中 $h_{\max}$——桥下设计净空，可取 4.5m；
h_1——司机视线高，可取 1.5m（载重车）；
h_2——障碍物高度，可取 0.75m。

将以上数据代入可得

$$L_{\min}=2S_T-\frac{26.92}{\omega} \tag{4-45}$$

将式(4-44)和式(4-45)计算结果比较，显然前者大于后者，故应以式(4-44)作为设计凹形竖曲线最小长度时的有效控制。

根据三个限制因素，可以计算出各种设计速度时的凹形竖曲线最小半径，见表 4-11。从表中数据可以看出，凹形竖曲线的最小半径和最小长度受径向离心力的冲击影响最大，故在进行凹形竖曲线设计时，应该以式(4-33)来进行控制。《标准》规定的一般最小半径为极限最小半径的 1.5~2.0 倍。

表 4-11 凹形竖曲线最小半径

计算行车速度/(km/h)	停车视距 S_T/m	缓和冲击要求 $L_{\min}=\dfrac{V^2\omega}{3.6}$	视距要求 $\dfrac{S_T^2\omega}{1.5+0.0524S_T}$	桥下视距要求 $\dfrac{S_T^2\omega}{26.92}$	采用值 $L_{\min}$	《标准》规定值/m 极限最小半径 $R_{\min}$	《标准》规定值/m 一般最小半径 R
120	210	4000ω	3527ω	1638ω	4000ω	4000	6000
100	160	2778ω	2590ω	951ω	3000ω	3000	4500
80	110	1778ω	1666ω	449ω	2000ω	2000	3000
60	75	1000ω	1036ω	209ω	1000ω	1000	15000
40	40	444ω	445ω	59ω	450ω	450	700
30	30	250ω	393ω	3ω	250ω	250	400
20	20	111ω	157ω	15ω	100ω	100	200

4.4.4 竖曲线设计和计算

1. 竖曲线设计内容及注意事项

竖曲线设计的主要内容，是选定半径和做好相邻竖曲线的衔接。

1) 竖曲线半径选定应注意的事项

(1) 选择半径应满足规范所规定的竖曲线最小半径和最小长度的要求；在不过分增加工程数量的情况下，为使行车舒适，应选用大于或等于一般最小半径的值；只有在地形限制或其他特殊困难时，才选用极限最小半径。

(2) 当公路等级较高，需获得良好的视觉效果来满足行车要求时，表 4-10 所列为常用考虑视觉效果需求的最小半径值，在有条件下可参照采用。

表 4-12 考虑视觉效果需求的最小半径值

计算行车速度/(km/h)	凸形竖曲线/m	凹形竖曲线/m	计算行车速度/(km/h)	凸形竖曲线/m	凹形竖曲线/m
120	20000	12000	60	9000	6000
100	16000	10000	40	3000	2000
80	12000	8000			

(3) 在设计道路竖曲线时，半径的选取可以根据限制条件来确定。比如：

① 结合纵断面起伏情况和标高控制要求，确定合适的外距值，按外距控制来选择半径，相应计算公式为

$$R = \frac{8E}{\omega^2}$$

② 考虑相邻竖曲线的连接（即保证最小直坡段长度）限制曲线长度，按切线长度来选择半径，相应计算公式为

$$R = \frac{2T}{\omega}$$

(4) 当相邻两坡段的坡差较小时，更应选用较大的竖曲线半径，以满足最小坡长的要求。当然，竖曲线半径也不能过大，否则会导致道路排水不畅，增加路线长度以及建设运营费用。因此，当坡差很小时，可能出现纵坡小于 0.3% 且有一定长度不利于排水，这时就应重新设计纵坡或竖曲线，以满足排水要求。

(5) 对于夜间行车交通量较大的路段，应考虑灯光照射方向的改变，使前灯照射范围受到限制，选择半径时应适当加大，以使其有较长的照射距离。

2) 相邻竖曲线半径的衔接

两相邻竖曲线，当它们的转向相同（坡差都为正或为负）时，称为同向曲线；当它们的转向相反（坡差一个为正另一个为负）时，称为反向曲线。同向凹形竖曲线如图 4.24(a) 所示，如果它们之间的直线坡段不长，应该取消直线，将两竖曲线合并为单个曲线或复曲线形式的竖曲线，以免形成断背曲线。对反向竖曲线，为使超重与失重之间能够缓和过渡，最好

中间插入一段直坡段，如果两竖曲线半径接近极限值时，这段直坡段的长度一般不小于计算行车速度的 3s 行程；如果两竖曲线半径比较大时，也可以直接连接，如图 4.24(b) 所示。

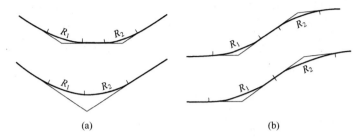

图 4.24　相邻竖曲线半径的衔接

2. 竖曲线计算

竖曲线计算主要包括以下内容：

(1) 确定竖曲线几何要素。根据已确定的纵坡和选定的竖曲线半径，即 i 和 ω 为已知，就可按式(4-29)、式(4-30) 及式(4-32) 计算竖曲线的基本要素 T、L 和 E。

(2) 计算竖曲线起、终点桩号。计算公式为

$$竖曲线始点桩号 = 变坡点桩号 - T$$
$$竖曲线终点桩号 = 变坡点桩号 + T$$

(3) 计算竖曲线上任意点切线标高及竖距 h。计算公式为

$$切线标高 = 变坡点的标高 \pm (T-l) \times i$$

$$h = \frac{x^2}{2R}$$

说明：计算切线标高时，坐标系以上半支竖曲线切点为原点，l 为任意点到原点的距离；公式中的正负号，对于凸形竖曲线取负值，对于凹形竖曲线则取正值。

(4) 计算竖曲线上各桩号设计标高。计算公式为

$$凸形竖曲线上的设计标高 = 该桩号的切线标高 - y$$
$$凹形竖曲线上的设计标高 = 该桩号的切线标高 + y$$

【案例 4-1】　某公路纵断面有一变坡点，其桩号里程为 K4+100，高程为 290.6m，变坡点前后的纵坡分别为 $i_1 = -4\%$，$i_2 = 3\%$，变坡点处的竖曲线半径取 $R = 3000$m。试计算：

① 竖曲线曲线长 L、切线长 T、外距 E；

② K4+150、K4+205 的设计高程。

解：(1) 竖曲线要素计算：

$$\omega = -0.04 - 0.03 = -0.07$$

$\omega < 0$，表明为凸形竖曲线。

$$T = \frac{3000 \times 0.07}{2} = 105.00 \text{ (m)}$$

$$E = \frac{105^2}{2 \times 3000} = 1.838 \text{ (m)}$$

$$L = 105 \times 2 = 210.00 \text{ (m)}$$

(2) 计算竖曲线起、终点桩号及设计标高：

$$竖曲线起点里程 = K4+100-105 = K3+995.00$$
$$竖曲线起点高程 = 290.6-105 \times 3\% = 287.45 \text{ (m)}$$

K4+100 处为变坡点，其设计标高为

$$设计标高一 = 290.6-1.838 = 288.762 \text{ (m)}$$

K4+150 处的设计数据为

$$x = K4+150-(K3+995) = 155 \text{ (m)}$$
$$h = \frac{155^2}{2 \times 3000} = 4.004 \text{ (m)}$$

$$设计标高二 = 287.450+155 \times 3\% - 4.004 = 288.096 \text{ (m)}$$

K4+205 处为竖曲线终点，其设计标高为

$$设计标高三 = 290.6-105 \times 0.04 = 286.40 \text{ (m)}$$

4.5 视觉分析及道路平、纵线形组合设计

道路设计首先从道路规划开始，经过选线，然后进行平面、纵断面和横断面的设计。设计人员最后还需要完成最重要的一个步骤，就是进行平、纵线形组合设计，将道路的立体线形展现出来并进行视觉分析，以判断其是否满足驾驶员行车的安全性、舒适性及景观协调等要求。特别是高等级公路，已把优美的空间外观看得与行驶力学上的安全性一样重要，这就更加需要平纵线形的协调和横断面设计的合理，若待道路建成之后才发现线形视觉不适应地形，再修改便为时已晚。若在设计阶段能根据已有的平、纵、横资料画出透视图来检验设计效果，就可避免遗憾。因此，《道路路线设计规范》明确规定：高速公路和具有干线功能的一、二级公路应重视道路立体线形设计，达到线形连续、指标均衡、视觉良好、景观协调、安全舒适的要求。

4.5.1 视觉分析

平、纵线形组合设计是指在满足汽车运动学和力学要求的前提下，研究如何满足车辆使用者视觉和心理方面的连续、舒适性，与周围环境的协调和具有良好的排水条件。因而评价平纵组合设计的有效方法就是视觉分析。

所谓线形状况，是指道路平面和纵面线形所组成的立体形状在汽车快速行驶中给驾驶员提供的连续不断的视觉印象。该视觉印象的优劣，除依靠设计者对三维空间的想象判断之外，比较好的方法是利用视觉印象随时间变化的路线透视图来评价。透视图（图 4.25）是按照汽车在道路上的行驶位置，根据线形的几何状况确定的视轴方向，以及由车速确定的视轴长度，利用坐标透视的原理绘制的。目前，国内公路设计软件如纬地、海地、card/1 等均可以进行路线三维透视图的绘制。通过透视图，可直观地看出相立体线形是否

顺适，有无易产生判断错误或茫然的地方，路旁障碍是否有妨碍视线的地方等。若存在上述缺陷，应在设计阶段进行修改，然后再绘出透视图分析研究，直到满意为止。

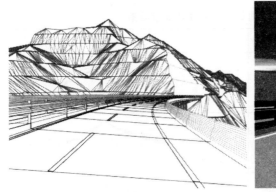

图 4.25　某高速公路右线正向透视图

4.5.2　道路平、纵线形组合设计

1. 平、纵组合的设计原则

基本原则如下：
(1) 应在视觉上能自然地引导驾驶员的视线，并保持视觉的连续性；
(2) 保持平、纵线形的技术指标大小均衡，使线形在视觉上、心理上保持协调；
(3) 选择组合得当的合成坡度，以利于路面排水和行车安全；
(4) 应注意线形与自然环境和景观的配合与协调，如图 4.26 所示。

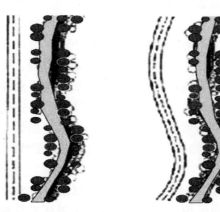

(a) 不协调的道路设计　　(b) 尊重河流自然流向的道路线形设计

图 4.26　道路线形与自然景观协调实例

在道路设计时，应注意与道路周围环境的配合，它可以减轻驾驶员的疲劳和紧张程度，并可起到引导视线的作用。

2. 线形组合的形式

通过分解立体线形要素，可得出平、纵线形的六种组合形式，见表 4-13。

表 4-13　各种直线和曲线组成的立体线形要素

序号	平面要素	纵面要素	立体线形要素
1		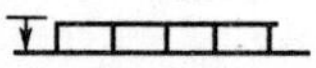 直线	 纵坡不变的直线
2	 直线	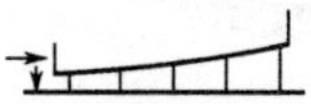 曲线	 凹形直线
3		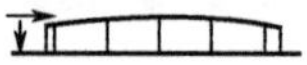 曲线	 凸形直线
4		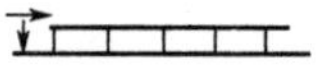 直线	 纵坡不变的曲线
5	 曲线	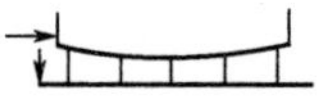 曲线	 凹形曲线
6		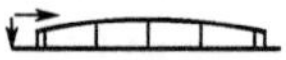 曲线	 凸形曲线

现在对表中的六种组合要素进行分析：

(1) 平面上为直线，纵面为直线，构成具有横等坡度的直线。
(2) 平面上为直线，纵面为凹形竖曲线，构成凹下去的直线。
(3) 平面上为直线，纵面为凸形竖曲线，构成凸起的直线。
(4) 平面上为曲线，纵面为直线，构成具有横等坡度的平曲线。
(5) 平面上为曲线，纵面为凹形竖曲线，构成凹下去的平曲线。
(6) 平面上为曲线，纵面为凸形竖曲线，构成凸起的平曲线。

上述 1~3 型是在垂直平面内的线形类，4~6 型是立体曲线。从视觉、心理分析来看，它们各有优势和不足：

(1) 1 型组合往往线形单调、枯燥，行车过程中视景缺乏变化，容易使驾驶员产生疲劳和频繁超车现象。设计时，应采用画车道线、设置交通标志及视线诱导设施、绿化并与路侧建设设施配合等方法来调节单调的视觉，增进视线诱导。

(2) 2 型组合具有较好的视距条件，能给驾驶员以动态的视觉效果，改善了 1 型组合生硬、呆板的印象，提高了行车的舒适性。直线上一次变坡是很好的平、纵组合，从美学观点来讲以包括一个凹型竖曲线为好，以包括一个凸型竖曲线次之。在进行 2 型组合设计时，应该注意以下几点：

① 避免插入较短的凹形竖曲线或者小半径竖曲线。一般竖曲线半径应该大于最小半径的3～4倍，以免产生折点。

② 在两个凹形竖曲线之间不要插入短直线，否则容易导致视觉判断错误，此时可将两个凹型竖曲线合并成为一个凹形竖曲线，可改善视觉条件，如图4.27所示。

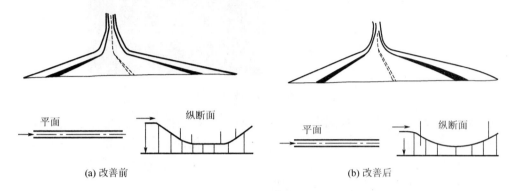

图 4.27 断背曲线

③ 长直线的末端不宜插入小半径凹形竖曲线，否则会引起车速过快，令行车不舒适。

（3）3型组合视距条件差，线形单调，应注意避免，无法避免时应采用较大的竖曲线半径。此外，在直线上短距离内二次以上变坡会形成反复凸凹的"驼峰""暗凹"和"波浪"等不良视觉现象，如图4.28～图4.30所示，设计时应该予以避免。

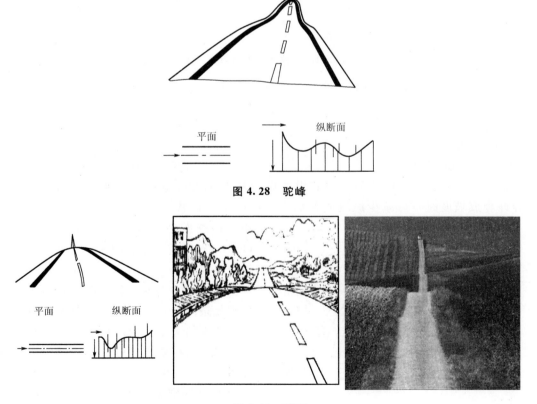

图 4.28 驼峰

图 4.29 暗凹

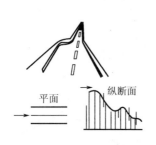

图 4.30 波浪

(4) 4 型组合,据大量透视图分析结果表明,只要平曲线半径选择适当,纵坡不太陡,即可获得较好的视觉和心理感受;司机对外界变化的景观感觉新鲜,方向盘操纵舒适。但设计时需注意检查合成坡度是否超限。如果平曲线半径过小或直线过短、平曲线半径与纵坡不协调,都会导致线形扭曲,如图 4.31 所示。

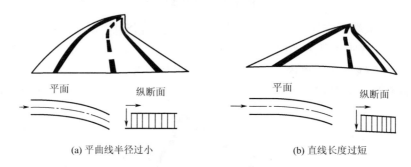

(a) 平曲线半径过小　　　　　　　　(b) 直线长度过短

图 4.31 平曲线与直线组合不当

平曲线与纵坡组合协调的最小半径的计算公式为

$$R_{\min}=0.2\times\frac{V^2}{i}+20 \tag{4-46}$$

式中　i——路线纵坡度(%);
　　　V——车速(km/h)。

这种组合,还应在路线的平面和纵坡设计基本完成后检查合成坡度。如果超过最大容许合成坡度时,可减少纵坡或者加大平曲线半径以减小横坡,或者两方面同时减小。检查方法,可以用合成坡度临界图(图 4.28),或者用式(4-21)验算最大允许合成坡度。

(5) 5、6 型组合设计是一种常见的又比较复杂的组合形式,如果其平、纵线形几何要素的大小适宜、位置适当、均衡协调,可以获得视觉舒顺、视线诱导良好的立体线形,反之则会出现一些不良的后果,设计时应特别重视。关于 5、6 型组合设计,将在后面给予详细阐述。

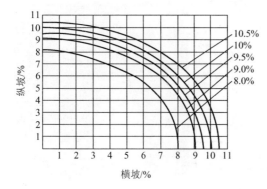

图 4.32 合成坡度临界图

3. 平曲线与竖曲线的组合设计

其基本原则如下：

（1）竖曲线与平曲线组合时，竖曲线宜包含在平曲线之内，且平曲线应稍长于竖曲线。

这种组合是使竖曲线和平曲线对应，最好使竖曲线的起、终点分别放在平曲线的两个缓和曲线内，即所谓的"平包竖"，如图 4.33 所示。这种立体线形不仅能起诱导视线作用，而且可以取得平顺而流畅的效果。等级较高的道路应尽量做到这种组合，并使平、竖曲线半径都大一些才显得协调，特别是凹形竖曲线处车速较高，两者半径更应该大一些。

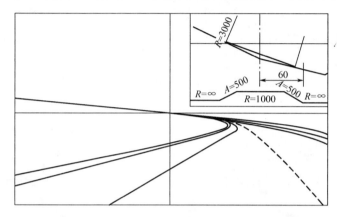

图 4.33　平、竖曲线组合透视图一（良好组合）（单位：m）

当然，"平包竖"是一种理想的组合，通常实际工程中，由于地形等条件限制，这种组合往往并不能争取到。此时可以将平、竖曲线错开设计，如图 4.34 所示。如果平曲线的中点与竖曲线的顶（底）位置错开不超过平曲线长度的 1/4，仍然可以获得比较满意的外观。若做不到平、竖曲线较好的组合（顶点的重合），则宁可把平、竖曲线分开相当距离（不小于 3s 行程），使平曲线位于直坡段或使竖曲线位于直线上，如图 4.35 所示。若平、竖曲线半径都很大，则平、竖位置可不受上述限制。

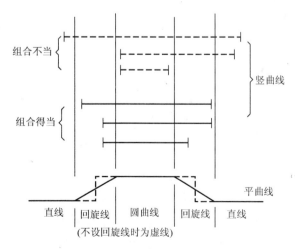

图 4.34　平、竖曲线组合关系

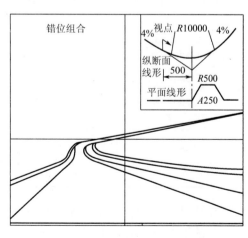

图 4.35　平、竖曲线组合透视图二（错位组合）（单位：m）

设计时,要尽量避免使凸形竖曲线的顶部或凹形竖曲线的底部与反向平曲线的拐点重合。两者都存在不同程度的扭曲外观,前者会使驾驶员操作失误,引起交通事故,后者虽然可以诱导视线,但路面排水困难,易产生积水。

(2)平曲线与竖曲线大小应保持均衡。由图 4.36 可以看出,平曲线和竖曲线均采用大半径时,若竖曲线长度较长,平、纵组合透视图优美流畅,反之则平、纵组合效果差。所以平、纵曲线组合时,要保证二者几何要素均衡。

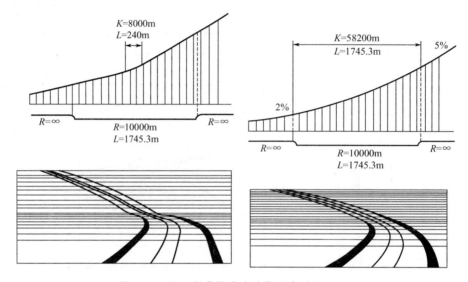

图 4.36 平、竖曲线大小均衡组合对比(一)

所谓均衡,是指平、竖曲线几何要素要大体平衡、匀称、协调,不要把过缓与过急、过长与过短的平曲线和竖曲线组合在一起。根据德国计算统计,当平曲线半径小于1000m,竖曲线半径大约为平曲线半径的 10~20 倍时,便可达到均衡的目的;当平曲线半径小于 2000m,竖曲线半径小于 15000m 时,平、竖曲线的相互对应对于线形组合显得十分重要;随着平、竖曲线半径的增大,其影响逐渐减小。

德国的具体经验列于表 4-14 中,可作设计参考。

表 4-14 平、竖曲线半径的均衡

平曲线半径/m	竖曲线半径/m	平曲线半径/m	竖曲线半径/m
500	10000	1100	30000
700	12000	1200	40000
800	16000	1500	6000
900	20000	2000	100000
1000	25000		

设计时,平曲线和竖曲线其中一方大而平缓,那么另一方就不要形成多而小的状况。一个长的平曲线内有两个以上竖曲线,或一个大的竖曲线内含有两个以上平曲线,看上去都非常别扭,如图 4.37 所示。

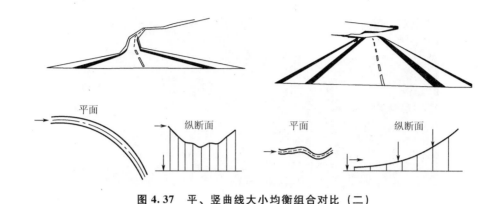

图 4.37　平、竖曲线大小均衡组合对比（二）

4. 道路线形与景观的协调与配合

公路是依附于自然界为汽车行驶提供支撑的人工构造物，修建公路的过程就是对大自然改造的过程，会对自然景观产生影响，甚至产生破坏作用。而公路两侧的自然景观反过来又会影响公路上汽车的行驶，特别是对驾驶员的视觉、心理以及驾驶操作等都会产生很大影响。因此，在公路建设过程中，一定要尊重自然规律、爱护自然，要树立"不破坏是最大的保护"的理念，坚持最大程度的保护、最小限度的破坏、最强力度的恢复，使工程建设顺其自然、融入自然，要把设计作为改善环境的促进因素，摒弃先破坏、后恢复的陋习，实现环境保护与公路建设并举、公路发展与自然环境相和谐的目的。

研究公路与自然环境的协调是公路景观建设设计的主要内容。公路景观可分为自身景观和沿线景观。自身景观包括线形（平、纵、横）、公路构造物（边坡、分隔带、排水设施、桥梁、隧道等）、服务性设施（休息服务区、收费站等）和公路绿化等，在自身景观设计时，需要注意公路自身各组成部分之间的协调性、路线视觉的连续性、立体协调性。沿线景观主要指公路以外的环境，是公路景观的主要组成部分，也是乘客和驾驶员在行驶中的主要观赏部分。路线必须是在与公路所经地区的景观充分配合的基础上进行设计的。对于驾驶员来说，只有看上去顺畅的线形和优美的景观，才能称为安全、舒适的公路。对于高速公路和一级公路，路线与周围景观配合尤为重要。线形与景观的配合应遵循以下原则：

（1）应在道路的规划、选线、设计、施工全过程中重视景观要求，尤其在规划和选线阶段，比如对风景旅游区、自然保护区、名胜古迹区、文物保护区等景点和其他特殊地区，一般以绕避为主。好的线形是一个随地形起伏，不影响沿线的审美、风景、历史和文化资源的线形。如图 4.38 所示，路线利用原有山脉、河流走向进行设计，将道路融入周围景观，与地形相适应，并减少对自然山体的破坏；图 4.39 所示为 312 国道某段路线为保护文物，避开了古城墙。

（2）应尽量少破坏沿线自然景观，避免深挖高填，如经过湖泊、山谷等，如图 4.40 所示。

（3）应能提供视野的多样性，力求与周围的风景自然地融为一体。

（4）利用工程防护与生态防护相结合的方式，减少对自然景观的影响，加大修复力度。不得已时，可采用修整、植草皮、种树等措施加以补救，如图 4.41 所示。

图 4.38　路线与周围景观协调实例一

图 4.39　路线与周围景观协调实例二

图 4.40　路线与周围景观协调实例三

（5）条件允许时，宜适当放缓边坡或将其变坡点修整圆滑，以使边坡接近于自然地面形状，增进路容美观。

（6）应进行综合绿化处理，避免形式和内容上的单一化，将绿化视作引导视线、点缀风景以及改造环境的一种技术措施进行专门设计。如图 4.42 所示，通过植树、栽花以及做坡面防护，既可遮住坡面工程的边缘以保持线形和视觉上的良好效果，又可以改善景观。

图 4.41 路线与周围景观协调实例四

图 4.42 路线与周围景观协调实例五

4.6 爬坡车道和避险车道

4.6.1 爬坡车道

1. 设置原则

爬坡车道是四车道高速公路、四车道一级公路及二级公路在陡坡路段正线行车道外侧增设的供载重车行驶的专用车道，如图 4.43 所示。在道路纵坡较大的路段上，载重车爬坡时需克服较大的坡度阻力，车速下降，大型车与小型车的速差变大，超车频率增加，对行车安全不利；且速差较大的车辆混合行驶，必将减小快车的行驶自由度，导致通行能力降低。为了消除上述种种不利影响，宜在陡坡路段增设爬坡车道，把载重车从正线车流中分离出去，可提高小型车行驶的自由度，确保行车安全，增加路段的通过能力。

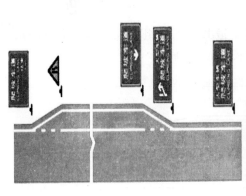

图 4.43 爬坡车道

一般来讲,最理想的路线纵断面本身应按不设置爬坡车道来设计纵坡,但这样往往会造成路线迂回或路基高填深挖,增大工程费用。在多数情况下,采用稍大的坡度值而增设爬坡车道,会产生既经济又安全的效果。

《公路路线设计规范》中规定四车道高速公路、四车道一级公路在连续上坡路段,当纵坡大于4%时,可沿上坡方向行车道右侧设置爬坡车道,爬坡车道的宽度一般为3.5m。设不设爬坡车道,要与减小纵坡不设爬坡车道的情况进行技术经济比较。除此之外,凡符合下列情况之一者,均应设置爬坡车道:

(1) 沿上坡方向,载重汽车的行驶速度降低到表4-15所规定的容许最低速度以下时。

(2) 上坡路段的小时交通量超过设计通行能力时。

表4-15　上坡方向容许最低速度　　　　　　　　　　　　　单位:km/h

计算行车速度	120	100	80	60
容许最低速度	60	55	50	40

从上述设置爬坡车道的条件看,设置爬坡车道的主要目的是提高高速公路和一级公路的通行能力,以免影响较高车速的车辆行驶。如果二级公路平原微丘区的纵坡大于4%,当交通量很大、载重汽车比率较大时,若车速低于容许最低速度的路段长度大于1000m,也可设置爬坡车道。

当公路为六车道以上时,行车之间相互影响的程度已不大,就不必设置爬坡车道。隧道、大桥、高架桥及深挖方路段,若因设置爬坡车道会使工程费用增加很大时,爬坡车道可暂时不设,视交通量增长程度和行车速度情况在改建公路时再考虑。

2. 设置方法

1) 平面布置

(1) 起点和终点位置:爬坡车道起点应该位于陡坡路段上货车运行速度降低至表4-15中"容许最低速度"之处;理论上终点应位于速度已经恢复的点位。设计爬坡车道时,应综合考虑其与线形设计的关系,起点、终点应该设置在通视良好、便于辨认和过渡顺适的位置。

(2) 爬坡车道总长:如图4.44所示,爬坡车道共由三段组成,其总长度由起点处渐变段长度L_1、爬坡车道的长度L和终点处附加长度L_2组成。

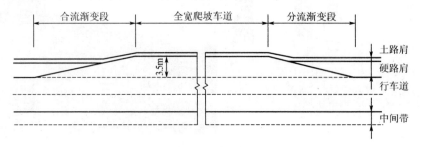

图4.44　爬坡车道

起点处渐变段长度 L_1 用来使主线车辆驶离主线而进入爬坡车道,其长度可按照表 4-16 根据道路等级来选取。

表 4-16 爬坡车道分流、汇流渐变段长度

公路等级	分流渐变段长度/m	汇流渐变段长度/m
高速公路	100	150~200
二级公路	50	90

对爬坡车道,一般应根据所设计的纵断面线型,通过加、减速行程图绘制载重车辆行驶速度曲线,找出小于容许最低速度的路段,从而得到需设爬坡车道的位置及长度 L。

爬坡车道终点附加长度 L_2 用来供车辆驶入主线前加速至容许最低车速,其值与附加段的纵坡度有关,可按照表 4-17 根据纵坡坡度来选取。

表 4-17 爬坡车道末端附加长度

附加段的纵坡/%	下坡	平坡	上坡			
			0.5	1.0	1.5	2.0
附加长度/m	120	200	250	300	350	400

2) 横断面组成

(1) 横断面布置。高速公路、一级公路爬坡车道设于上坡方向主线行车道右侧,如图 4.45 所示,宽度一般为 3.5m,包括设于其左侧路缘带的宽度 0.5m。

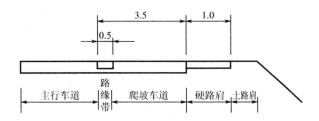

图 4.45 爬坡车道横断面组成(单位:m)

爬坡车道的路肩,和主线一样仍然由硬路肩和土路肩组成。但由于爬坡车道上行驶速度较低,其硬路肩宽度可以不按主线的安全标准要求设计,一般为 1.0m;而土路肩宽度以按主线要求设计为宜。对长而连续的爬坡车道,为了临时停车的需要,应按规定设置紧急停车带。

(2) 超高。由于爬坡车道上的车速比行车道上的低,故超高坡度比行车道可相应小一些。爬坡车道超高的旋转轴为爬坡车道内侧边缘,其超高横坡度规定见表 4-18。

表 4-18 爬坡车道的超高横坡度

主线的超高坡度/%	10	9	8	7	6	5	4	3	2
爬坡车道的超高坡度/%	5				4			3	2

爬坡车道的加宽,应按行车道加宽的有关规定进行处理。

4.6.2 避险车道

公路连续长、陡下坡路段，当平均纵坡不小于4%，纵坡连续长度不小于3km，车辆组成内大、中型重车占50%以上，且载重车缺乏辅助制动装置时，为避免车辆在行驶中速度失控而造成事故，应在右侧山坡上的适当位置设置避险车道，如图4.46所示。避险车道为大上坡断头路，其位置如图4.47所示，避险车道的长度根据主线下坡运行速度及避险车道纵坡而定，见表4-19。

图 4.46 避险车道实例

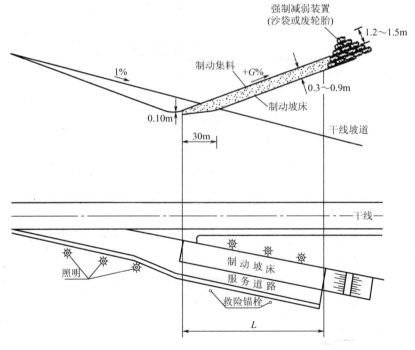

图 4.47 避险车道组成及设置位置

表 4-19 避险车道长度

正线驶出车道速度/(km/h)	制动坡床纵坡/%	坡床集料	坡床长度/m	强制减弱装置堆积高度/m
100	10	碎砾石	239	1.5
		砾石	179	1.5
		砂	143	1.5
		豆砾石	102	1.5
	15	碎砾石	179	1.2
		砾石	143	1.2
		砂	119	1.2
		豆砾石	90	1.2
110	15	碎砾石	220	1.5
		砾石	176	1.5
		砂	147	1.5
		豆砾石	110	1.5
	20	碎砾石	176	1.2
		砾石	147	1.2
		砂	126	1.2
		豆砾石	98	1.2

避险车道应布置在直线上，入口必须保证车辆能高速安全驶入，入口前应保证足够视距。避险车道（制动坡床）起点采用0.1m厚，以30m长度渐变至坡床集料总厚度。坡床集料采用碎砾石、砾石、砂、豆砾石等松散材料，厚度为0.3~0.9m。松散材料一方面提供更大的滚动阻力，另一方面通过车轮的深陷，形成反推力，可以进一步减低车速。避险车道的宽度应能容纳一辆以上失控车辆和一辆服务车，制动坡床宽度应不小于4.5m，服务道路宽度不宜小于3.5m。救险锚栓间隔不宜大于90m。强制减弱装置可以采用沙袋或废轮胎堆砌，高度为1.2~1.5m。纵断面上变坡处应该设置竖曲线。

值得注意的是，紧急避险道属于安保工程。避险车道的设置位置、长度、坡度、材料等都需要在多方面考察之后慎重决定，同时根据大量车辆事故可以看出，避险车道后期的养护、二次建设等也尤为重要。例如，昆玉高速刺桐关的避险车道自2009年4月建成使用以来，暴露出许多问题，一年中有40多辆货车冲上该避险车道企图自救，却只有十多人获救。调查显示，该避险车道"救援能力"低下，主要是因为起减速缓冲作用的碎石厚度不够且已硬化，匝道两侧及顶端的石头挡墙与失控车辆接触产生极大冲击，"自救匝道"标志不显眼且设置不全等。

4.7 纵断面设计方法及步骤

纵断面设计主要是指纵坡和竖曲线设计,主要内容是根据公路等级和相应的规定,以及路线自然条件和拟建构造物的标高要求等,确定路线适当的标高、各坡段的纵坡和坡长,并设计竖曲线。

公路的纵坡是通过公路定线和室内设计两个阶段来实现的。在定线阶段,选线人员在现场或纸上定线时结合平面线形、地形等已对公路纵坡作了全面的考虑,所以纵断面设计时由选线人员在室内根据选线时的记录,以及桥涵、地质等方面对路线的要求,综合考虑工程技术与经济因素来定出路线的纵坡。然后进行竖曲线设计。纵断面设计基本要求是纵坡均匀平顺、起伏缓和,坡长和竖曲线长短适当,平面与纵断面组合设计协调以及填挖经济、平衡。这些要求虽然在选线、定线阶段已有所考虑,但是在纵断面设计中具体加以体现。

4.7.1 纵断面设计要点

1. 关于纵坡极限值的运用

根据汽车动力特性和考虑经济因素等制定的极限值,设计时不可轻易采用,应留有余地。纵坡一般缓些为好,但为了路面和边沟排水,最小纵坡不应低于 0.3%~0.5%。

2. 关于最短坡长

坡长不宜过短,以不小于计算行车速度 9s 的行程为宜。对连续起伏的路段,坡度应尽量小,坡长和竖曲线应争取到极限值的一倍或两倍以上,避免锯齿形的纵断面。

3. 各种地形条件下的标高控制

所谓设计标高的控制,是指在纵坡设计时将路线安排走在哪个高度上最为合适。

(1) 在平原区,地形平坦,河沟纵横交错,地面水源多,地下水位较高,因此,路线设计标高主要由保证路基稳定的最小填土高度所控制。

(2) 在丘陵地区,地面有一定的高差,除局部地段外路线在纵断面上克服高差不很困难。因此,设计标高的选定,主要由土石方平衡和降低工程造价所控制。

(3) 在山岭地区,地形变化频繁,地面自然坡度大,布线有一定的困难。因此,设计标高主要由纵坡度和坡长所控制,但也要从土石方尽量平衡及路基防护工程经济性等方面考虑,力求降低工程造价。

(4) 沿溪(河)路段,为保证路基安全稳定,路基一般应高出规定洪水频率(表 4-20)的计算水位加上壅水高、波浪侵袭高和 0.5m。

表 4-20　路基设计洪水频率

公路等级	高速公路	一	二	三	四
设计洪水频率	1/100	1/100	1/50	1/25	按具体情况确定

此外，纵断面设计标高的控制，还应考虑公路的起终点、交叉口、垭口、隧道、桥梁、排泄涵洞、地质不良地段等方面的要求。有时这些地物和人工构造物对设计标高控制起着决定性的作用。

4. 各种地形条件下的纵坡设计

对不同地形的纵坡设计，要在初步拟定设计标高的基础上寻求设计的合理性。

(1) 平原、微丘地形的纵坡应均匀、平缓，并注意保证路基最小填土高度和最小排水纵坡的要求。

(2) 丘陵地形的纵坡，应避免过分迁就地形而使路线起伏过大。

(3) 山岭、重丘地形的沿河线，应尽量采用平缓的纵坡，坡长不宜过短，纵坡度不宜过大，高等级的公路更应注意不宜采用陡坡。

(4) 越岭线的纵坡应力求均匀，尽量不采用极限或接近极限的坡度，更不宜连续采用极限长度的陡坡之间夹短距离缓和坡段的纵坡线形。越岭线不应设置反坡，以免浪费高程。

(5) 山脊线和山腰线，除结合地形不得已时采用较大的纵坡外，在一般情况下应采用平缓的纵坡。

5. 变坡点位置的确定

变坡点是两条相邻设计纵坡线的交点，两变坡点之间的水平距离称为坡长。变坡点位置的确定，直接影响到纵坡度的大小、坡长、平纵面组合、土石方填挖平衡和公路的使用质量，因此在确定变坡点位置时，除尽量使填挖工程量最小和线形最理想外，还应使最大纵坡、最小纵坡、坡长限制、缓和坡段等满足有关规定的要求，同时处理好平、纵面线形的相互配合和协调。此外，为方便设计和计算，变坡点的位置一般应设在 10m 的整数桩号处。

4.7.2　纵断面设计方法与步骤

1. 设计方法与步骤

1) 准备工作

收集有关设计资料：

(1) 从路线平面图、地形图以及野外勘测等成果中搜集该路线中线里程桩号、地面高程以及平面设计成果。

(2) 搜集沿线地质、水文资料和筑路材料状况等。

2) 纵坡设计

这一步俗称拉坡，是在厘米方格纸上，根据中桩和水准测量记录按照比例标注里程桩号和标高，点绘地面线，同时绘出平面直线和平曲线资料以及地质说明资料，如图4.48所示。

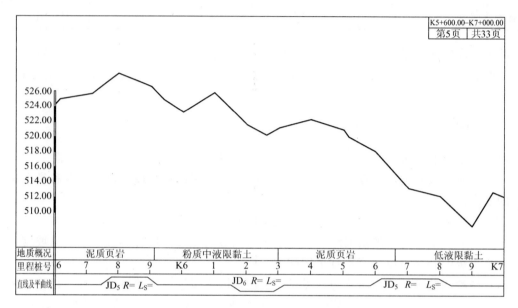

图4.48 道路纵断面设计——准备工作

3) 标注高程控制点

所谓控制点，是指影响纵坡设计的标高控制点，例如：路线起、终点，越岭垭口，重要桥涵，最小填土高度，最大挖深，沿溪线的洪水位，隧道进出口，平面交叉和立体交叉点，铁路道口，城镇规划控制标高以及受其他因素限制路线必须通过的标高控制点等。

此外，对于山区道路，还有根据路基填挖平衡关系确定的标高点，称为"经济点"，以求降低造价。而平原地区道路一般无经济点的问题。

"经济点"是用"路基断面透明模板"在只有地面线的横断面图上确定下来的，图4.49所示即为自制"路基断面透明模板"样式。模板可以用透明扫图纸胶片制成，其上按照横断面图的比例绘出路基宽度（如果是挖方地段，还需要包括边沟所占宽度）和各种不同坡度的边坡线。

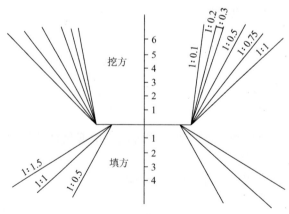

图4.49 路基断面透明模板

在使用时，将"模板"扣在横断面图上使中线重合，上下移动，直至使填、挖面积大致相等，则停止移动。此时"模板"上路基顶面到中桩地面线的高差为经济填、挖值，再将此值按比例点绘到纵断面的相应桩号上即为经济点。

路线的控制点高程确定之后，在图 4.48 上标出控制点高程，如图 4.50 所示。

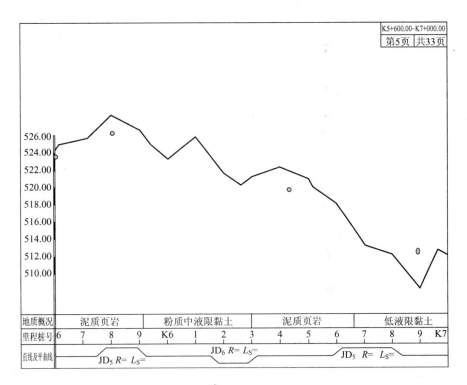

图 4.50　道路纵断面设计二——绘制控制点标高

4）试坡

试坡是根据地形起伏情况及高程控制点，初拟纵坡线。

在已标出控制点与经济点的纵断面上，以控制点为依据，以照顾多数经济点为原则，根据技术指标、选线意图结合地形起伏变化，在这些点位之间进行穿插与取直，试定出若干直坡线。通过对各种可能坡度线方案反复比较，最后定出既符合技术标准又满足控制点要求，且土石方较省的设计线作为初定坡度线，将前后坡度线延长交汇出变坡点的初步位置，如图 4.51 所示。

5）调整纵坡

试定纵坡之后，首先将所定的坡度与定线时所考虑的坡度进行比较，两者应基本相符，若有较大差异，应全面分析、找出原因，决定取舍。然后检查纵坡度、坡长、合成坡度等是否符合《标准》规定，平、纵面组合是否合理，若有问题应进行调整。

调整纵坡的方法，一般有抬高、降低、延长、缩短坡线和加大、减小纵坡度等。调整时应以少脱离控制点、尽量减少填挖量、与自然条件协调为原则，使调整后的纵坡与试定纵坡基本相符，以避免因纵坡调整产生填挖不合理等现象。

调坡后设计状况如图 4.52 所示。

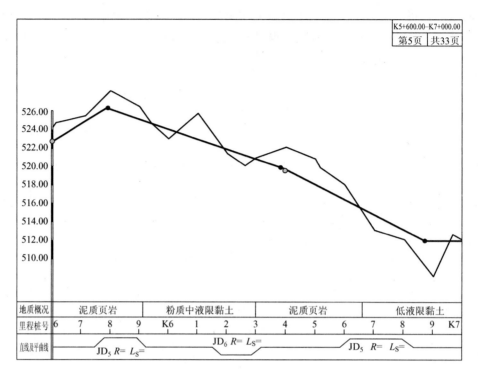

图 4.51 道路纵断面设计三——试坡

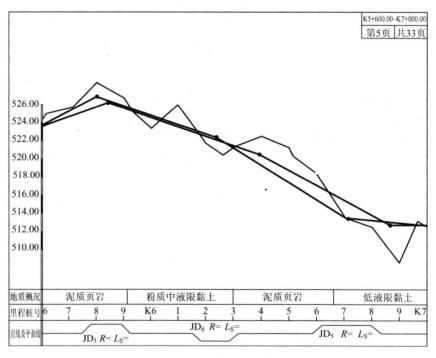

图 4.52 道路纵断面设计四——调坡

6) 与横断面进行核对

根据已调整的纵坡线,选择有控制意义的重点横断面,如高填深挖、挡土墙、重要桥涵等横断面，在纵断面图上直接估读出填挖高度，对照相应的横断面图进行认真的核对和检查。若出现填挖工程量过大、填方坡脚落空及挡土墙工程量过大等情况，应再次调整纵坡线，直到满足要求为止。

7）确定纵坡

纵坡线经调整核对无误后，逐段把直坡线的坡度值、变坡点桩号和标高确定下来。变坡点桩号可以根据道路中桩确定，一般要调整到10m的整桩号上；确定坡度的方法是利用三角函数根据标高和坡长计算出来，精确到小数点后两位，即0.00%；确定中桩标高的方法是从起点开始，按纵坡度和坡长分别计算出各变坡点的设计标高，精确到小数点后两位，即0.00。定坡后如图4.53所示。

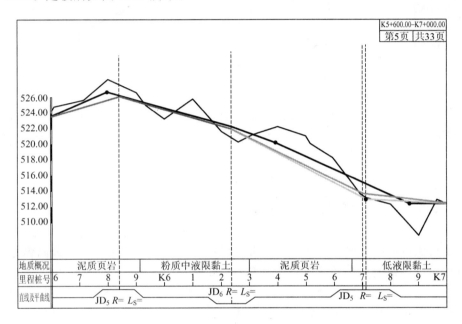

图4.53 道路纵断面设计五——定坡

由于现在业内道路设计都由道路CAD系统如"纬地"等来完成，因此，纵坡坡度也可以由CAD系统确定的变坡点反算出来。

8）竖曲线设计

拉坡时已经考虑了平、纵组合问题，应根据技术标准、平纵组合等确定半径，计算竖曲线要素。最后将竖曲线绘制在纵断面图中，如图4.54所示。

9）设计高程计算

根据已定的纵坡、变坡点的设计高程以及竖曲线半径，从起点连续推算各桩的设计高程。

2. 纵坡设计应注意的问题

设计纵坡时还应注意以下几点：

（1）在回头曲线地段设计纵坡时，应先确定回头曲线上的纵坡，然后从两端接坡，以满足回头曲线的特殊纵坡要求。

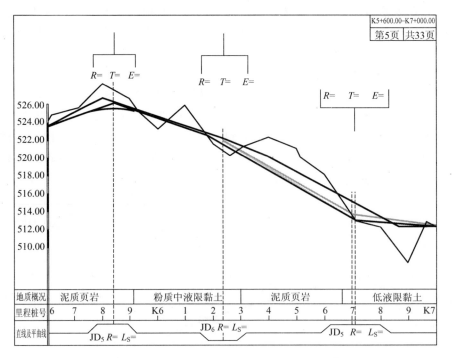

图 4.54 道路纵断面设计六——竖曲线设计

（2）大、中桥上，一般不宜设竖曲线。桥头两端的竖曲线，其起、终点应设在桥头 10m 以外。

（3）小桥涵可设在斜坡地段和竖曲线上。但对等级较高的公路，为使公路纵坡具有一定的平顺性，应尽量避免小桥涵处出现急变的"驼峰式"纵坡。

（4）注意平面交叉口纵坡及两端接线要求。道路与道路交叉时，一般宜设在水平坡段，其长度应不小于最短坡长规定。两端接线纵坡应不大于 3％，山区工程艰巨地段不大于 5％。

4.8 纵断面设计图

纵断面设计图是公路设计的重要文件之一，它反映路线所经范围的中心地面起伏情况与设计纵坡之间的关系，如图 4.55 所示。把纵断面线形与平面线形组合起来，就能反映出公路线形在空间的位置。

纵断面图采用直角坐标，以横坐标表示里程桩号，纵坐标表示高程，为了清楚地反映道路中心线上地面起伏情况，通常将横坐标的比例尺采用 1∶2000（城市道路采用 1∶500～1∶1000），纵坐标采用 1∶200（城市道路为 1∶50～1∶100）。

纵断面图由两部分内容组成。图的上半部主要用来绘制地面线和纵坡设计线，同时根据需要标注竖曲线位置及其要素，沿线桥涵及人工构造物的位置、结构类型、孔径与孔

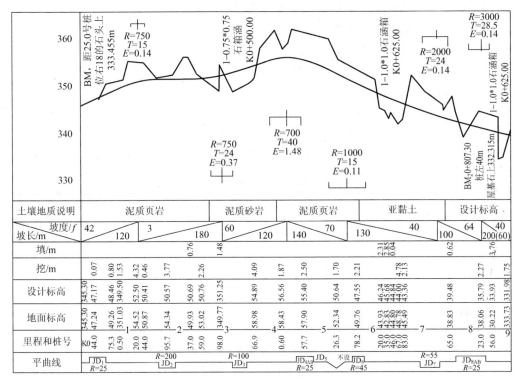

图 4.55 道路纵断面设计图

数、与公路、铁路交叉的桩号及路名、沿线跨越河流名称、桩号、现有水位及最高洪水位，水准点位置、编号和高程，断链桩位置、桩号及长短链关系等。图的下半部主要用来填写有关数据，自下而上分别填写直线与平曲线、里程桩号、地面标高、设计标高、填挖高度、土壤地质说明等。

绘制的纵断面图，应按规定采用标准图样和统一格式，以便装订成册。

本 章 小 结

本章介绍了道路纵断面设计的原理、方法、步骤及成果。经过本章学习，应该掌握道路纵断面设计可以通过限制坡长、坡度等技术指标来满足汽车动力性能和平稳性等要求，从而保证汽车的安全、舒适运行；可以通过视觉分析来检验平、纵组合设计，保证线形合理顺畅；学会通过试坡、控制标高、经济点等手段，来保证道路建设的环保、经济。

习 题

4-1 在纵断面设计中，确定最大纵坡和最小纵坡的因素分别有哪些？

4-2 缓和坡段的作用是什么？《公路工程技术标准》对设置缓和坡段有何规定？

4-3 确定竖曲线最小半径时，主要考虑哪些因素？

4-4 简述平、纵面线形组合的基本原则。

4-5 纵断面设计时怎样考虑标高控制？

4-6 确定转坡点位置时，应考虑哪些问题？

4-7 路线纵断面设计应考虑哪些主要的标高控制点？

4-8 简述纵断面设计的方法与步骤。

4-9 某二级公路连续纵坡设计，第一坡段纵坡为7%，长度为200m，第二坡段纵坡为6%，长度为300m，则第三坡段纵坡为5%的坡长最多可拉多长？试参考下表进行选择：

纵坡长度限制表　　　　　　　　　　　　　　　　单位：m

5%	6%	7%
900	700	500

4-10 某公路有连续三个变坡点，分别为K8+700、K9+100、K9+380，对应的设计标高分别为77.756m、65.356m、68.716m。若在变坡点K9+100处的竖曲线半径为3000m，试计算：

(1) 该竖曲线要素及起止点桩号。

(2) 桩号K8+980、K9+060、K9+150、K9+220的路基设计标高。

4-11 某路段中有一变坡点桩号为K15+450，高程为66.770m，其相邻坡段的纵坡分别为-3.68%和+2.06%。为保证路基的最小填土高度，变坡点处的路基设计标高不得低于68.560m。

(1) 计算竖曲线半径最小应为多少（取百米的整数倍数）。

(2) 用确定的竖曲线半径计算竖曲线起止点桩号。

第 5 章

道路横断面设计

本章教学要点

知识模块	掌握程度	知识要点
横断面组成及类型	掌握	公路和城市道路横断面的类型及组成
行车道	掌握	公路和城市道路行车道数量和宽度的确定
路肩、中间带	掌握	路肩和中间带的作用以及基本尺寸的确定
道路路拱、边坡、边沟及截水沟	了解	道路路拱、边坡、边沟及截水沟的作用、形式以及基本尺寸的确定
曲线段加宽与超高	掌握	加宽类型、过渡及加宽值的计算，超高坡度、超高过渡方式、超高值的计算
路基土石方计算及调配	掌握	路基土石方量的计算及调配
横断面设计步骤及成果	掌握	横断面设计步骤、成果图的绘制
道路建筑限界与道路用地	了解	公路建筑净空、净高及公路用地的范围确定

本章技能要点

技能要点	掌握程度	应用方向
确定道路横断面各组成要素的尺寸及形式	理解并掌握	为道路横断面设计奠定基础
绘制道路标准横断面图以及一般横断面图		
超高及加宽的计算		
土石方的计算和调配		

  导入案例

雅西高速公路由四川盆地边缘向横断山区高地爬升，沿南丝绸之路穿越中国大西南地质灾害频发的深山峡谷地区，地形条件极其险峻，地质结构极其复杂，气候条件极为多变，生态环境极其脆弱，建设条件极其艰苦,安全营运难度极大,被国内外专家学者公认为属国内乃至全世界自然环境最恶劣、工程难度最大、科技含量最高的山区高速公路之一。该高速公路还跨越青衣江、大渡河、安宁河等水系和12条地震断裂带,整条公路线展布在崇山峻岭之间,山峦重叠,地势险峻,每向前延伸1km,平均海拔高程就上升7.5m,被称作"天梯高速""云端上的高速公路"。全线桥隧比高达55%,有桥梁270座,隧道25座,是我国公路建设史上的重大成就。

5.1 横断面组成及类型

公路中线上任意一点的法线方向剖面图构成公路的横断面图,是由横断面设计线与横断面地面线所围成的图形。该图上的内容包括:行车道、中间带、路肩、碎落台、填方边坡、挖方边坡、边沟、排水沟、护坡道及防护工程(如护坡、挡土墙)、安全设施与公路径绿化等设施,高速公路和一级公路上还有加(减)速车道、爬坡车道等。各部分的位置、名称如图5.1所示。

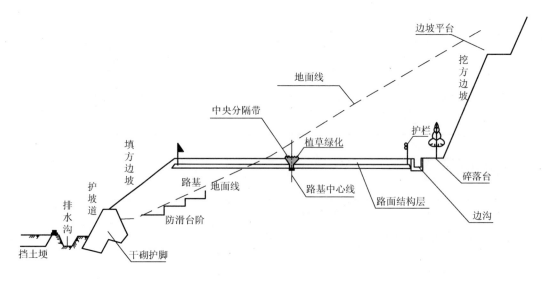

图 5.1 路基横断面组成

横断面设计是结合公路等级、交通量、通行能力及公路沿线的地形、地质情况,结合公路平面设计和纵断面各个因素经综合考虑后确定的,设计时应使构成断面的各要素之间相互协调,做到组成合理、用地节省、工程经济和有利于环境保护。

横断面设计的主要内容是:确定标准横断面的车道数与路基宽度、断面构成与形式;结合公路沿线地形特点提出相应的典型横断面形式,确定各组成部分的形状、位置和尺寸;根据各桩号的横断面地面线情况绘制横断面设计线,计算各断面的填挖面积,然后进行全线的路基土石方数量计算和调配。

5.1.1 道路横断面的几个基本概念

以下阐述道路横断面的几个基本概念，为后续内容奠定基础。

1. 道路横断面

该概念是指道路中线上各点沿法向的垂直剖面，是由横断面设计线与横断面地面线所围成的图形，如图 5.2 中断面 $AEGF$ 所示。

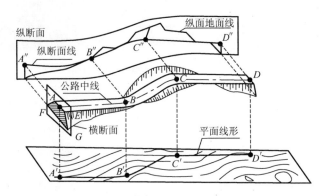

图 5.2　道路平、纵、横关系

2. 横断面中的地面线

该线为表征地面起伏变化的一条线，主要由以下方法确定：在大比例地形图中，绘制好平面图之后，沿道路某桩号做一条垂直于中线的切线，该切线与横断面设计线的平面投影线有系列交点，如道路中心线与切线的交点、行车线与切线的交点等，将这些点的高程连接成一条平滑的曲线或折线，即可获得地面线，如图 5.1 所示。一般这些高程是通过现场实测或由大比例尺地形图、航测像片、数字地面模型等途径获得。

3. 横断面设计线

该线为根据技术标准确定的横断面不同组成部分及其宽度和横坡度的规则线，如图 5.1 所示。

4. 路基宽度

即路幅宽度，指公路路基顶面两路肩外侧边缘之间的部分。当设有中间带、紧急停车带、爬坡车道、变速车道、错车道时，应包括在路基宽度内。在确定路基宽度时，须考虑占用土地及生态问题，应尽可能少占农田、考虑填挖平衡，以减少取土开挖、防止水土流失，从而维护生态平衡。

5.1.2 道路横断面组成及基本尺寸

道路横断面主要由行车道、分隔带、路肩、边沟边坡、截水沟、护坡道以及取土坑、弃土堆、环境保护等设施组成，如图 5.3 和图 5.4 所示。高速公路、一级公路和二级公路还有爬坡车道、避险车道，高速公路、一级公路的出入口处还有变速车道等。城市道路横断面组成，还包括非机动车道、人行道、分车带、设施带、绿化带等。

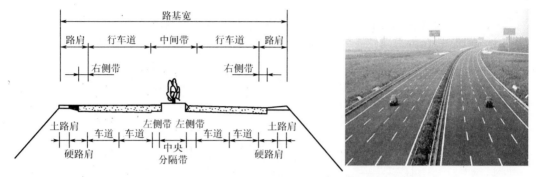

(a) 高速和一级公路横断面设计图及实图

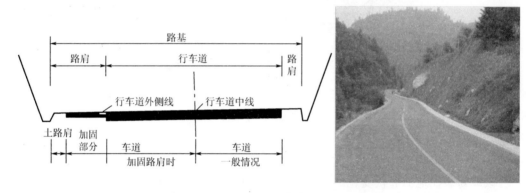

(b) 二、三、四级公路横断面设计图及实图

图 5.3　公路典型横断面图

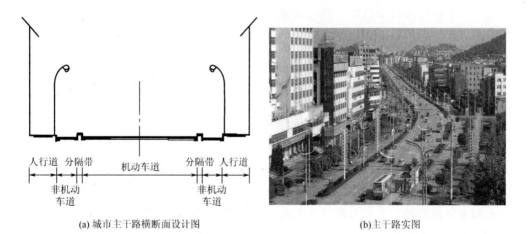

(a) 城市主干路横断面设计图　　　　　　(b) 主干路实图

图 5.4　城市道路典型横断面图

图 5.5 所示公路横断面，是我国目前采用的基本尺寸。其一般公路的典型横断面如图 5.5(a) 所示，所标注的尺寸适于三级平原微丘区及二级山岭重丘区公路；图 5.5(b) 所示为一级公路横断面，所标注的尺寸适于平原微丘区，路基宽度由分隔带 2.50m、侧路

线带各0.5m、两侧车行道各7.50m及外侧路线带0.5m、硬路肩≥1.75m、土路肩0.75m组成；图5.5(c)所示为我国推荐的高速公路横断面，当设有变速车道、爬坡车道、紧急停车带或路上设施时，还应包括这些部分的宽度。

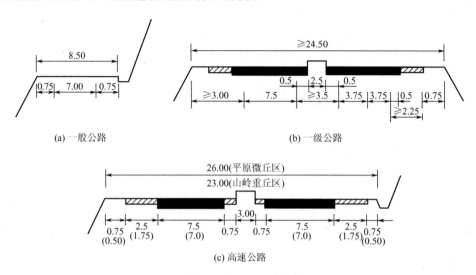

图 5.5 道路横断面基本尺寸示意图（单位：m）

各级公路路基宽度见表5-1和表5-2规定，在设计横断面时，通常按其选择路基宽度。一般情况下应采用表中"一般值"；由于地形受限制及特殊原因需要增减时，可采用"最小值"。

表 5-1 整体式路基宽度

公路等级		高 速 公 路							
设计速度/(km/h)		120			100			80	
车道数		8	6	4	8	6	4	6	4
路基宽度/m	一般值	42.00	34.50	28.00	41.00	33.50	26.00	32.00	24.50
	最小值	40.00	—	25.00	38.50	—	23.50	—	21.50
公路等级		一 级 公 路							
设计速度/(km/h)		100		80		60			
车道数		6	4	6	4	4			
路基宽度/m	一般值	33.50	26.00	32.00	24.50	23.00			
	最小值	—	23.50	—	21.50	20.00			
公路等级		二 级 公 路							
设计速度/(km/h)		80	60	40	30	20			
车道数		2	2	2	2	2 或 1			
路基宽度/m	一般值	12.00	10.00	8.50	7.50	6.50（双车道）	4.50（单车道）		
	最小值	10.00	8.50	—	—	—			

注："一般值"为正常情况下采用的值，"最小值"为条件受限制时可采用的值。

表 5-2　高速公路、一级公路分离式路基宽度

公路等级		高速公路							
设计速度/(km/h)		120			100			80	
车道数		8	6	4	8	6	4	6	4
路基宽度/m	一般值	22.00	17.00	13.75	21.75	16.75	13.00	16.00	12.25
	最小值	—	—	13.25	—	—	12.50	—	11.25
公路等级		一级公路							
设计速度/(km/h)		100			80			60	
车道数		6	4		6	4		4	
路基宽度/m	一般值	16.75	13.00		16.00	12.25		11.25	
	最小值	—	12.50		—	11.25		10.25	

注：① 八车道的内侧车道宽度如采用 3.50m，相应路基宽度可减 0.25m；
② 表中所列"一般值"为正常情况下采用的值，"最小值"为条件受限制时可采用的值。

5.1.3 公路横断面的类型

1. 单幅双车道

单幅双车道公路是指整体式的供双向行车的双车道公路，其典型横断面如图 5.3(b) 所示。

这类公路在我国公路总里程中占的比重最大，二级、三级公路和一部分四级公路均属此类。这类公路适应的交通量范围大，最高达 15000 辆小客车/昼夜，行车速度可从 20km/h 至 80km/h。在这种公路上行车，只要各行其道、视距良好，车速一般都不会受影响。但当交通量很大、非机动车混入率高、视距条件又差时，其车速和通行能力会大大降低。所以对混合行驶相互干扰较大的路段，可专设非机动车道和人行道，与机动车分离行驶。

2. 双幅多车道

四车道、六车道和八车道的公路，中间一般都设分隔带或做成分离式路基而构成"双幅"路，如图 5.3(a) 所示公路即属于设分隔带的路基横断面。有时，为了利用地形而减少填挖方量或为了风景区美观等原因，将路基分离为两条独立的单向行车的公路，如图 5.6 所示。

这种类型的公路适应车速高、通行能力大，每条车道能担负的交通量比一条双车道公路还多，而且行车顺适、事故率低。《标准》中的高速公路和一级公路即属此类。

图 5.6 分离式横断面图

3. 单车道

交通量小、地形复杂、工程艰巨的山区公路或地方性道路,可采用单车道,《标准》中路基宽度为 4.50m、路面宽度为 3.50m 的四级公路就属于此类。此类公路虽然交通量很小,但仍然会出现错车和超车现象。为此,应在不大于 300m 的距离内选择有利地点沿道路两侧设置错车道,使驾驶人员能够看到相邻两错车道之间的车辆。错车道是一种加宽车道,其布置尺寸如图 5.7 所示。

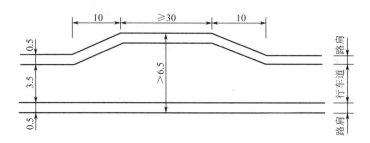

图 5.7 错车道布置及尺寸示意图(单位:m)

5.1.4 城市道路横断面类型

由于城市道路的交通性质和组成比较复杂,尤其表现在行人和各种非机动车较多,各种交通工具及行人的交通问题都需要在横断面设计中综合考虑予以解决,所以在城市道路路线设计中,矛盾的主要方面是横断面设计。

在设计城市道路横断面时,需要满足以下原则:首先保证车辆和行人的安全畅通,同时要与道路两侧的各种建筑物及自然景观相协调,并能满足地面、地下排水和各种管线埋设的要求。横断面设计应注意近期与远期相结合,使近期工程成为远期工程的组成部分,并预留管线位置。路面宽度及高度等均应有发展余地。

城市道路横断面主要包括单幅路、双幅路、三幅路、四幅路四种布置类型,如图 5.8 所示。

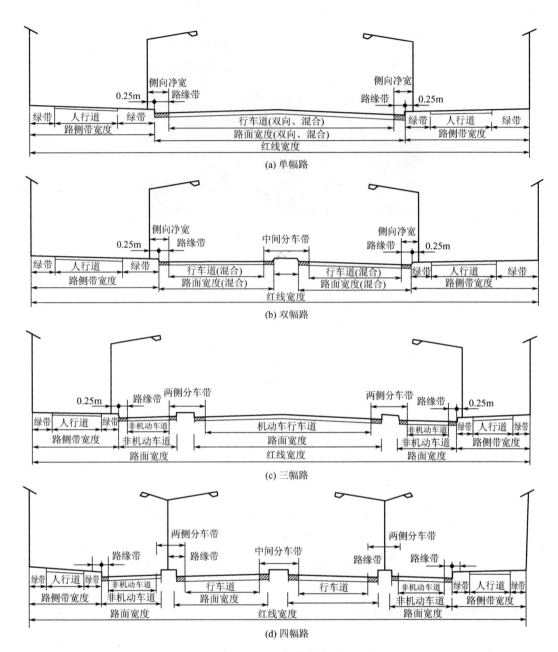

图 5.8 城市道路横断面类型

注：图中的绿带可兼做设施带。

1. 单幅路

俗称"一块板"断面，如图 5.8(a) 所示，各种车辆在行车道上混合行驶。在交通组织上可有以下几种方式：

（1）画出快、慢车行驶分车线，快车和机动车辆在中间行驶，慢车和非机动车靠两侧行驶。

(2) 不划分车线，可以在不影响安全的条件下调剂使用。一般情况下快车靠中线行驶，慢车靠外侧行驶。当外侧车道有临时停车或公交车辆进站时，慢车可临时占用中线车道、快车减速通过或临时占用对向车道。另外还可以调整交通组织，如设只允许机动车辆沿同一方向行驶的"单行道"、限制载重汽车和非机动车行驶只允许小客车和公共汽车通行的街道、限制各种机动车辆只允许行人通行的"步行道"等。上述措施可以是相对不变的，也可以按规定周期变换。

2. 双幅路

俗称"两块板"断面，如图5.8(b)所示。在车道中心用分隔带或分隔墩将行车道分为两部分，上、下行车辆分向行驶。各自再根据需要决定是否划分快、慢车道。

3. 三幅路

俗称"三块板"断面，如图5.8(c)所示。中间为双向行驶的机动车车道，两侧为靠右侧行驶的非机动车车道。机动车和非机动车车道之间用分隔带或分隔墩分隔。

4. 四幅路

俗称"四块板"断面，如图5.8(d)所示。在三幅路的基础上，再用中间分车带将中间机动车道分隔为二，分向行驶。

在设计横断面时，一般按照如下原则选用路基横断面类型：

(1) 单幅路占地少，投资省，但各种车辆混合行驶，于交通安全不利，仅适用于机动车交通量不大且非机动车较少的次干路、支路以及用地不足拆迁困难的旧城改建的城市道路。

(2) 双幅路断面将对向行驶的车辆分开，减少了对向行车干扰，提高了车速，分隔带上还可以用作绿化、布置照明和敷设管线，但各种车辆单向混合行驶干扰较大，主要用于各向至少具有两条机动车道、非机动车较少的道路。有平行道路可供非机动车通行的快速路和郊区道路，以及横向高差大或地形特殊的路段亦可采用。

(3) 三幅路将机动车与非机动车分开，对交通安全有利；在分隔带上可以布置绿带，有利于夏天遮阳防晒、布置照明和减少噪声等。机动车交通量大、非机动车多的城市道路宜优先考虑采用。但三幅式断面占地较多，只有当红线宽度不小于40m时才能满足车道布置的要求。

(4) 四幅路不但将机动车和非机动车分开，还将对向行驶的机动车分开，于安全和车速上较三幅路更为有利，但占地更多，造价更高。它适用于机动车辆车速较高、各向有两条机动车道以上、非机动车多的快速路与主干路。

5.1.5 道路横断面远景规划设计

高速公路和一级公路可以分期修建。先建成一幅，待交通量增大后，再修建另一幅。对将来准备发展为高速公路的一级公路，其线形标准及路基高度应按高速公路要求建设。对发展规划为一级公路的只准汽车行驶的二级公路，应按一级公路标准先建成一幅。

高速公路和一级、二级汽车专用公路，应设供慢速车辆行驶的慢行道。此时一般可将原有公路留作为慢行道。慢行道与一级、二级汽车专用公路之间，一般应有不小于4m的间距，当有困难时，应设防护栅，以避免发生干扰。快慢车行道平交道口处线两侧应有不小于30m的水平直线路段，并尽量正交，必须斜交时，交叉角应大于45°。

对于等级及车速较高的道路，考虑到环境保护，特别是减少噪声及绿带美化等要求，可建议采用如图5.9所示的道路横断面。

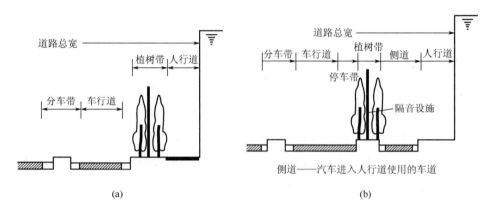

图5.9　考虑环境保护的横断面

高速公路或快速路经过城镇地区时，为解决通行能力不足和原道路狭窄、房屋拆迁的困难，往往修建高架道路，它已成为缓解市区交通的良策。高架道路是用6m以上的系列桥架所组成的空间道路，平均车速可达40～45km/h，3～4个车道的高架道路路面通行能力可达4000～6000辆/h，能缓解地面交叉路的拥堵。空间上分隔穿越市区的过境交通与到达市内的交通，避免了车速差异和相互干扰，已成为穿越城镇地区道路的可行构造。图5.10所示为上海内环线浦西高架路的路幅断面。

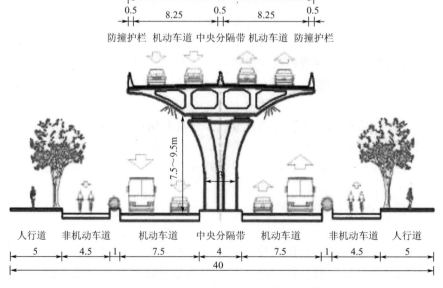

图5.10　上海内环线浦西高架路的路幅断面

5.2 行车道

行车道是道路上供各种车辆行驶部分的总称，包括快车道和慢车道，在城市道路上还有非机动车道。行车道宽度根据车辆宽度、设计交通量、交通组成和汽车行驶速度来确定，应该满足车辆行驶的需要，如双车道公路应有错车、超车行驶所必需的余宽，四车道公路应满足车辆并列行驶所需的宽度。通常，路面宽度主要取决于车道数和每一车道的宽度，而车道数则依远景年的设计小时交通量和一条车道的设计通行能力而确定，即

$$车道数 = \frac{远景年单向设计小时交通量}{每一条车道的设计通行能力} \times 2 \qquad (5-1)$$

公路的一条行车带内一般包括两条以上的车道。高速公路和一级公路有四条以上的车道，以中央分隔带将上、下行车辆分开或做成分离式路基，每侧再划分快车道和慢车道。城市道路的横断面布置与公路有较大区别，如城市道路行车道两侧有高出路面的路缘石，而公路两侧则有与路面齐平且有一定宽度的路肩。城市道路在路幅布置上比公路更富于变化，行车规律、交通组织与管理与公路也有所不同。下面取两者有代表性的交通状况加以分析，探讨行车道宽度的确定方法。

1. 一般双车道公路行车道宽度的确定

双车道公路有两条行车道，一条行车道宽度包括汽车宽度和富余宽度。《标准》规定的各级公路行车道宽度见表 5-3，可以根据设计车速、交通量等因素综合确定。

表 5-3 车道宽度

设计速度/(km/h)	120	100	80	60	40	30	20
车道宽度/m	3.75	3.75	3.75	3.50	3.50	3.25	3.00（单车倒车时为3.50）

注：高速公路为八车道，当设置做侧硬路肩时，内侧车道宽度可采用 3.50m。

2. 有中央分隔带的行车道宽度

高速公路、一级公路有四条以上的车道，一般设置中央分隔带。研究表明，计算行车速度 $V=120$ km/h 时，每条车道的宽度均应采用 3.75m；当 $V=100$ km/h，且交通量大和大型车混入率高时，内侧车道应为 3.75m，外侧车道可采用 3.75m 或 3.50m。当高速公路的交通量超过四个车道的容量时，其车道数可按双数增加。

3. 城市道路的行车道宽度

研究表明车道宽度 B 是车速 V 的函数，城市道路的行车道宽度依车速的变化一般在 3.40~3.80m 之间。考虑到城市道路上行驶的车辆各异，且车道还需调剂使用，故一条车道的平均宽度取 3.5m 即可，当车速 $V>40$ km/h 时可取 3.75m。

城市道路机动车车道最小宽度规定见表5-4。

表5-4 城市道路机动车车道最小宽度　　　　　　　　　　　　　单位：m

车型及车道类型	设计速度/(km/h)	
	>60	≤60
大型车或混行车道	3.75	3.50
小客车专用车道	3.50	3.25

5.3 路肩及中间带

5.3.1 路肩的作用、宽度及横坡

1. 路肩概念及作用

位于行车道外缘至路基边缘之间，具有一定宽度的带状结构物部分称为路肩。高速公路和一级公路的路肩，包括硬路肩和土路肩两部分；二、三、四级公路的路肩一般只设土路肩。硬路肩是指进行了铺装的路肩，可以承受汽车荷载作用；土路肩指紧邻硬路肩或没有硬路肩的车道的道路边缘组成部分。路肩组成如图5.11所示。

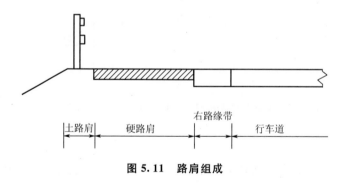

图5.11 路肩组成

路肩作用如下：
(1) 保护及支撑路面结构。
(2) 供发生故障的车辆临时停放之用，有利于防止交通事故和避免交通紊乱。
(3) 作为侧向余宽的一部分，能增加驾驶的安全和舒适感。
(4) 提供道路养护作业、埋设地下管线、增设地下设施的场地。对未设人行道的道路，可供行人及非机动车使用。
(5) 精心养护的路肩能增加公路的美观，并起引导视线的作用。
(6) 较宽的路肩，在有的国家还作为警察的临时专用道。

2. 路肩的宽度

根据我国土地状况和路肩功能，在满足路肩最低需要的条件下，应采取较窄的路肩。相关标准规定的各级公路右侧路肩宽度见表 5-5。

表 5-5 各级公路右路肩宽度　　　　　　　　　　　　　　　　　　　单位：m

设计速度 /(km/m)		高速公路、一级公路				二、三、四级公路				
		120	100	80	60	80	60	40	30	20
右侧硬路肩宽度	一般值	3.00 3.50	3.00	2.50	2.50	1.50	0.75	—	—	—
	最小值	3.00	2.50	1.50	1.50	0.75	0.25	—	—	—
右侧土路肩宽度	一般值	0.75	0.75	0.75	0.75	0.75	0.75	0.75	0.50	0.25（双车道） 0.50（单车道）
	最小值	0.75	0.75	0.75	0.75	0.50	0.50			

注：① 表中所列"一般值"为正常情况下采用的值，"最小值"为条件受限制时可采用的值。
② 设计速度为 120km/h 的四车道，宜采用 3.50m 的右侧硬路肩；六车道、八车道高速公路，宜采用 3.00m 的硬路肩。
③ 高速公路和一级公路应该在右侧硬路肩宽度内设右侧路缘带，其宽度一般为 0.5m。
④ 八车道高速公路，宜设置左侧硬路肩，其宽度宜为 2.5m。左侧硬路肩宽度内含左侧路缘带宽度。

高速公路、一级公路为分离式断面时应设置左侧硬路肩，其宽度规定见表 5-6。还应该在左右侧硬路肩宽度内分别在靠近车道边设路缘带，其宽度同表 5-5。

表 5-6 高速公路、一级公路分离式断面左侧路肩宽度　　　　　　　　单位：m

设计速度/(km/m)	120	100	80	60
左侧硬路肩宽度	1.25	1.00	0.75	0.75
左侧土路肩宽度	0.75	0.75	0.75	0.50

高速公路和一级公路当右侧硬路肩的宽度小于 2.5m 时，应设置紧急停车带，设置间距不宜大于 500m，长度不小于 30m，宽度包括路肩在内为 3.5m。二级道路为避免急需停靠的车辆占道，可根据需要设置紧急停车带。

3. 路肩横坡

路肩横坡应满足排水要求。土路肩路面的排水性能远低于有铺装的路面，因此其横向较路面宜增大 1%~2%。此外还与路段线形有关，相关要求如下：

（1）直线路段的硬路肩一般应设置向外倾斜的横坡，坡度值可与车道横坡相同；路线纵坡平缓，且设置拦水带时，其坡度值宜为 3%~4%。

（2）曲线路段内、外侧硬路肩横坡值及其方向：当曲线超高不大于 5% 时，其横坡值应与相邻车道相同；当曲线超高大于 5% 时，横坡度不大于 5%。

(3) 平坡段或直线向曲线过渡段的硬路肩，横坡应随临近车道的横坡一同过渡，其过渡段的纵向渐变率应控制在 1/330～1/150。

(4) 直线路段或曲线路段内侧土路肩，当行车道或硬路肩的横坡值不小于 3% 时，土路肩横坡值应与同向车道或硬路肩相同，否则应增大 1%～2%。曲线或过渡段外侧土路肩，应采用 3% 或 4% 的反向横坡度。

5.3.2 中间带及两侧带

1. 中间带的概念及作用

高速公路、一级公路均应设置中间带。中间带由路线双向的两条左侧路缘带和中央分隔带组成，以路缘石线等设施分界，如图 5.12 所示。

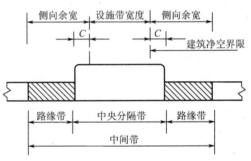

图 5.12 中间带实图及其组成示意图

中央分隔带是分隔高速公路或一级公路上对向行车道的地带。其作用如下：

(1) 将上、下行车流分开，既可防止因快车驶入对向行车道造成车祸，又能减少公路中心线附近的交通阻力，从而提高通行能力；

(2) 可作设置公路标志牌及其他交通管理设施的场地，也可作为行人的安全岛使用；

(3) 设置一定宽度的中间带并种植花草灌木或设置防眩网，可防止对向车辆灯光眩目，还可起到美化路容和环境的作用；

(4) 设于分隔带两侧的路缘带，由于有一定宽度且颜色醒目，既引导驾驶员视线，又增加行车所必需的侧向余宽，从而提高了行车的安全性和舒适性。

2. 中间带的宽度

中间带的宽度是根据行车道以外的侧向余宽，防止驶入对向车道的护栏、种植物、防眩网、交叉公路的桥墩等所需的设置带宽度而定的。中间带越宽，作用越明显，同时也便于养护作业的展开，但对土地资源需求太高，所以我国基本上采用窄的中间带。中间带宽度见表 5-7，正常情况下采用一般值，当遇特殊情况时可以采用低限值。

表 5-7 高速公路、一级公路中间带宽度　　　　　　　　单位：m

设计速度/(km/h)		120	100	80	60
中央分隔带宽度	一般值	3	2	2	2
	最小值	2	2	1	1
左侧路缘带宽度	一般值	0.75	0.75	0.5	0.5
	最小值	0.75	0.5	0.5	0.5
中间带宽度	一般值	4.5	3.5	3	3
	最小值	3.5	3	2	2

一级公路作为集散公路且受地形条件及其他特殊情况限制时，中央分隔带可采用宽度不小于 0.60m 的混凝土防撞护栏，并按规定设置左侧路缘带。

中间带一般情况下宜保持等宽度，视具体情况也可不等宽，也不一定等高，但应与地形、景观等配合。不等宽的中间带应逐步过渡，避免突变，过渡段以设置在回旋线内为宜，其长度应与回旋线长度相等。宽度大于规定或大于 4.50m 的中间带过渡段，以设在半径较大的平曲线路段为宜，如图 5.13 所示。

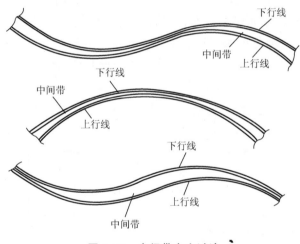

图 5.13 中间带变宽过渡

3. 中间带的开口

为了便于养护作业和某些车辆在必要时驶入对向车道，中间带应沿长度方向每隔一定距离设置开口部。开口部设置要求如下：

（1）互通式立体交叉、隧道、特大桥、服务区等设施，以及整体式路基、分离式路基前后分离（或汇合）处，必须设置中间带开口，以供维修或抢险时使用。

（2）一般情况下开口以 2km 的间距设置为宜，太密将会造成交通的紊乱。城市道路可根据横向交通（车辆和行人）的需要设置。

（3）中央分隔带开口长度不宜大于 40m。八车道高速公路开口长度可适当增加，但不应大于 50m。中央分隔带开口处应设置活动护栏，如图 5.14 所示。

图 5.14 中央分隔带开口处设置活动护栏实例

（4）中央分隔带的开口应设置在通视良好的路段，若在曲线上开口，该曲线半径宜大于 700m。

（5）开口端部的形状，常用的有半圆形和弹头形两种。窄的分隔带（$M<3.0m$）可用半圆形；宽的（$M\geqslant3.0m$）可用弹头形，如图 5.15 所示，图中 R、R_1、R_2 为控制设计半径。R 和 R_1 足够大时，才能保证汽车以容许速度驶离主车道进行左转弯。R_1 采用 15～120m，一般取最小值，避免过大开口；R 切于开口中心线，其值取决于开口的大小。弹头尖端圆弧半径 R_2 可采用分隔带的 1/5，这样从外观上看比较悦目。

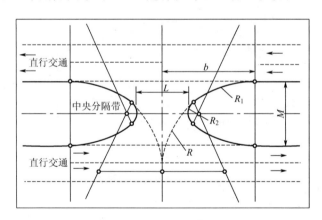

图 5.15 中央分隔带开口

4. 中间带的表面形式

中间带按照表面形式分为凸形和凹形。中央分隔带两边与路面平齐，中部凹陷，供排水使用的形式为凹形，适用于中间带宽大于 4.5m 的情况；中央分隔带用路缘石围成高出路面的隔离带为凸形中间带，适用于中间带宽不大于 4.5m 的情况。

中间分隔带表面处理，一般采用植草皮或铺面封闭等方式。一般情况下，宽度不小于 4.5m 的中间带宜植草皮或种植灌木，宽度小于 4.5m 的中间带宜栽种矮灌木或做铺面封闭。

5. 两侧带

布置在横断面两侧的分车带称为两侧带,其作用与中间带相同,只是设置的位置不同而已。两侧带常用于城市道路的横断面设计中,可以分隔快车道与慢车道、机动车道与非机动车道、车行道与人行道等。

两侧带的最小宽度规定为 2.0~2.25m。在北方寒冷积雪地区,在满足最小宽度的前提下,还应考虑能否满足临时堆放积雪的要求。降雪初期容许将路面积雪临时堆放在分隔带上,所以分隔带的宽度应不小于堆雪宽度。两侧分隔带的宽度,可按临时堆放机动车道路面宽度之半的积雪量计算,其余允许堆放到路侧带上。

5.4 道路路拱、边坡、边沟及截水沟

5.4.1 道路路拱

为了利于路面横向排水,将路面做成由中央向两侧倾斜的拱形,称为路拱。路拱的基本形式很多,各有特点,常用的有抛物线形、直线形和折线形三种,如图 5.16 所示。

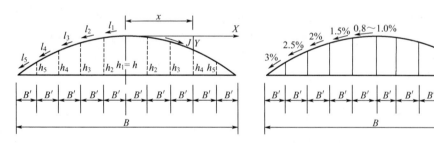

图 5.16 抛物线形及折线形路拱示意图

在设计道路横断面时,路拱及路肩横坡度应根据行车道宽度、路面结构类型、排水和当地的自然条件等要求而定,路拱横坡度取值规定见表 5-8。

表 5-8 路拱横坡度取值表

路面类型	路拱坡度/%	路面类型	路拱坡度/%
沥青混凝土、水泥混凝土	1~2	碎、砾石等粒料路面	2.5~3.5
其他沥青路面	1.5~2.5	低级路面	3~4
半整齐块石	2~3		

注:路肩横坡度一般比路拱横坡度大 1%~2%。

高速公路、一级公路整体式路基的路拱宜采用双向路拱坡度,由路中央向两侧倾斜。位于中等强度降雨地区时,路拱坡度宜为 2%;位于降雨强度较大地区时,路拱坡度可适当增

大。分离式路基的路拱,宜采用单向横坡并向路基外侧倾斜,也可采用双向路拱坡度。积雪、冰冻地区宜采用双向路拱坡度。二、三、四级公路的路拱应采用双向路拱坡度,由路中央向两侧倾斜。路拱坡度应根据路面类型和当地自然条件确定,但不应小于1.5%。

5.4.2 路基边坡坡度

路基边坡坡度对路基稳定性十分重要。在设计路基横断面时,确定路基边坡坡度是路基设计的重要任务,该值可用边坡高度与边坡宽度之比 $H:b$ 的形式表示,并按 $H=1$ 即 $1:m$（路堤）或 $1:n$（路堑）的形式表示,如图5.17所示。

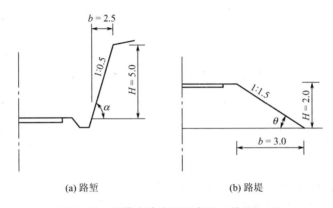

图 5.17 路基边坡坡度示意图（单位: m）

路基边坡坡度的大小,取决于边坡的土质、岩石的性质,以及水文地质条件等自然因素和边坡的高度,该值直接影响路基的整体稳定性及土石方量和施工难易程度。一般应通过设计验算确定,也可根据多年工程实践经验和设计规范推荐的数值选用。下面就规范取值作说明,理论验算方法可参考《路基路面工程》等书籍。

1. 路堤边坡坡度

地质情况良好的土质路堤可参照表5-9来确定其边坡坡度。

表 5-9 路堤边坡坡度

填料类别	上部高度 $H\leqslant 8m$	下部高度 $H\leqslant 12m$
细粒土	1:1.5	1:1.75
粗粒土	1:1.5	1:1.75
巨粒土	1:1.3	1:1.5

当填土边坡高度超过表列数值时,属于高路堤,应进行单独设计,由边坡稳定性分析确定。

2. 路堑边坡坡度

路堑是从天然地层中开挖出来的路基结构物。影响路堑边坡稳定的因素十分复杂,包括路堑深度、坡体土石性质、地质构造特征、岩石的风化和破碎程度、土层的成因类型、地面水和地下水的影响、坡面的朝向以及当地的气候条件等，在边坡设计时必须综合考虑。

1) 土质边坡

土质边坡的坡度应根据边坡高度、土的密实程度、地下水和地面水的情况、土的成因及生成时代来确定。当边坡高度不大于20m时，边坡坡度不宜大于表5-10的规定；当边坡高度大于20m时，应进行个别勘察设计，按照勘察的数据进行边坡稳定性分析。高边坡施工中还应进行工程监测。

表5-10 土质路堑边坡坡度

土 的 类 别		边坡坡度
黏土、粉质黏土、塑性指数大于3的粉土		1∶1
中密以上的中砂、粗砂、砂砾		1∶1.5
卵石土、碎石土	胶结和密实	1∶0.75
圆砾土、角砾土	中密	1∶1

2) 岩石边坡

岩石路堑边坡的坡度主要根据岩石种类、风化破碎程度、边坡高度来确定，此外还应考虑其地质构造（岩层倾角、倾向、节理）、水文地质及地面水条件、施工方法、地震作用等因素。对于一般岩石边坡，可根据表5-11选用。

表5-11 岩石挖方边坡坡度

边坡岩体类型	风化破碎程度	边坡坡度	
		$H \leqslant 15m$	$15m \leqslant H \leqslant 30m$
Ⅰ类	未风化、微风化	1∶0.1～1∶0.3	1∶0.1～1∶0.3
	弱风化	1∶0.1～1∶0.3	1∶0.3～1∶0.5
Ⅱ类	未风化、微风化	1∶0.1～1∶0.3	1∶0.3～1∶0.5
	弱风化	1∶0.3～1∶0.5	1∶0.5～1∶0.75
Ⅲ类	未风化、微风化	1∶0.3～1∶0.5	
	弱风化	1∶0.5～1∶0.75	
Ⅳ类	弱风化	1∶0.5～1∶1	
	强风化	1∶0.75～1∶1	

注：有可靠的资料和经验时，可不受本表限制；Ⅳ类强风化包括各类风化程度的极软岩。

5.4.3 路基边沟和截水沟

1. 边沟

边沟位于挖方路基的路肩外侧或低路堤的坡脚外侧，多与路中线平行，用以汇集和排除路基范围内和流向路基的少量地面水。平坦地面填方路段的路旁取土坑，常与路基排水设计综合考虑，使之起到边沟的排水作用。

边沟的排水量不大，一般不需要进行水文和水力计算，可依据沿线具体条件选用标准横断面形式。边沟的横断面形式有梯形、矩形、三角形及流线形等，如图 5.18 所示。边沟截水沟一般采用梯形，梯形边沟内侧边坡坡度为 1∶1.0～1∶1.5，外侧边坡坡度与挖方边坡坡度相同。石方路段的边沟宜采用矩形横断面，其内侧边坡直立，坡面应采用浆砌片石防护，外侧边坡坡度与挖方边坡坡度相同。梯形边沟的底宽与深度为 0.4～0.6m，水流少的地区或路段取低限或更小，但不宜小于 0.3m；反之则取高值。

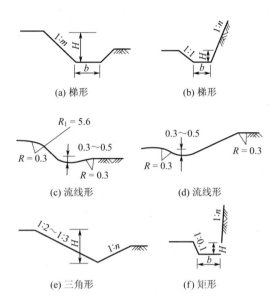

图 5.18　边沟的横断面形式（单位：m）

边沟的纵坡一般与路线纵坡一致。平坡路段，边沟纵坡不宜小于 0.3%。边沟不宜过长，出水口的间距，一般地区不超过 500m，多雨地区不超过 300m，三角形边沟不宜超过 200m。

2. 截水沟

截水沟又称天沟，一般设置在挖方路基边坡坡顶以外，或山坡路堤上方的适当地点，用以拦截并排除路基上方流向路基的地面径流，减轻边沟的水流负担，保证挖方边坡和填方坡脚不受流水冲刷。降水量较少或坡面坚硬和边坡较低以致冲刷影响不大的路段，可以不设截水沟；反之如果降水量较多，暴雨频率较高，山坡覆盖层比较松软、坡面较高、水土流失比较严重的地段，必要时可设置两道或多道截水沟。

图 5.19 为路堑段挖方边坡上方设置的截水沟示例，挖方路基截水沟应设在坡顶 5m 以外，地质不良地段可取 $d=10$ m 甚至更大。截水沟下方一侧，可堆置挖沟的土方，要求做成顶部向沟倾斜 2% 的土台。

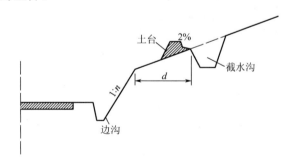

图 5.19　挖方路段截水沟示意图

截水沟的横断面一般为梯形，沟的边坡坡度由岩土条件而定，一般采用 1∶1.0～1∶1.5。沟底宽度 b 不小于 0.5m，沟深 h 按设计流量而定，也不应小于 0.5m。截水沟沟底应具有 0.3% 以上的纵坡，长度以 200～500m 为宜。

5.5 曲线段加宽与超高

5.5.1 曲线段的加宽设计

通过对汽车行驶状态的观测与分析，汽车在弯道行驶时，后轮轨迹偏向曲线内侧，且由于曲线行车受横向力的影响，汽车行驶中会随着车速的不同出现不同程度的摆动，因此需要比直线段占用更大的宽度空间。加宽只是曲线段上增加的一部分额外的宽度。

1. 加宽值计算

汽车行驶在曲线上，各轮迹半径不同，其中以后内轮轨迹半径最小，且偏向曲线内侧，故曲线内侧应增加路面宽度，以确保曲线上行车的顺适与安全。

假定汽车从圆曲线的起点到圆曲线的终点的车轮转角是保持不变的，那么，在圆曲线上路面加宽值是一个定值。

不考虑车速影响时，普通汽车的加宽值可通过几何关系求得，如图 5.20 所示。

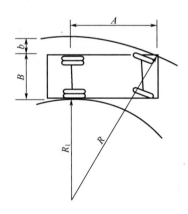

图 5.20 普通汽车的加宽值计算图

据图示关系可得

$$b = R - (R_1 + B)$$

而

$$R_1 + B = \sqrt{R^2 - A^2} = R - \frac{A^2}{2R} - \frac{A^4}{8R^3} - \cdots$$

故可得

$$b = \frac{A^2}{2R} + \frac{A^4}{8R^3} + \cdots$$

上式第二项以后的数值极小，可省略不计，故一条车道的加宽值为

$$b_单 = \frac{A^2}{2R} \tag{5-2}$$

式中 A——汽车后轴至前保险杠的距离（m）；

R——圆曲线半径（m）。

对于有 N 个车道的行车道，加宽值为

$$b_N = \frac{NA^2}{2R} \tag{5-3}$$

半挂车的加宽值可由图 5.21 所示的几何关系求得：

$$b_1 = \frac{A_1^2}{2R}$$

$$b_2 = \frac{A_2^2}{2R'}$$

式中 b_1——牵引车的加宽值（m）；

b_2——拖车的加宽值（m）；

A_1——牵引车保险杠至第二轴的距离（m）；

A_2——第二轴至拖车最后轴的距离（m）。

其余符号含义如图 5.21 所示。

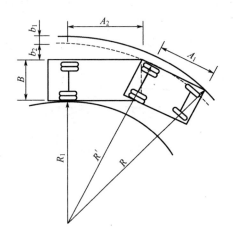

图 5.21　半挂车的加宽值计算图

由于 $R'=R-b_1$，而 b_1 与 R 相比甚微，故可取 $R'=R$，于是半挂车的加宽值为

$$b = b_1 + b_2 = \frac{A_1^2 + A_2^2}{2R} \tag{5-4}$$

令 $A_1^2 + A_2^2 = A^2$，则上式仍可归纳为

$$b = \frac{NA^2}{2R} \tag{5-5}$$

据实测，汽车转弯加宽还与车速有关，一个车道摆动加宽值计算的经验公式为

$$b' = \frac{0.05V}{\sqrt{R}} \tag{5-6}$$

式中 V——汽车转弯时车速（km/h）。

考虑车速的影响，平曲线上路面的加宽值按下式计算：

$$b = N\left(\frac{A^2}{2R} + \frac{0.05V}{\sqrt{R}}\right) \tag{5-7}$$

根据三种标准车型轴距加前悬的长度分别为 5m、8m 和 5.2m＋8.8m，分别计算可得不同半径对应的三类加宽值。双车道路面加宽值规定见表 5-12，城市道路圆曲线每条车道加宽值见表 5-13。

表 5-12 公路平曲线加宽值   单位：m

加宽类型	汽车轴距加前悬	250～200	<200～150	<150～100	<100～70	<70～50	<50～30	<30～25	<25～20	<20～15
1	5	0.4	0.6	0.8	1.0	1.2	1.4	1.8	2.2	2.5
2	8	0.6	0.7	0.9	1.2	1.5	2.0			
3	5.2＋8.8	0.8	1.0	1.5	2.0	2.5				

表 5-13 城市道路圆曲线每条车道的加宽值   单位：m

圆曲线半径	小型汽车	普通汽车	铰接车
200～250	0.28	0.40	0.45
150～200	0.30	0.45	0.55
100～150	0.32	0.60	0.75
60～100	0.35	0.70	0.95
50～60	0.39	0.90	1.25
40～50	0.40	1.00	1.50
30～40	0.45	1.30	1.90
20～30	0.60	1.80	2.80
10～20	0.70	2.40	3.50

加宽值的选用遵循以下原则：

(1) 对于 $R>250$m 的圆曲线，不加宽。

(2) 四级公路和设计速度为 30km/h 的三级公路采用第 1 类加宽值；其余各级公路采用第 3 类加宽值；对不经常通行集装箱运输半挂车的公路，可采用第 2 类加宽值。

(3) 单车道公路采用规范值的一半，由三条以上车道构成的行车道，其加宽值应另行计算。

(4) 各级公路的路面加宽后，路基也应相应加宽。四级公路路基采用 6.5m 以上宽度时，当路面加宽后剩余的路肩宽度不小于 0.5m 时，路基可不予加宽；小于 0.5m 时则应加宽路基，以保证路肩宽度不小于 0.5m。

(5) 分道行驶公路，当圆曲线半径较小时，其内侧车道的加宽值应大于外侧车道的加宽值。设计时应通过计算确定其差值。

2. 加宽的过渡

为了使路面由直线上的正常宽度过渡到曲线上设置了加宽的宽度，需设置加宽缓和段。在加宽缓和段上，路面具有逐渐变化的宽度。加宽过渡的方法，主要有比例过渡、高次抛物线过渡、回旋线过渡等。加宽过渡的设置,根据道路性质和等级可采用不同的方法。

1) 比例过渡

二、三、四级公路的加宽缓和段的设置,应在加宽缓和段全长范围内按其长度成比例逐渐加宽,如图 5.22 所示,加宽缓和段内任意点的加宽值为

$$b_x = \frac{L_x}{L} b \tag{5-8}$$

式中 L_x——任意点距缓和段起点的距离(m);
L——加宽缓和段长(m);
b——圆曲线上的全加宽值(m)。

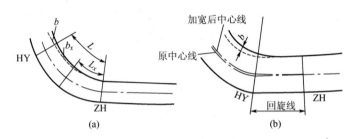

图 5.22 加宽过渡的方法

比例过渡简单易作,但经加宽以后的路面内侧与行车轨迹不符,缓和段的起终点出现较生硬的转折,于路容也不美观。

2) 高次抛物线过渡

在加宽缓和段上插入一条高次抛物线,抛物线上任意点的加宽值为

$$b_x = (4k^3 - 3k^4) b \tag{5-9}$$

式中,$k = \frac{L_x}{L}$。

用这种方法处理后的路面内侧边缘圆滑、美观,适用于各级汽车专用公路。

3) 回旋线过渡

在缓和段上插入回旋线,这样不但中线上有回旋线,而且加宽以后的路面边线也是回旋线,与行车轨迹相符,保证了行车的顺适与线形的美观。它可用于汽车专用公路的下列路段:

(1) 位于大城市近郊的路段。
(2) 桥梁、高架桥、挡土墙、隧道等构造物处。
(3) 设置各种安全防护设施的地段。

此外,还有插入二次抛物线法、直线与圆弧相切法、修正系数法,这里不一一介绍,但公路中宜优先考虑采用有利于线形的过渡方法。

3. 加宽缓和段的长度

对于设置有缓和曲线的平曲线,加宽缓和段应采用与缓和曲线相同的长度;对于不设缓和线但设置有超高缓和段的平曲线,可采用与超高缓和段相同的长度;既不设缓和曲线

又不设超高的平曲线，加宽缓和段应按渐变率 1/15 且长度不小于 10m 的要求设置。对于复曲线的大圆和小圆之间没有缓和曲线的加宽缓和段，均可以按上述方法处理。

5.5.2 曲线段的超高设计

为抵消车辆在平曲线路段上行驶时所产生的离心力，将路面做成外侧高内侧低的单向横坡形式，称为平曲线超高。合理地设置超高，可以全部或部分抵消离心力，提高汽车在曲线上行驶的稳定性与舒适性。

如图 5.23 所示，由于超高的设置，整个路段由直线段的双坡路拱，需要逐渐过渡到与圆曲线半径相适应的单向横坡（即全超高段），而此时需要设置的过渡段称为超高缓和段。

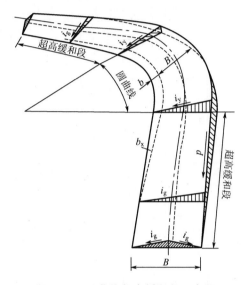

图 5.23 平曲线超高缓和段示意图

但是否所有的平曲线都需要设置超高呢？答案是否定的。当选用的圆曲线半径大到一定程度（见表 3-3，圆曲线半径达到不设超高的最小半径时），在曲线上即使不设超高也能满足车辆行驶的稳定性和乘客的舒适性要求，此时，在曲线外侧行驶的车辆存在一个"反超高"，大小与路拱横坡度相同。

1. 超高横坡度的计算

超高横坡度 i_h 可由平曲线最小半径公式求得：

$$R = \frac{V^2}{127(\mu + i_h)}$$

解得

$$i_h + \mu = \frac{V^2}{127R} \tag{5-10}$$

从式(5-10)可知，确定超高横坡度 i_h，首先需要确定 μ 和 R，这导致按照此式计算较为复杂。在实际应用时，可直接查《公路路线设计规范》所列曲线半径的范围和相应的超高值，见表 5-14。

表 5-14 各级公路的圆曲线半径与全超高横坡度

公路等级	高速公路、一级公路								二级公路、三级公路、四级公路									
	V=120km/h		V=100km/h		V=80km/h		V=60km/h		V=80km/h		V=60km/h		V=40km/h		V=30km/h		V=20km/h	
超高 % 半径/m	一般情况	积雪冰冻地区	一般情况	积雪冰冻地区	一般情况	积雪冰冻地区	一般情况	积雪冰冻地区	一般情况	积雪冰冻地区	一般情况	积雪冰冻地区	一般情况	积雪冰冻地区	一般情况	积雪冰冻地区	一般情况	积雪冰冻地区
2	<5500~3240	<5500~1940	<4000~1710	<4000~1550	<2500~1240	<2500~1130	<1500~810	<1500~720	<2500~1210	<2500~1130	<1500~780	<1500~720	<600~390	<600~360	<350~230	<350~210	<150~105	<150~95
3	<3240~2160	<1940~1290	<1710~1220	<1550~1050	<1240~830	<1130~750	<810~570	<720~460	<1210~840	<1130~750	<780~530	<720~460	<390~270	<360~230	<230~150	<210~130	<105~70	<95~60
4	<2160~1620	<1290~970	<1220~950	<1050~750	<850~620	<750~520	<570~430	<460~300	<840~630	<750~520	<530~390	<460~300	<270~200	<230~150	<150~110	<130~80	<70~55	<60~40
5	<1620~1300	<970~780	<950~770	<760~550	<620~500	<520~360	<430~340	<300~190	<630~500	<520~360	<390~300	<300~190	<200~150	<150~90	<110~80	<80~50	<55~40	<40~25
6	<1300~1080	<780~650	<770~650	<550~400	<500~410	<360~250	<340~280	<190~125	<500~410	<360~250	<300~230	<190~125	<150~120	<90~60	<80~60	<50~30	<40~30	<25~15
7	<1080~930	—	<650~560	—	<410~350	—	<280~230	—	<410~320	—	<230~170	—	<120~90	—	<60~50	—	<30~20	—
8	<930~810	—	<560~500	—	<350~310	—	<230~200	—	<320~250	—	<170~125	—	<90~60	—	50~30	—	<20~15	—
9	<810~720	—	<500~440	—	<310~280	—	<200~160	—	—	—	—	—	—	—	—	—	—	—
10	<720~656	—	<440~400	—	<280~250	—	<160~125	—	—	—	—	—	—	—	—	—	—	—

《标准》中规定：各级公路凡半径小于"不设超高的最小半径"的平曲线，均应设置超高。高速公路、一级公路的超高横坡度不应超过10%；其他各级公路不超过8%；在积雪、寒冷地区不宜大于6%。当超高横坡度的计算值小于路拱横坡度时，应设置等于路拱横坡度的超高。当圆曲线半径很大时，可不设超高，这时的曲线路段与直线路段一样做成双向倾斜的路拱。

2. 超高的过渡方式

1) 无中间带道路的超高过渡

若超高横坡度等于路拱坡度，路面由直线上双向倾斜路拱形式过渡到曲线上具有超高的单向倾斜形式，只需将行车道外侧绕中线逐渐抬高，直至与内侧横坡度相等为止，如图 5.24 所示。

当超高横坡度大于路拱坡度时，可分别采用以下三种过渡方式：

（1）绕（为加宽前的）内边线旋转：先将外侧车道绕路中线旋转，待达到与内侧车道构成单向横坡后，整个断面再绕未加宽前的内侧车道边线旋转，直至超高横坡度值，如图 5.25(a) 所示。

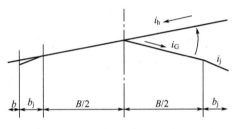

图 5.24 超高值等于路拱时的过渡方式

（2）绕中线旋转：先将外侧车道绕路中线旋转，待达到与内侧车道构成单向横坡后，整个断面绕中线旋转，直至超高横坡度值，如图 5.25(b) 所示。

（3）绕外边缘旋转：先将外侧车道绕外边缘旋转，与此同时，内侧车道随中线的降低而相应降低，待达到单向横坡后，整个断面仍绕外侧车道边缘旋转，直至超高横坡度值，如图 5.25(c) 所示。

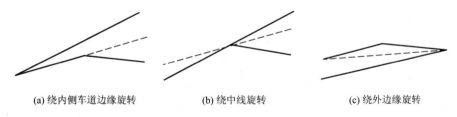

(a) 绕内侧车道边缘旋转　　(b) 绕中线旋转　　(c) 绕外边缘旋转

图 5.25 无中间带道路的超高过渡方式

上述各种方法中，绕内边线旋转由于行车道内侧不降低，有利于路基纵向排水，一般新建工程多用此法；绕中线旋转可保持中线标高不变，且在超高坡度一定的情况下，外侧边缘的抬高值较小，多用于旧路改建工程；而绕外侧边线旋转是一种比较特殊的设计，仅用于某些改善路容的地点。

2) 有中间带道路的超高过渡

（1）绕中央分隔带中线旋转：先将外侧行车道绕中央分隔带边缘旋转，待达到与内侧行车道构成单向横坡后，整个断面一同绕中心线旋转，直至超高横坡度值。此时中央分隔带呈倾斜状，如图 5.26(a) 所示。

(2) 绕中央分隔带边线旋转：将两侧行车道分别绕中央分隔带边缘旋转，使之各自成为独立的单向超高断面，此时中央分隔带维持原水平状态，如图 5.26(b) 所示。

(3) 绕各自行车道中线旋转：将两侧行车道分别绕各自的中心线旋转，使之各自成为独立的单向超高断面，此时中央分隔带两边缘分别升高与降低而成为倾斜断面，如图 5.26(c) 所示。

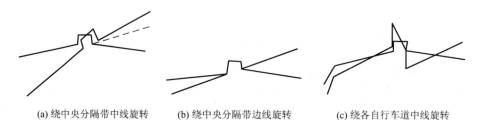

(a) 绕中央分隔带中线旋转　　(b) 绕中央分隔带边线旋转　　(c) 绕各自行车道中线旋转

图 5.26　有中间带道路的超高过渡方式

三种方式的优缺点与无中间带的公路相似。中间带宽度较窄（≤4.5m）时可采用绕中央分隔带中线旋转法；各种宽度的中间带都可采用绕中央分隔带边线旋转法；车道数大于 4 条的公路，可采用绕各自行车道中线旋转法。城市道路的超高过渡方式与公路相同。分离式断面的道路由于上、下行车道是各自独立的，其超高的设置及过渡可按两条无分隔带的道路分别处理。

3. 超高缓和段长度

为了行车的舒适、路容的美观和排水的通畅，必须设置一定长度的超高缓和段，超高的过渡是在超高缓和段全长范围内进行的。双车道公路超高缓和段长度可按下式计算：

$$L_c = \frac{B' \Delta_i}{p} \quad (5-11)$$

式中　L_c——超高缓和段长（m）。

　　　B'——旋转轴至行车道（设路缘带时为路缘带）外侧边缘的宽度（m）。当绕内边线旋转时，$B'=B$；当绕中线旋转时，$B'=B/2$。B 为行车道的宽度。

　　　Δ_i——超高坡度与路拱坡度的代数差（%）。当绕内边缘线旋转时，$\Delta_i = i_h$；当绕中线旋转时，$\Delta_i = i_h + i_G$。i_G 为路拱横坡度，i_h 为超高值。

　　　p——超高渐变率，为超高旋转轴线与路面边缘之间的相对坡度。其值见表 5-15。

表 5-15　超高渐变率

设计速度/(km/h)	超高旋转轴位置	
	中线	边线
120	1/250	1/200
100	1/225	1/175
80	1/200	1/150
60	1/175	1/125
40	1/150	1/100
30	1/125	1/75
20	1/100	1/50

根据式(5-11)计算的超高缓和段长度,应凑成 5m 的整倍数,并不小于 10m 的长度。

为保证行车舒适,超高过渡段应有不小于按照式(5-11)计算的长度。但是从利于排除路面降水考虑,横坡度由 2%(或 1.5%)过渡到 0%路段的超高渐变率不得小于 1/330,也就是说,超高过渡段长度也不能太长。确定超高过渡段长度 L_c 时应考虑以下几点:

(1) 一般在确定缓和曲线长度时,已经考虑了超高过渡段所需的最短长度,故一般取超高过渡段 L_c 与缓和曲线长度 L_s 相等,即 $L_c=L_s$。

(2) 若计算出的 $L_c>L_s$,此时应修改平面线形,使 $L_s \geqslant L_c$。当平面线形无法修改时,可将超高过渡起点前移,即超高过渡从曲线起点前的直线路段开始,路面外侧以适当的超高渐变率逐渐抬高,使横断面在 ZH(或 HZ 点)渐变为向内倾斜的单向路拱横坡(临界断面)。

(3) 如 L_s 大于计算出的 L_c,但只要超高渐变率 $p \geqslant 1/330$,仍取 $L_c=L_s$,取 L_c 为缓和曲线的一部分,全超高断面宜设在 HY 点或 YH 点。

(4) 四级公路不设缓和曲线,但若圆曲线上设有超高,则应设置超高过渡段,其长度仍由式(5-11)计算。超高过渡段应设在紧接圆曲线起(终)点的直线上。受地形或其他特殊情况限制,如直线长度不足时,容许超高过渡段在直线和圆曲线上各分配一半。

4. 超高值计算

平曲线设超高后,道路中线和内、外侧边线与设计高程之间会有高差。通常,将设置超高后道路中线、路面边缘及路肩边缘等计算点与路基设计高程的高差称为超高值。设置超高后,应将超高值计算结果列于"路基设计表"中,以便于施工。

1) 无中间带的道路

无中间带的道路超高方式有三种,常用方式为绕内边线旋转和绕中线旋转。计算公式见表 5-16 和表 5-17。

表 5-16 绕内边线旋转超高值计算公式

超高位置		计算公式		备 注
		$x \leqslant x_0$	$x > x_0$	
圆曲线	外缘 h_c	$b_J i_J + (b_J + B) i_h$		① 计算结果均为与设计高程之差。② 临界断面距过渡点起点为 $$x_0 = \frac{i_G}{i_h} b$$ ③ x 距离处的加宽值为 $$b_x = \frac{x}{L_c} b$$ ④ 内、外侧边线降低和抬高值为 L_c 内按线性过渡,路容有要求时可采用高次抛物线过渡
	中线 h'_c	$b_J i_J + \frac{B}{2} i_h$		
	内缘 h''_c	$b_J i_J - (b_J + b) i_h$		
过渡段上	外缘 h_{cx}	$b_J (i_J - i_G) + [b_J i_J + (b_J + B) i_h] \frac{x}{L_c}$(或 $\approx \frac{x}{L_c} h_c$)		
	中线 h'_{cx}	$b_J i_J + \frac{B}{2} i_G$	$b_J i_J + \frac{B}{2} \cdot \frac{x}{L_c} i_h$	
	内缘 h''_{cx}	$b_J i_J - (b_J + b_x) i_h$	$b_J i_J - (b_J + b_x) \frac{x}{L_c} i_h$	

表 5-17 绕中线旋转超高值计算公式

超高位置		计算公式		备 注
		$x \leqslant x_0$	$x > x_0$	
圆曲线	外缘 h_c	$b_J(i_J - i_G) + \left(b_J + \dfrac{B}{2}\right)(i_G + i_h)$		① 计算结果均为与设计高程之差。 ② 临界断面距过渡点起点为 $$x_0 = \dfrac{2i_G}{i_G + i_h}L_c$$ ③ x 距离处的加宽值为 $$b_x = \dfrac{x}{L_c}b$$ ④ 内、外侧边线降低和抬高值为 L_c 内按线性过渡,路容有要求时可采用高次抛物线过渡
	中线 h_c'	$b_J i_J + \dfrac{B}{2}i_G$		
	内缘 h_c''	$b_J i_J + \dfrac{B}{2}i_G - \left(b_J + \dfrac{B}{2} + b\right)i_h$		
过渡段上	外缘 h_{cx}	$b_J(i_J - i_G) + \left(b_J + \dfrac{B}{2}\right)(i_G + i_h)\dfrac{x}{L_c}$ (或 $\approx \dfrac{x}{L_c}h_c$)		
	中线 h_{cx}'	$b_J i_J + \dfrac{B}{2}i_G$(定值)		
	内缘 h_{cx}''	$b_J i_J - (b_J + b_x)i_h$	$b_J i_J - (b_J + b_x)\dfrac{x}{L_c}i_h$	

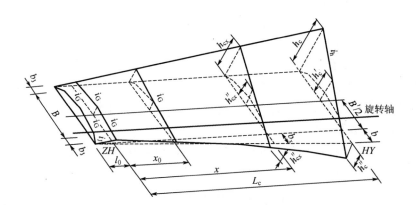

图 5.27 绕内边线旋转超高过渡图

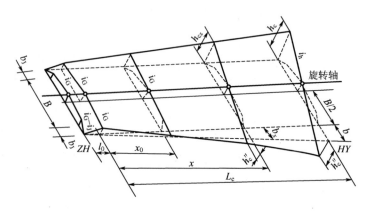

图 5.28 绕中线旋转超高过渡图

表 5-16、表 5-17 以及图 5.27、图 5.28 中参数说明如下：

B——路面宽度；

b_J——路肩宽度；

i_G——路拱横坡度；

i_J——路肩横坡度；

i_h——超高横坡度；

L_c——超高过渡段长度（或缓和段长度）；

l_0——路肩横坡度由 i_J 变为 i_G 所需的距离，一般可取 1.0m；

x_0——与路拱同坡度的单向超高点到超高过渡段起点的距离；

x——超高过渡段中任一点至起点的距离；

h_c——路基外缘最大抬高值；

h'_c——路中线最大抬高值；

h''_c——路基内缘最大降低值；

h_{cx}——x 距离处路基外缘抬高值；

h'_{cx}——x 距离处中线抬高值；

h''_{cx}——x 距离处路基内缘降低值；

b——圆曲线加宽值；

b_x——x 距离处路基加宽值。

以上长度单位均为 m。

2) 有中间带的道路

设有中间带的超高方式有三种，其中常用方法是绕中央分隔带边线旋转和绕各自行车道中线旋转。在超高过程中，内、外侧同时从超高过渡段起点开始绕各自旋转轴旋转，外侧抬高，内侧降低，直到 HY（或 YH）点达到全超高。计算公式见表 5-18 和表 5-19，超高计算点位置参照图 5.29。

表 5-18 绕中央分隔带边线旋转超高值计算公式

超高位置		计算公式	x 距离处行车道横坡值	备　　注
外侧	C	$(b_1+B+b_2)i_x$	$i_x = \dfrac{i_G+i_h}{L_c}x - i_G$	① 计算结果为与设计高程之差； ② 设计高程为中央分隔带外侧边缘 D 点的高程； ③ 加宽值 b_x 按加宽计算公式计算； ④ 当 $x=L_c$ 时，为圆曲线上的超高值
	D	0		
内侧	C	0	$i_x = \dfrac{i_G-i_h}{L_c}x + i_G$	
	D	$-(b_1+B+b_x+b_2)i_x$		

表 5-19 绕各自行车道中线旋转超高值计算公式

超高位置		计 算 公 式	x 距离处行车道横坡值	备　　注
外侧	C	$\left(\dfrac{B}{2}+b_2\right)i_x-\left(\dfrac{B}{2}+b_1\right)i_J$	$i_x=\dfrac{i_G+i_h}{L_c}x-i_G$	① 计算结果为与设计高程之差； ② 设计高程为中央分隔带外侧边缘 D 点的高程； ③ 加宽值 b_x 按加宽计算公式计算； ④ 当 $x=L_c$ 时，为圆曲线上的超高值
	D	$-\left(\dfrac{B}{2}+b_1\right)(i_x+i_J)$		
内侧	C	$\left(\dfrac{B}{2}+b_1\right)(i_x-i_J)$	$i_x=\dfrac{i_G-i_h}{L_c}x+i_G$	
	D	$-\left(\dfrac{B}{2}+b_x+b_2\right)i_x-\left(\dfrac{B}{2}+b_1\right)i_J$		

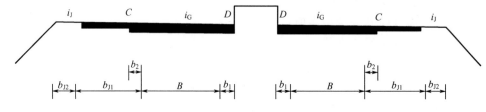

图 5.29　超高计算点位置图

表 5-18、表 5-19 以及图 5.29 中参数说明如下：

B——左侧（或右侧）行车道宽度（m）；

b_1——左侧路缘带宽度（m）；

b_2——右侧路缘带宽度（m）；

b_x——x 距离处路基加宽值（m）；

i_G——路拱横坡度；

i_J——路肩横坡度；

i_h——超高横坡度；

x——超高过渡段中任一点至超高过渡段起点的距离（m）。

表中仅列出了行车道外边线和中央分隔带边线的超高计算，硬路肩外边线、路基边线的超高可根据路肩横坡度和路肩宽度从行车道外边线推算。

5. 超高设计图

超高设计图是指路面横坡度沿路线纵向的变化图，如图 5.30 所示。在进行路线设计时，为直观反映沿线的路面横坡度变化情况，在路线纵断面上需绘出全线的超高设计图，尤其是高等级公路，还应绘超高设计的大样图（包括纵断面图和横断面图）。超高设计图绘制规则如下：

（1）按比例绘制一条水平基线，代表路中心线，并认为基线的路面横坡度为零，所用比例尺应与路线纵断面图一致，但绘制大样图时可例外。

（2）绘制两侧路面边缘线。用实线绘出路线前进方向右侧路面边缘线，用虚线绘出左侧路面边缘线。若路面边缘高于路中线，绘于基线上方，反之则绘于下方。路边缘线离开基线的距离，代表横坡度的大小（比例尺可不同于基线）。

（3）标注路拱横坡度。向前进方向右侧倾斜的路拱坡度为正，向左倾斜则为负。

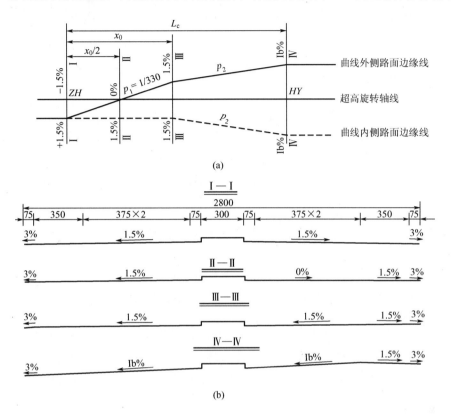

图 5.30 超高设计图

5.6 路基土石方计算及调配

路基土石方是公路工程的一项主要工程量，在公路设计和路线方案比较中，路基土石方数量的多少是评价公路测设质量的主要技术经济指标之一。在编制公路施工组织计划和工程概（预）算时，还需要确定分段和全线的路基土石方数量。

因地面形状很复杂，填挖方不是简单的几何体，所以其计算只能是近似的，计算的精确度，取决于中桩间距、测绘横断面时采点的密度和计算公式与实际情况的接近程度等。计算时，一般应按工程的要求在保证使用的前提下力求简化。

5.6.1 横断面计算

路基填挖的断面积，是指断面图中原地面线与路基设计线所包围的面积，高于地面线者为填，低于地面线者为挖，两者应分别计算。下面介绍几种常用的面积计算方法。

1. 积距法

把横断面划分成若干条等宽的小条，累加每一小条中心处的高度，再乘以条宽即为该图形的面积。如图5.31所示，将断面按单位横宽划分为若干个梯形与三角形条块，每个小条块的近似面积为

$$F_i = bh_i$$

则横断面面积为

$$F = bh_1 + bh_2 + \cdots + bh_i = b\sum_{i=1}^{n} h_i \tag{5-12}$$

当 $b=1$m 时，则 F 在数值上就等于各小条块平均高度之和 $\sum h_i$。

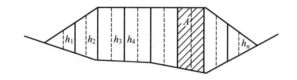

图 5.31 横断面面积计算（积距法）

要求得 $\sum h_i$ 的值，可以用卡规逐一量取各条块高度的值累积。当面积较大卡规张度不够用时，也可用厘米方格纸折成窄条代替卡规来量取。用积距法计算面积简单、迅速。若地面线较顺直，也可以增大 b 的数值；若要进一步提高精度，可增加测量次数。

2. 坐标法

如图5.32所示，已知断面图上各转折点坐标 (x_i, y_i)，则横断面面积为

$$F = \frac{1}{2} \sum_{i=1}^{n} (x_i y_i - x_i y_i) \tag{5-13}$$

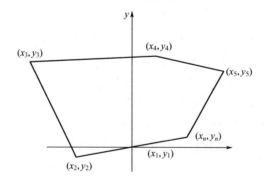

图 5.32 横断面面积计算（坐标法）

坐标法的精度较高，适宜用计算机计算。

计算横断面面积还有几何图形法、数方格法、求积仪法等，不一一介绍。

5.6.2 土石方数量计算

路基土石方计算工作量较大,加之路基填挖变化的不规则性,要精确计算土石方体积是十分困难的。在工程上通常采用近似计算。土石方数量一般可用平均断面法或棱台体积法计算。

1. 平均断面法

若相邻两断面均为填方或均为挖方,且面积大小相近,则可假定两断面之间为一棱柱体(图 5.33),其体积的计算公式为

$$V=\frac{1}{2}(F_1+F_2)L \tag{5-14}$$

式中 V——体积,即土石方数量(m^3);
 F_1、F_2——相邻两断面的面积(m^2);
 L——相邻断面之间的距离(m)。

此法计算简易,较为常用,一般称之为"平均断面法"。

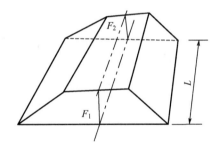

图 5.33 体积计算示意图

2. 棱台体积法

若 F_1 和 F_2 相差甚大,则断面之间与棱台更为接近。其计算公式为

$$V=\frac{1}{3}(F_1+F_2)\left(1+\frac{\sqrt{m}}{1+m}\right)L \tag{5-15}$$

式中:$m=\frac{F_1}{F_2}$,其中 $F_1>F_2$。

第二种方法的精度较高,应尽量采用,特别是用计算机计算时。

用上述方法计算的土石方体积中,是包含了路面体积的。若所设计的纵断面有填有挖且基本平衡,则填方断面中多计的路面面积与挖方断面中少计的路面面积相互抵消,其总体积与实施体积相差不大。但若路基是以填方为主或以挖方为主,则最好在计算断面面积时将路面部分计入,也就是填方要扣除、挖方要增加路面所占的那一部分面积,特别是路面厚度较大时更不能忽略。

土石方数量计算应注意以下问题:

(1) 填、挖方面积及数量应分别计算。
(2) 土方和石方应分别计算。
(3) 换土、挖淤泥或挖台阶等部分应计算挖方工程量，同时还应计算填方工程量。
(4) 路基填、挖方数量中应考虑路面所占的体积，对此填方扣除而挖方增加。
(5) 路基土石方数量中应扣除大中桥所占的体积，小桥及涵洞可不予考虑。

5.6.3 路基土石方调配

土石方调配的目的，是为确定填方用土的来源、挖方弃土的去向，以及计价土石方的数量和运量等。通过调配，合理地解决各路段土石方平衡与利用问题，使从路堑挖出的土石方，在经济合理的调运条件下移挖作填，达到填方有所"取"，挖方有所"用"，避免不必要的路外借土和弃土，以减少占用耕地并降低公路造价。

1. 土石方调配原则

(1) 就近利用，以减少运量。在半填半挖断面中，应首先考虑在本路段内移挖作填进行横向平衡，然后再作纵向调配，以减少总的运输量。

(2) 不跨沟调运。土石方调配应考虑桥涵位置对施工运输的影响，一般大沟处不作跨越调运。

(3) 高向低调运。应注意施工的可能与方便，尽可能避免和减少上坡运土；位于山坡上的回头曲线段，优先考虑上线向下线的土方竖向调运。

(4) 经济合理性。应进行远运利用与附近借土的经济比较（移挖作填与借土费用的比较），综合考虑远运利用的运输费用、装卸费用，以及借土的开挖费用、占地及青苗补偿费用、弃土占地及相关运费等。为使调配合理，必须根据地形情况和施工条件，选用适当的运输方式，确定合理的经济运距，用以分析工程用土是调运还是外借。

土方调配"移挖作填"固然要考虑经济运距问题，但这并不是唯一的指标，还要综合考虑弃方或借方占地、赔偿青苗损失及对农业生产的影响等。有时移挖作填虽然运距超出一些，运输费用稍高一些，但如能少占地，少影响农业生产，整体来说也未必是不经济的。

(5) 不同的土方和石方应根据工程需要分别进行调配，以保证路基稳定和人工构造物的材料供应。

(6) 土方调配中，借土和弃土应事先同地方商量，妥善处理。借土应结合地形、农田规划等选择借土地点，并综合考虑借土还田、整地造田等措施；弃土应不占或少占耕地，在可能条件下宜将弃土平整为可耕地，防止乱弃乱堆或堵塞河流、损坏农田。

2. 土石方调配方法

土石方调配方法有多种，如累积曲线法、调配图法及土石方计算表调配法等。目前生产上多采用土石方计算表调配法，该法不需绘制累积曲线图与调配图，可直接在土石方表上进行调配，方法简捷，调配清晰，精度符合要求。该表也可由计算机自动完成。具体调配步骤如下：

(1) 土石方调配是在土石方数量计算与复核完毕的基础上进行的，调配前应将可能影响运输调配的桥涵位置、陡坡、大沟等注在表旁，供调配时参考。

(2) 弄清各桩号间路基填挖方情况并作横向平衡，明确利用、填缺与挖余数量。

(3) 在作纵向调配前，应根据施工方法及可能采取的运输方式定出合理的经济运距，供土石方调配时参考。

(4) 根据填缺挖余分布情况，结合路线纵坡和自然条件，本着技术经济和支农的原则，具体拟定调配方案。方法是逐桩逐段地将毗邻路段的挖余就近纵向调运到填缺内加以利用，并把具体调运方向和数量用箭头标明在纵向利用调配栏中。

(5) 经过纵向调配，如果仍有填缺或挖余，则应会同当地政府协商确定借土或弃土地点，然后将借土或弃土的数量和运距分别填注到借方或废方栏内。

(6) 土石方调配后，应按下式进行复核检查：

$$横向调运 + 纵向调运 + 借方 = 填方$$
$$横向调运 + 纵向调运 + 弃方 = 挖方$$
$$挖方 + 借方 = 填方 + 弃方$$

以上检查一般是逐页进行复核的，如有跨页调配，须将其数量考虑在内。通过复核可以发现调配与计算过程有无错误，经核证无误后，即可分别计算计价土石方数量、运量和运距等，为编制施工预算提供土石方工程数量。

3. 关于调配计算的几个问题

1) 经济运距

填方用土来源，一是路上纵向调运，二是就近路外借土。一般情况下调运路堑挖方来填筑距离较近的路堤还是比较经济的，但如调运的距离过长，以致运价超过了在填方附近借土所需的费用时，移挖作填就不如在路堤附近就地借土经济。因此，采取"调"还是"借"有个距离限度问题，这个限度距离即所谓"经济运距"，可按下式计算：

$$L_经 = \frac{B}{T} + L_免 \tag{5-16}$$

式中　B——借土单价（元/m³）；

　　　T——远运运费单价〔元/(m³·km)〕；

　　　$L_免$——免费运距（km）。

由上述分析可知，经济运距是确定借土或调运的限界，当调运距离小于经济运距时，采取纵向调运可行，反之则可考虑就近借土。

2) 免费运距

土方作业包括挖、装、运、卸等工序，在某一特定距离内，只按挖方数量计价，这一特定距离称为免费运距。显然，施工方法不同，其免费运距也不同，例如人工作业时，人工运输的免费运距为20m，机械作业时，推土机的免费运距是20m，铲运机为100m等。各种作业的免费运距，可从《公路工程预算定额》和《公路工程概算定额》中查到。

3) 平均运距

土方调配的运距，是指从挖方体积的重心到填方体积的重心之间的距离。在路线工程中为简化计算起见,这个距离可简单地按挖方断面间距中心至填方断面间距中心的距离来计算,称之为平均运距。在纵向调配时,当平均运距超过定额规定的免费运距,应按其超过部分计算土石方运量。

4) 运量

土石方运量为平均运距与土石方调配数量的乘积,单位为 $m^3 \cdot km$。

在生产中,工程定额是将平均运距按 10m 划为一个运输单位,称为"级",20m 即为两个运输单位,称为二级,余可类推,在土方计算表内可分别用符号①、②、…表示。不足 10m 时,仍按一级计算或四舍五入。于是可得

$$总运量 = 调配(土石方)方数 \times n \qquad (5-17)$$

式中　n——平均运距单位（级）,$n = \dfrac{L - L_免}{10}$;

　　　L——平均运距（m）;

　　　$L_免$——免费运距（m）。

5) 计价土石方量

在土石方调配中,所有挖方无论"弃"或是"调",都应予以计价。但对于填方则不然,要根据用土来源决定是否计价。如果是路外借土,那当然要计价;倘若是移挖作填调配利用,则不应再计价,否则将形成双重计价。因此计价土石方必须通过土石方调配表来确定,其数量为

$$计价土石方数量 = 挖方数量 + 借方数量$$

一般工程上所说的土石方总量,实际上是指计价土石方数量。一条公路的土石方总量,一般包括路基工程、排水工程、临时工程、小桥涵工程等项目的土石方数量。独立的大中桥梁、长隧道的土石方工程数量应另外计算。

5.7 横断面设计步骤及成果

5.7.1 公路横断面设计步骤及成果

1. 路基标准横断面图

在具体设计每个横断面之前,应先确定路基的标准横断面(或称"典型横断面")。在标准横断面图中,一般要包括路堤、路堑、半堤半堑、护肩路基、挡土墙路基、砌石路基等,断面中的边坡坡率、边沟尺寸、挡墙断面等必须按《公路路线设计规范》的规定确定,对于高填、深挖、特殊地质、浸水路堤等应单独设计,参见《路基路面工程》一书。横断面标准图一般采用 1:100 的比例。

2. 横断面设计方法

（1）在计算纸（通常是坐标方格纸）上绘制横断面的地面线。地面线是在现场测绘的，若是纸上定线，可从大比例尺的地形图上内插获得。在计算机辅助设计中，可通过数字化仪或键盘向计算机输入横断面各变化点相对于中桩的坐标，由绘图机自动绘制。横断面图的比例尺一般是 1∶200。

（2）绘出设计线：俗称"戴帽子"，根据现场调查所得来的土壤、地质、水文资料，参照"标准横断面图"，画出路幅宽度、填或挖的边坡坡线，在需要设置各种支挡工程和防护工程的地方画出该工程结构的断面示意图，并注明其起讫点桩号、圬工种类和断面的尺寸，结构物的尺寸要根据土压力的大小经稳定性验算确定。具体设计步骤如下：

① 从"路基设计表"中抄入路基中心填挖高度，由中桩地面点量出填挖高度，画一条水平线，即为设计高程。

② 确定左右侧路基宽度，在设计高程线上截取左右路基边缘位置。

③ 按路中线、路基或路面边缘与设计高程的差值绘出路拱。

④ 绘出路基边坡线。

⑤ 绘出防护及加固设施的断面图。

（3）根据综合排水设计，画出路基边沟、截水沟、排灌渠等的位置和断面形式。必要时须注明各部分尺寸。此外，对于取土坑、弃土堆、绿化等也尽可能画出。经检查无误后，修饰描绘。

（4）分别计算各桩号断面的填方面积（A_T）、挖方面积（A_W），并标注于图上。一般来说，一条道路的横断面图数量极大，为提高手工绘制的工作效率，可事先制作若干透明模板。但最根本的解决办法是使用"道路 CAD"，它不但能准确绘制横断面，而且能自动计算横断面面积（关于该 CAD 的介绍，参见相关内容）。公路路基横断面设计图如图 5.34 所示。

离式断面的公路和具有变速车道、爬坡车道、紧急停车道的断面，可参照上述步骤绘制。

上面所介绍的横断面设计方法，仅限于在"标准横断面图"范围以内的那些断面，其操作比较机械，所以形象化地称为"戴帽子"。对特殊情况下的横断面，则必须按照路基课程中所讲述的原理和方法进行特殊设计，绘图比例尺也应按需要采用。

3. 路基设计表

"路基设计表"是公路设计文件的组成内容之一，它是平、纵、横等主要测设资料的综合，在公路设计文件中占有重要地位。表中填列的所有整桩、加桩的填挖高度、路基宽度（包括加宽）、超高值等有关资料，为路基横断面设计的基本数据，也是施工的依据之一。"路基设计表"样式见表 5 - 20。

4. 土石方量计算及调配表

路基土石方是道路工程的一项主要工程量，所以在道路设计和路线方案比较中，路基土石方量的多少是评价道路测设质量的主要技术经济指标之一，也是编制道路施工组织计划和概（预）算的主要依据。某公路土石方计算及调配表见表 5 - 21。

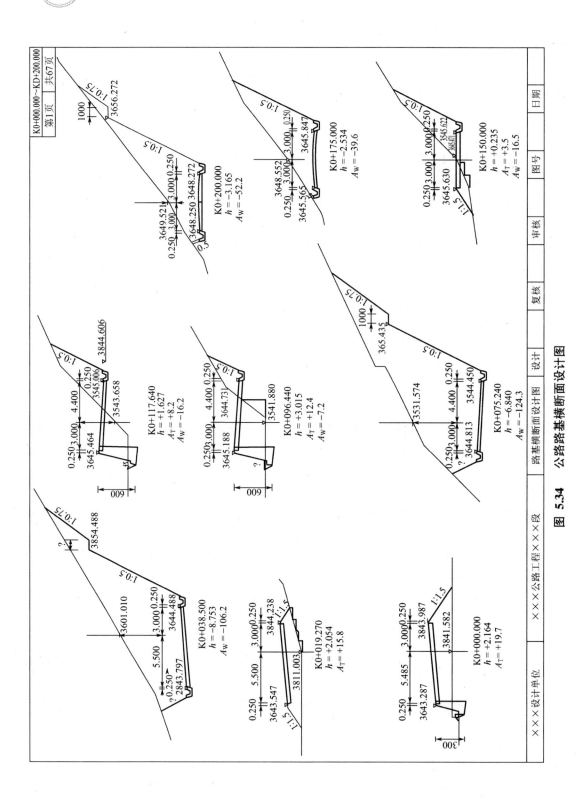

图 5.34 公路路基横断面设计图

表 5-20 某公路路段路基设计表

桩号	平曲线	变坡点高程桩号及纵坡坡度、坡长	竖曲线	地面标高	设计高	填挖高度/m		路基宽/m		路边及中桩与设计高之高差/m			施工时中桩/m		边坡 1:m		护坡道				边沟				坡脚坡口至中桩距离		备注
						填	挖	左	右	左	中桩	右	填	挖	左	右	护坡道宽 左 右		坡度 1:m 左 右		坡度/% 左 右		形状	底宽/m	沟深/m	内坡	左	右	
1	2	3	4	5	6	7	8	9	10	11	12	13	14	15	16	17	18	19	20	21	22	23	24	25	26	27	28	29	30
K2+100.00		K2+100 $i=-0.65\%$ L=400		160.76	159.92		0.84	7.50	7.50	0.00	0.15	0.00		0.69															
+120.00				161.56	159.75		1.81	7.50	7.50	0.00	0.15	0.00		1.66															
+140.00				164.03	159.59		4.44	7.50	7.50	0.00	0.15	0.00		4.29															
+160.00				164.23	159.43		4.80	7.50	7.50	0.00	0.15	0.00		4.65															
+180.00				162.15	159.28		2.87	7.50	7.50	0.00	0.15	0.00		2.72															
+200.00				163.17	159.14		4.03	7.50	7.50	0.00	0.15	0.00		3.88															
+220.00				163.20	159.00		4.20	7.50	7.50	0.00	0.15	0.00		4.05															
+240.00				163.87	158.87		5.00	7.50	7.50	0.00	0.15	0.00		4.85															
+260.00			+243.5	165.69	158.74		6.95	7.50	7.50	0.00	0.15	0.00		6.80															
+280.00				166.31	158.61		7.70	7.50	7.50	0.00	0.15	0.00		7.55															
+300.00				166.36	158.48		7.88	7.50	7.50	0.00	0.15	0.00		7.73															
ZH+315.89		157.175		166.30	158.37		7.93	7.50	7.50	0.00	0.15	0.00		7.78															
+340.00				166.06	158.22		7.84	7.50	7.71	0.59	0.29	-0.04		7.55															
HY+360.89			+404.6	166.06	158.08		7.98	7.50	7.90	1.11	0.51	-0.12		7.47															
+380.00	JD5 右 78°53'21" R=200 LS1=45 LS2=45		凹 R=18000 T=95.4 E=-0.25	166.20	157.96		8.24	7.50	7.90	1.11	0.51	-0.12		7.73															
+400.00				166.01	157.83		8.18	7.50	7.90	1.11	0.51	-0.12		7.67															
+420.00				165.95	157.70		8.25	7.50	7.90	1.11	0.51	-0.12		7.74															
+440.00				165.61	157.60		8.01	7.50	7.90	1.11	0.51	-0.12		7.50															
+460.00				165.63	157.52		8.11	7.50	7.90	1.11	0.51	-0.12		7.60															
QZ+476.08				166.02	157.47		8.55	7.50	7.90	1.11	0.51	-0.12		8.04															
+500.00	T1=187.38 T2=187.38 L=320.375 E=59.533	K2+500 $i=0.41\%$ L=400		166.05	157.43		8.62	7.50	7.90	1.11	0.51	-0.12		8.11															
+520.00				166.02	157.41		8.61	7.50	7.90	1.11	0.51	-0.12		8.10															
+540.00				165.43	157.42		8.01	7.50	7.90	1.11	0.51	-0.12		7.50															
+560.00				165.89	157.46		8.43	7.50	7.90	1.11	0.51	-0.12		7.92															
+580.00				163.21	157.51		5.70	7.50	7.90	1.11	0.51	-0.12		5.19															
YH+591.27			+595.4	164.13	157.55		6.58	7.50	7.90	0.89	0.42	-0.12		6.07															
+600.00				163.60	157.59		6.01	7.50	7.82	0.40	0.20	-0.02		5.59															
+620.00				162.86	157.67		5.19	7.50	7.64	0.15	0.15	-0.00		4.99															
GQ+636.27				161.35	157.73		3.62	7.50	7.50	0.00	0.15	0.00		3.47															

表 5-21 某公路土石方计算及调配表

项目名称：××公路××段　　　　　　　　　　　　　　　　　　　　　　　　　　　　　第 25 页 共 63 页

桩号	横断面积/m² 填	横断面积/m² 挖	距离/m	挖方分类及数量/m³ 总数量	Ⅰ %	Ⅰ 数量	Ⅱ %	Ⅱ 数量	Ⅲ %	Ⅲ 数量	Ⅳ %	Ⅳ 数量	Ⅴ %	Ⅴ 数量	Ⅵ %	Ⅵ 数量	填方数量/m³ 总数量	填方数量/m³ 土	填方数量/m³ 石	利用方数量/m³及运距 本桩利用 土	利用方数量/m³及运距 本桩利用 石	利用方数量/m³及运距 填缺 土	利用方数量/m³及运距 填缺 石	利用方数量/m³及运距 挖余 土	利用方数量/m³及运距 挖余 石	远运利用纵向调配示意	借方数量/m³ 土	借方数量/m³ 石	坡方数量/m³ 土	坡方数量/m³ 石	计价土石方总数量/m³ 土	计价土石方总数量/m³ 石	备注
1	2	3	4	5	6	7	8	9	10	11	12	13	14	15	16	17	18	19	20	21	22	23	24	25	26	27	28	29	30	31	32	33	34
K37+100.00	15.2																																
+125.00	16.7		25.00														399	399				399				399							
+150.00	18.1		25.00														439	439				439				439							开挖路堑表上层土方不能用于填筑
+175.00	12.6		25.00	40	20	8	80	32									388	388		32		356				356			8		40		
QZ+192.17	5.8	11.5	17.17	126	20	25	80	101									158	158		101		57				57			25		126		
+200.00		7.83	7.83	187	20	37	80	150									23	23		23									37		187		能用于填筑，按弃
+500.00	36.2		25.00	996	20	199	50	498			30	299												697	299	127			199		697	299	路堤，方计、利用
+525.00	13.5		25.00	1040	20	208	50	520			30	312												728	312	797			208		728	312	方土石混填
+550.00	39.7		25.00	851	20	170	50	426			30	255												596	255	832	1756		170		596	255	以石代土
+575.00	28.4		25.00	237	20	47	50	149			30	71												166	71	681			47		166	71	
+583.50	27.3		8.50	488	20	98	50	244			30	146												342	146	190			98		342	446	
+600.00	31.9		16.50	503	20	100	50	252			30	151												352	151	390			100		352	451	
YH+609.05	31.2		9.05	395	20	79	80	316									22	22		22				373					79		395		
+625.00	2.7	18.3	15.95	313	20	63	80	250									193	193		193				120		103			63		313		
+650.00	12.7	6.7	25.00	106	20	21	80	85									361	361		85		276				294			21		106		
+675.00	16.2	1.8	25.00	23	20	5	80	18									478	478		18		460				57			5		23		
+700.00	22.0		25.00														512	512				512				276							
+725.00	19.4		4.05														71	71				71				460							
HZ+729.05	15.6	20.95															391	391				391				512							
+750.00	21.7		50.00														998	998				998				71		693			693		本段借方出
+800.00	18.2		50.00														818	818				818				391		818			818		7#取土场调
+850.00	14.5		50.00														312	312				312				2015		312			312		运，平均运
+873.47	12.1		23.47														341	341				341						341			341		距3.5km
+900.00	13.6		26.53														708	708				708				305		708			708		
+950.00	14.7		50.00														698	698				698						698			698		
K38+000.00	13.2		50.00																														
本页小计			600	5305		1060		3011				1234					7310	7310		471		6836		3538	1234	3771		3570		1060		7641	1234	
本公里合计			1000	5305		1060		3011				1234					16735	16735		471		16261		3538	1234	3771		12995		1060		17066	1234	

编制：　　　　　　　　　　　　　　　复核：　　　　　　　　　　　　　　　审核：

5.7.2 城市道路横断面设计成果

1. 横断面设计图

当按照城市道路的交通性质、地形条件以及近期与远期相结合的原则确定了横断面组成和宽度以后，即可绘制横断面设计图。城市道路的横断面设计图与公路横断面图的作用是相同的，即用于指导施工和计算土石方数量。

城市道路横断面设计图一般用的比例尺为 1∶100 或 1∶200，在图上应绘出红线宽度、行车道、人行道、绿带、照明、新建或改建的地下管道等各组成部分的位置和宽度，以及排水方向、路面横坡等，如图 5.35 所示。

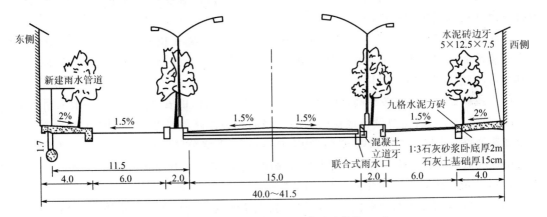

图 5.35　城市道路横断面设计图（单位：m）

2. 横断面现状图

沿道路中线每隔一定距离绘制横断面地面线。如果属于旧街道的改建，实际上就是横断面的现状图，图中包括地形、地物、原街道的各组成部分、边沟、路侧建筑等。比例尺为 1∶100 或 1∶200，有时为了更明显地表现地形和地物高度的变化，也可采用纵、横不同的比例尺绘制。

3. 横断面施工图

在完成道路纵断面设计之后，各中线上的填挖高度为已知。将这一高度点绘在相应的横断面现状图上，然后将横断面设计图以相同的比例尺画于其上。此图反映了各断面上的填、挖和拆迁界线，是施工时的主要根据，如图 5.36 所示。

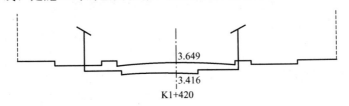

图 5.36　横断面施工图（单位：m）

5.8 道路建筑限界与道路用地

5.8.1 道路建筑限界

道路建筑限界（又称净空），是为保证道路上各种车辆、行人的正常通行与安全，在一定的高度和宽度范围内不允许有任何障碍物侵入的空间界线。在作道路的横断面设计时，应充分研究组成路幅要素的相互关系及道路的各种设施的设置规划，在有限空间内做出合理的安排。绝对不允许桥台、桥墩以及照明、护栏、信号机、道路标志牌、行道树、电杆等设施侵入建筑限界以内。

道路建筑限界由净高和净宽两部分组成。净高是指道路在横断面范围内保证安全通行所必须满足的竖向高度，应考虑汽车装载高度、安全高度及路面铺装等因素来确定。一般在确定道路建筑限界时，可以按照如下原则来确定：

（1）我国载重汽车的装载高度限制为 4.0m，外加 0.5m 的安全高度，故一般采用不小于 4.5m 的净高。考虑到大型设备运输的发展、路面积雪和路面铺装在养护中的加厚等因素，规定高速公路、一级、二级公路的净高为 5.0m，三、四级公路的净高为 4.5m。对于路面类型为中级或低级的三、四级公路，可考虑到路面铺装的要求，其净高可预留 20cm。

（2）一条公路应该采用相同的最小净高。

（3）当构造物位于凹形竖曲线上方时，长大车辆通过会行车悬空而降低了构造物下的有效净高，设计时应该保证有效净高的要求，如图 5.37 所示；公路下穿时，应保证公路距构造物底部任意点均满足净高的需要。

（4）城市道路最小净高：各种汽车 4.5m，无轨电车 5.0m，有轨电车 5.5m，自行车和行人 2.5m，其他非机动车 3.5m。

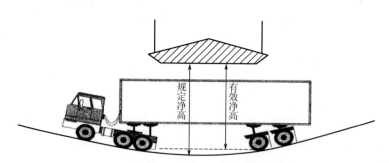

图 5.37 凹形竖曲线上方有效净空高度

净宽是指在上述规定的净高范围内应保证的宽度，它包括行车带、路缘带、硬路肩及部分土路肩宽度。规定的路肩宽度是在净空范围以内的，所以道路上的各种设施（护栏、标志牌等）应该设置在右路肩以外的保护性路肩上，而且必须保证其伸入部分在净高以上。位于中间带和路肩上的桥墩或门式支柱不应紧靠建筑界限设置，应留有设置防护栏位置（不小于 0.5m）的余地。

桥梁、隧道和高架公路为了降低造价须压缩净空，其压缩部分主要体现在侧向宽度上。但在桥梁、隧道中需设置人行道，且当人行道的宽度大于侧向宽度时，其建筑限界应包括在所增加的宽度内。人行道、自行车道与行车道分开设置时，其净高一般为 2.5m。

各级公路的建筑限界规定如图 5.38 所示。

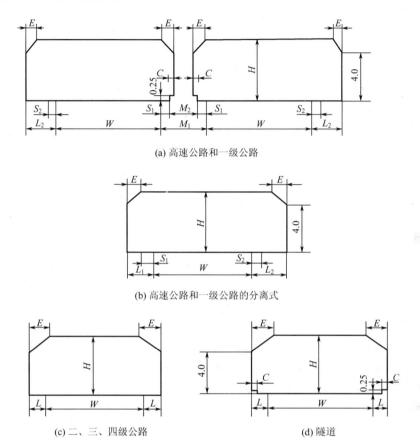

图 5.38　公路建筑限界（单位：m）

图 5.38 中，W 为行车道宽度，L_1 为左侧硬路肩宽度，L_2 为右侧硬路肩宽度，S_1 为左侧路缘带宽度，S_2 为右侧路缘带宽度；L 为侧向宽度，高速公路、一级公路的侧向宽度取为硬路肩宽度 L_1 或 L_2，其他等级公路为路肩宽度减去 0.25m，隧道内侧向宽度应符合最小侧向宽度的规定；C 为安全带宽度，当设计速度大于 100km/h 时为 0.5m，不大于 100km/h 时为 0.25m；M_1 为中间带宽度，M_2 为中央分隔带宽度；J 为隧道内检修道宽度，R 为隧道内人行道宽度，d 为隧道内检修道或人行道高度；E 为建筑界限顶角宽度，当 $L \leq 1$m 时取 $E=L$，当 $L>1$m 时取 $E=1$m；H 为净空高度。

道路建筑限界的边界线依下列原则确定：

（1）上缘边界线，对于一般路拱路段为一条水平线，对于设置超高的路段，是与超高横坡相平行的斜线，如图 5.39 所示。

（2）一般路拱路段的两侧边界线与水平线垂直，对于设置超高的路段，两侧边界线与超高横坡线垂直。

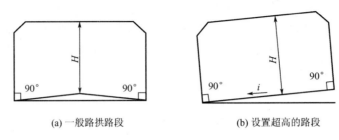

(a) 一般路拱路段　　　　(b) 设置超高的路段

图 5.39　建筑限界的边界线划定

5.8.2　道路用地

道路用地是指修建道路和养护道路以及布置道路的各种设施都需要占用的土地。这些土地的征用必须遵照国家的有关政策办理，既要满足因建设需要必须使用的地幅，又要精打细算，充分珍惜土地资源，尽可能从设计和施工等方面节省每一寸土地。在道路用地范围内，不得修建非路用房屋、开挖渠道及其他设施。

规定的公路用地范围如下：

（1）新建公路路堤两侧排水沟外边缘（无排水沟时为路堤或护坡道坡脚）以外，或路堑坡顶截水沟外边缘（无截水沟为坡顶）以外不少于 1m 的土地为公路用地范围。在有条件的地段，高速公路、一级公路不少于 3m，汽车专用二级公路、一般二级公路不少于 2m 的土地为公路用地范围。

（2）高填深挖路段，可能因取土、弃土以及在路基的开挖填筑和养护过程中占用更多的土地，加之路基可能产生的沉陷、变形等原因，所以在这种地段应根据计算确定用地范围。

（3）在风沙、雪害及特殊地质地带，应根据需要设置防护林，种植固沙植物，安装防沙或防雪栅栏以及设置反压护道等设施，所需的地面为公路用地范围。

（4）行道树应种植在排水沟或截水沟外侧的公路用地范围内。有条件或根据环保要求种植多行林带的路段，应根据具体情况确定公路用地范围。

（5）公路沿线设施及路用房屋、料场、苗圃等，应在节约用地的原则下，尽量利用荒山或荒坡地，并根据实际需要确定用地范围。

（6）改建公路可参考新建公路用地范围规定执行。

本 章 小 结

横断面设计的主要内容是：确定横断面的形式、各组成部分的位置和尺寸，以及完成路基土石方的计算和调配。通过本章的学习，应掌握道路横断面的组成（行车道、中间带、路肩、边坡、边沟、截水沟、护坡道以及专门设计的取土坑、弃土堆、环境保护设施等），以及横断面的设计步骤及方法。本章的难点在于平曲线超高和加宽的设计，但又必须掌握，因为只有合理设置超高和加宽，才可以保证车辆在平曲线上安全行驶。本章的实践技能是学会绘制标准横断面图、一般横断面图，同时掌握土石方计算及调配。

习　　题

5-1　什么是公路横断面图？横断面设计的主要内容有哪些？
5-2　简述新建公路的用地范围是怎样确定的。
5-3　横断面设计的基本要求是什么？
5-4　简述横断面设计的方法与步骤。
5-5　简述路基土石方计算的方法与调配原则。
5-6　填空题：

(1) 高速公路和一级公路的路基横断面由（　　　　）、（　　　　）、（　　　　）以及紧急停车带、爬坡车道、变速车道等组成。

(2) 二、三、四级公路的路基横断面由（　　　　）、（　　　　）以及错车道组成。

(3) 路基填土高度小于（　　　）m大于（　　　）m的路堤称为一般路堤。

(4) 路基挖方深度小于（　　　）m、一般地质条件下的路堑称为一般路堑。

(5) 路基边坡的坡度，习惯上用边坡的（　　　）与（　　　）的比值来表示。

5-7　计算题：

(1) 某路段两两相邻桩号分别为K1+250（1点）、K1+276（2点）和K1+300（3点），计算出横断面面积分别为 $A_{T1}=38.2\text{m}^2$、$A_{T2}=15.2\text{m}^2$、$A_{W2}=16.1\text{m}^2$ 和 $A_{W3}=47.5\text{m}^2$。试计算K1+250～K1+300路段的填方数量、挖方数量、利用方数量等。

(2) 完善以下路基土石方计算表（单位：m、m²、m³）。

桩号	挖方面积	填方面积	挖方平均面积	填方平均面积	距离	挖方体积	填方体积	本桩利用	填缺	挖余
+300	0	35.4	/	/	/				/	/
+350	33.6	21.2								
+368.45	42.5	10.2								
+380	52.8	0								
合计	/	/	/	/						

第6章 选线

本章教学要点

知识模块	掌握程度	知识要点
路线方案拟定和比较	了解	选线、地形
平原地区选线	重点掌握	大控制点、中间控制点
山岭地区及丘陵地区选线	掌握	展线、沿溪（河）线、越岭线和山脊线，微丘区、重丘区

本章技能要点

技能要点	掌握程度	应用方向
路线方案选择的方法和步骤	了解	实际工程经抽象、简化成道路模型，然后进行选线和方案拟定
平原地区选线的方法与步骤	理解	
山岭地区及丘陵地区选线的方法与步骤	理解	

导入案例

天门山是张家界永定区海拔最高的山，距城区仅 8km，因自然奇观天门洞而得名。天门山古称嵩梁山，又名云梦山、方壶山，是张家界最早载入史册的名山，主峰 1518.6m，1992 年 7 月被批准为国家森林公园。2005 年 5 月，天门山盘山公路竣工通车。这条被称为通天大道的盘山公路共计 99 道弯，似玉带环绕，弯弯紧连，层层叠起，依山藉壁，直冲云霄，态势险绝，荡气回肠，更以蜿蜒迂回穿行于山体绝壁之天险而"堪称天下第一公路奇观"。它全长 10.77km，从标志门直达天门洞脚下，海拔从 200m 急剧提升至 1300m，大道两侧绝壁千仞，空谷幽深，180°的急弯此消彼长，令人惊心动魄。

6.1 概述

公路选线,指在公路所规划路线的起点、行经地点、终点之间,选定一条技术上可行、经济上合理又能符合使用要求的公路中心线的工作。公路选线要综合考虑路线通过地区的地理位置、社会情况、自然条件和工程的难易,以及路线的性质、使用任务、等级和投资等因素。为此要做大量的调查研究和分析比较工作。

公路选线中,根据政治、经济因素所确定的路线必须通过的点(包括起讫点)称为据点,根据自然条件或工程经济所决定的路线应穿过或避开的点称为控制点。一系列的据点和控制点的组合所构成的路线方案,就是路线的基本方向。

在路线基本方向选定的基础上,按地形条件具体选择路线通过的地带,称为路线布局。对路线带的选择,按地形大致可分为平原区选线、山岭区选线和丘陵区选线。

路线基本走向的选择,通常须要搜集当地的经济、社会和自然等方面的大量资料,在小比例尺(1∶25000~1∶100000)的地形图上,拟定几个可行方案进行比较。在地形复杂或地区范围大时,也可以通过航空视察或用航拍照片进行选线。

路线基本方向的选择,首先要明确路线在公路网中的位置和作用,以及在整个交通网系中所承担的运输任务。例如,对于大的政治、经济中心点间的干线公路,路线基本方向一般以实现直达运输为主,并适当照顾沿线重要经济点,尽量缩短路线长度,以节省运营时间;而地方性公路则以满足地方经济发展和居民的需要为主,可以通过当地的居民点、铁路车站、码头等。路线经过地区应充分利用有利的自然条件,避开那些地形、地质、水文条件复杂的地段。

6.2 路线方案比选

6.2.1 道路选线的一般原则

(1) 在路线设计的各个阶段,应运用先进的手段对路线方案进行深入、细致的研究,在多方案论证、比较的基础上,选定最优的路线方案。

(2) 正确处理好近期、远期的关系,使之在公路网中发挥恰当的作用。

(3) 路线设计与路线布设应在保证行车安全、舒适、迅速的前提下,使工程数量小、造价低、营运费用省、效益好,并有利于施工和养护。在工程量增加不大时,应尽量采用较高的技术指标,不宜轻易采用低限指标,也不应片面追求高指标。

(4) 选线应同农田基本建设相配合,做到少占田地,尽量不占高产田、经济作物田或经济园林(如橡胶林、茶林、果园)等,并注意与修路造田、农田水利灌溉、土地规划等相结合。

（5）通过名胜、风景、古迹地区的道路，应与周围的环境、景观协调，适当兼顾美观性。注意保护原有的自然生态环境和重要的历史文物遗址。

（6）选线时应对工程地质和水文地质进行深入勘测，查清其对道路工程的影响程度，尽量选择地质稳定、地形条件好的地带。

（7）对于滑坡、崩塌、岩堆、泥石流、岩溶、软土、泥沼等严重不良地段和沙漠、多年冻土等特殊地区应慎重对待，一般情况下路线应对其设法绕避，当路线必须穿过时，应选择合适的位置缩小穿越范围，并采取必要的工程措施。

（8）选线应综合考虑路与桥的关系。在选线中，个别特殊大桥桥位，一般作为路线总方向的控制点；大、中桥位原则上应服从路线的总方向，一般作为路线走向的主要控制点；小桥涵位置应服从路线走向。

（9）选线时应综合平、纵、横三方面的综合设计，尽量减少道路与道路或道路与铁路的交叉次数。

6.2.2 选线的步骤

选线一般经过以下三个步骤。

1. 全面布局

全面布局是解决路线基本走向的工作，即根据公路的技术等级及其在公路网中的作用，结合地形地物条件，在路线的起、终点及中间必须通过的控制点间寻找可能通行的"路线带"，并进而确定一些大的控制点，将其连接起来，形成路线的基本走向。例如，在道路的起、终点及必须通过的控制点间可能顺某条河、越某座岭，也可能顺几条河、越几座岭，可能走这一岸，也可能走另一岸，这些都属于路线的布局问题。

路线布局是关系到公路质量的根本性问题。如果总体布局不当，即使局部路线选得再好、技术指标确定得再恰当，也仍然是一条质量很差的路线。因此，在选线中首先应着眼于总体布局工作，解决好基本走向问题。全面布局是通过路线视察，经过方案比较来解决的。

2. 逐段安排

这是在路线基本走向已确定的基础上，进一步加密控制点，解决路线局部方案的工作。即在大控制点间，结合地形、地质、水文、气候等条件，逐段定出小控制点。例如，过垭口时，是从其中间穿越还是走其中一侧，翻越垭口后，是沿左侧山坡展线下山还是沿右侧山坡展线下山，沿河时是仅走一段还是多次跨河换岸布设路线，等等，都是属于局部方案问题。逐段安排路线是通过踏勘测量或详测前的路线察看来解决的。

3. 具体定线

这是在逐段安排的小控制点间，根据技术标准结合自然条件，综合考虑平、纵、横三方面要素，反复穿线插点，集体定出路线位置（标定公路中线）的工作。这是一步更深入、更细致、更具体的工作。

6.2.3 选线的方法

选定道路中线位置,按具体做法不同有实地选线、纸上选线和自动化选线三种。

1. 实地选线

实地选线是由选线人员(由勘测人员、行政人员等组成),根据设计任务书的要求,在现场实地进行勘查测量,经过反复比较,直接选定路线的方法。

该方法的特点是工作简便、符合实际;实地考察容易掌握地质、地形、地物情况,做出的方案切实可靠;定线时一般不需要大比例尺地形图。但是,这种方法野外工作量很大,体力劳动强度高,野外测设工作受气候和季节的影响大。同时,由于视野的局限性,加上地形、地貌、地物的影响,使路线的整体布局存在一定的片面性和局限性。因此,实地选线往往仅用于等级较低、方案比较明确的公路。

2. 纸上选线

纸上选线是在已经测得的地形图上,进行路线方案比选,从而在纸上确定路线,再到实地放线的选线方法,如图 6.1 所示。

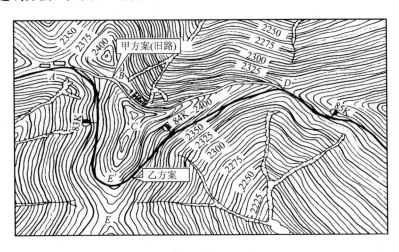

图 6.1 纸上选线图例

这种方法的特点是野外工作量较小、测设速度快,测设和定线不受自然因素干扰,能在室内纵观全局,结合地形、地物、地质条件综合考虑平、纵、横三方面的因素,使所选定的路线更为合理。但纸上定线必须有大比例尺的地形图,而地形图的测设需要较大的工作量和较多的设备。纸上选线多用于等级较高和地形、地物及路线方案十分复杂的道路。

3. 自动化选线

随着航测技术和电子计算机技术的迅速发展,产生了将航测和电算相结合的自动化选线方法。

自动化选线的基本方法是:先用航测方法得到航测图片,再根据地形信息建立数字地形模型（即数字化的地形资料），把选线设计的要求转化为数学模型，将设计数据输入计算机，由计算机按照一定的程序进行自动选线、分析比较和优化，最后通过自动绘图仪和打印机将全部设计图表输出。

自动化选线方法用电子计算机和自动绘图仪代替人工去做大量繁重的计算、绘图和分析比较工作，能使选择的路线方案更加合理，而且节省了人力、物力和时间，成为今后道路选线的发展方向。

6.2.4　路线方案选择

方案比较是选线中确定路线总体布局的有效方法，是在可能布局的多种方案中，通过方案比较和取舍来选择技术合理、切实可行的最优方案。路线方案的取舍是路线设计中的重要问题，方案是否合理，不仅关系到道路本身的工程投资和运输效率，更重要的是影响路线在道路网中的作用，直接关系到是否满足国家政治、经济及国防要求和长远的利益。

从形式上看，方案比较可分为质的比较和量的比较。对于原则性的方案比较，主要是质的比较，多采用综合评价的方法，这种方法不是通过详细计算经济和技术指标进行比较，而是综合各方面因素进行评比。主要考虑的因素如下：

（1）路线在政治、经济、国防上的意义，国家或地方建设对路线使用任务、性质的要求，以及战备、支农、综合利用等重要方针的贯彻和体现程度。

（2）路线在铁路、公路、航道等网系中的作用，与沿线工矿、城镇等规划的关系以及与沿线农田水利建设的配合及用地情况。

（3）沿线地形、地质、水文、现象、地震等自然条件对道路的影响，要求的路线等级与实际可能达到的技术标准及其对路线的使用任务、性质的影响，路线的长度、筑路材料的来源、施工条件以及工程量、三材（钢材、木材、水泥）用量、造价、工期、劳动力等情况及其对运营、施工、养护的影响，以及施工期限长短等。

（4）路线与沿线历史文物、革命史迹、旅行风景区等的联系。

影响路线方案选择的因素是多方面的，而各种因素又大多相互联系、相互影响。路线在满足使用任务和性质要求的前提下，应综合考虑自然条件、技术标准和指标、工程投资、施工期限和设备等因素，精心选择、反复比较，才能提出合理的推荐方案。

较长的路线，可行的方案很多，路线方案是通过许多方案的比较淘汰而确定的。指定的两个据点之间的自然情况越复杂、距离越长，可能的比较方案就越多，需要淘汰的方案也就越多。淘汰时不可能对每条路线都通过实地勘察来进行，因而要尽可能收集已有资料，先在室内进行筛选，然后对较好的、优劣难以辨别的有限个方案进行实地视察和比选。其步骤一般如下：

（1）收集资料。

（2）在小比例地形图上布局路线，初拟方案。

（3）室内初步比选，确定可比方案。

（4）实地观、视察，进行踏勘测量。

（5）进一步比选，确定推荐方案。

下面介绍一个选线实例。

恩施大峡谷至利川腾龙洞旅游公路中,从庙门坡垭口至终点马鞍龙段有两个走廊带方案:方案一为清江雪照河沿岸走廊带 A 线方案,方案二为利用团大公路的 K 线方案,如图 6.2 所示。

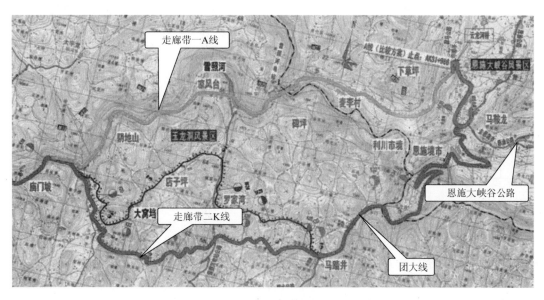

图 6.2　路线方案实例

将 A 线与 K 线从以下方面进行比较(参见表 6-1)。

表 6-1　庙门坡至终点马鞍龙段方案比较表

序号	指标名称	单位	A 线方案 AK17+418~马鞍龙	K 线方案 K17+418~马鞍龙	备注
一	路线				
1	营运里程	km	18.308	22.606	
2	建设里程	km	14.986	11.306	
3	利用长度	km	3.322	11.3	
二	路基路面				
1	计价土石方	m³	842126	386035	
2	防护排水圬工	m³	131308	90826	
3	特殊路基处理长度	km	0	0	
4	路面	m²	76310	76220	
三	桥涵				
1	特大、大中桥	m/座	1218/5	138/1	
2	旱桥	m/座	1510/7	0	
3	涵洞	座	43	33	

(续)

序号	指标名称	单位	A线方案 AK17＋418～马鞍龙	K线方案 K17＋418～马鞍龙	备注
四	隧道	m/座	1077/1	0/0	
五	路线交叉	处	2	2	
六	征用土地	亩	494	297	
七	工程造价				
1	估算金额	亿元	2.4439	0.7955	
2	每公里造价	万元	1630.8	703.6	
	推荐意见			推荐	

1. 营运里程及建设里程

为便于分析接点相对关系，以A线的起点AK17＋418＝K17＋418算起，终点为大峡谷旅游公路大龙潭至马鞍龙段的马鞍龙交叉口。

A线方案建设里程长14.986km，利用里程长3.322km，营运里程共计18.308km。

K线方案建设里程长11.306km，利用里程长11.3km，营运里程共计22.606km。

K线方案与A线方案相比，营运里程长了4.298km，利用里程长了7.978km，建设里程短了3.68km。

2. 平纵面线形

A线方案AK17＋418～AK32＋404段均为新建路段，平纵线形总体较好，但受地形条件限制，局部平纵指标不高；AK32＋404至终点马鞍龙为利用路段，由于是景区公路，考虑不破坏自然景观而直接利用，平纵线形较差。K线方案K17＋418～K28＋724为新建路段，平纵线形较好；K28＋724至终点段已进入恩施大峡谷景区，利用老路团大公路和恩施大峡谷大桥接线公路，平纵指标较低。经上述比较，A线方案平纵线形整体稍优于K线方案。

3. 地形、地质条件

A线方案除终点段3.322km以外全为新线，且大部分沿清江雪照河段南岸布线，其横坡陡峭，地形复杂，穿越河沟、山坳、溶洞、天坑等特殊地质路段多。K线方案除K17＋718～K28＋724段11.306km为新线外，其余路段均为利用老路段，且新线段为台地，相对雪照河南岸较为平坦。显而易见，K线方案地形、地质条件、施工条件均明显优于A线方案。

4. 带动沿线经济发展

A线方案所经路段大都为清江雪照河南岸，其地质陡峭、山势复杂，沿线居民较少。K线方案经过路段，沿线居民较多，能更好地方便人们出行和带动沿线地区经济增长。

5. 整合旅游资源程度

A 线方案沿清江雪照河布线里程长，更利于游客观赏清江河谷沿岸风景，而 K 线方案经过恩施大峡谷大桥，更有利于近距离观赏恩施大峡谷风景，增加旅游的多样性。从整合旅游资源方面来看，两个方案各有所长。

6. 对自然环境的破坏程度

A 线方案新线较多，且大都沿清江雪照河岸布线，受特殊地形、地质条件影响，填挖较大，边坡较高，桥隧构造物较多，对清江雪照河段自然景观破坏较严重，且难以恢复。而 K 线方案新线较少，且新线均避绕了清江雪照河陡峭河岸，深切高填、大型构造物都较少，对自然环境破坏相对较少，因此，K 线在环境保护和水土保持等方面明显优于 A 线。

7. 工程量及造价

A 线方案路基土石方数量、防护排水数量较 K 线增加较多，且增加大桥 1080m/4 座，半幅桥 1510m/7 座，隧道 1077/1 座，工程量十分巨大。A 线工程造价比 K 线高出 1.65 亿元，K 线在工程量及造价方面具有绝对优势。

经上述各方面因素综合比较，K 线方案具有明显优势，因此该路段推荐 K 线走廊带。

6.3 平原地区选线

6.3.1 自然特征

平原区地形起伏不大，一般自然坡度都在 3°以下，主要是指一般平原、山间盆地、高原等地形平坦地区。除泥沼、盐渍土、河谷漫滩、草原、戈壁、沙漠等外，一般多为耕地，不良地质现象较少，在农耕区农田水系渠网纵横交错，居民点多，建筑设施多，交通网系较密。另外，平原区因地面平坦，排水困难，地面易积水，地下水位较高；河流较宽阔，河道平缓，泥沙淤积，河床低浅，洪水泛滥时河面较宽；在天然河网、湖区，还密布有湖泊、水塘和河岔等。

6.3.2 路线特征

平原地区地形对路线的约束限制不大，路线的基本线形应是短捷顺直，平、纵、横三方面的几何线形很容易达到较高的技术指标，路线布设时，主要考虑如何绕避地物障碍等。其路线特征是：平面线形顺直，以直线为主体线形，弯道转角较小，平曲线半径较大；在纵断面上，坡度平缓，以矮路堤为主。

6.3.3 平原区路线布设要点

选线时，首先在路线的起、终点间，把经过的城镇、厂矿、农场及风景文物点作为大的控制点；在控制点间，通过实地视察了解农田优劣及地物分布情况，确定哪些可穿，哪些该绕以及怎样绕避，从而建立起一系列中间控制点。一般较大的建筑群、水电设施、跨河桥位、洪水泛滥线以内及其他必须绕越的障碍物均可作为中间控制点；在中间控制点之间，如果没有充分的理由，一般不再设置转角点。

在安排平面线形时，既要使路线短捷顺直，又要注意避免过长的直线，可能条件下应争取采用转角适当、半径较大的长缓的平曲线线形。

纵面线形应综合考虑桥涵、通道、交叉等构筑物的要求，合理确定路基设计高度。注意避免纵坡起伏较大和过于频繁，但也不应过于平缓。

综合平原区自然和路线特征，布线时应着重考虑以下几点。

1. 正确处理道路与农业的关系

修建道路时占地是难以避免的，解决好路线与农田规划、农业灌溉水利设施的关系，是平原区选线的重要课题。布设路线时，要注意不片面要求路线顺直而占用大面积的良田；也不片面要求不占耕地而降低线形标准甚至恶化行车条件。再者，应解决好路线与农田水利设施的关系，使路线的布置尽可能地与农业灌溉系统相配合，除较高等级的公路外，一般不要破坏灌溉系统，布线要注意尽量与干渠平行，减少路线与渠道的相交次数，最好把路线布置在渠道的上方非灌溉区一侧或者渠道的尾部。图 6.3 中，虚线方案穿经稻田区，路线短、线形好，但占耕地多、建筑路堤取土距离较远；实线方案的长度略有增加，但避开了大片稻田区，沿山坡布线，路基稳定，又可以节约土方数量。当路线标准不是太高时，应采用实线方案。

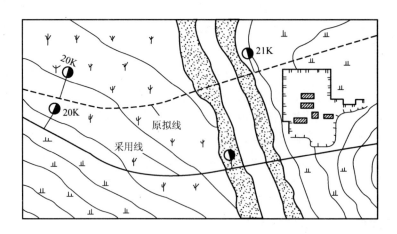

图 6.3 跨河路线方案比较

注意筑路与造田、护路相结合。在可能条件下，布线要有利于造田、护田，以支援农业。路线通过河曲地带，当水文条件许可时，可考虑路线直穿，裁弯取直，改移河道，缩短路线，改善线形。如图 6.4～图 6.6 所示。

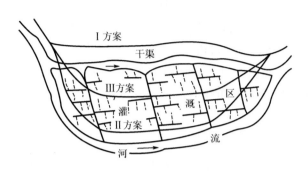

图 6.4 灌溉区路线布设

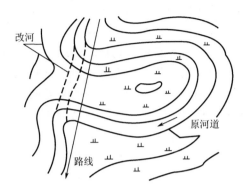

图 6.5 河曲地带改河造田

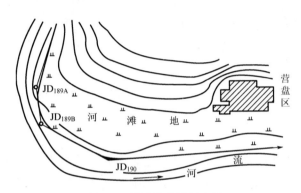

图 6.6 围滩筑路造田实例

2. 合理考虑路线与城镇的联系

平原区有较多的城镇、村庄、工业设施等，路线布设应正确处理好路线与它们的关系。

(1) 国防公路与高等级的干道，应采取绕避的方式远离城镇，必要时还应考虑采用支线联系。

(2) 较高等级的道路，应尽量避免直穿城镇、工矿区和居民密集区，以减少相互干扰。但考虑到公路对这些地区的服务性能，路线又不宜相离太远，往往从城镇的边缘经过，做到近村而不进村，利民而不扰民，既方便运输，又保证交通安全。这种路线布线时，要注意与城镇等的规划相结合。

(3) 道路等级较低时，应考虑县、区、村的沟通，经地方同意可穿越城镇，但要注意有足够的视距和必要的道路宽度以及必要的交通设施，以保证行人和行车的安全。

(4) 路线应尽量避开重要的电力、电信设施。当必须靠近或穿越时，应保持足够的距离和净空，尽量不拆或少拆各种电力、电信设施。

3. 处理好路线与桥位的关系

大、中桥位往往是路线的控制点，应在服从路线总方向并满足桥头接线要求的原则下综合考虑，选择有利桥位，布设路线。既要防止只考虑路线顺直、不顾桥位条件而增加桥跨的难度，又要防止片面强调桥位，使路线绕线过长、标准过低。一般情况下，桥位中线应尽可能与洪水主流流向正交，桥梁和引道都在直线上。桥位应选在水文地质、跨河条件较好的河段。图 6.7 给出了三个跨河方案，Ⅱ方案与河沟正交跨越，但线形曲折，不利于行车；Ⅲ方案路线直捷，但桥位处于河曲段，跨河不利，并且桥涵较多；综合比较，Ⅰ方案桥位虽略斜，比Ⅱ方案桥跨略长，但路线顺适，故为可取方案。

小桥涵位置原则上应服从路线走向，但遇到斜交过大（夹角大于 45°）或河沟过于弯曲时，可考虑采取改沟或改移路线的办法调整交角，布线时应通过比较确定，如图 6.7、图 6.8 所示。

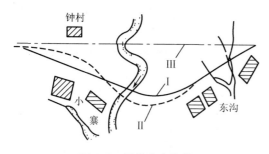

图 6.7　桥位方案比较

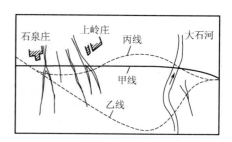

图 6.8　路线与桥位的关系

4. 注意土壤水文条件

平原区土壤水文条件较差，影响路基稳定，应尽可能沿接近分水岭的地势较高处布线；当路线遇到面积较大的湖塘、泥沼和洼地时，一般应绕避，如需穿越时，应选择最窄最浅和基底坡面较平缓的地方通过，并采取有效措施保证路基的稳定。

5. 正确处理新旧路的关系

在平原区布设路线时，若有老路与新布路线相距较近而且走向一致时，在条件许可时，应尽量将其改造后加以利用，以减少耕地的占用和提高路基的稳定性。

6. 尽量靠近建筑材料产地

修建道路需要消耗大量的筑路材料，为节省工程造价，应充分利用当地的材料，特别是地方上的工业废料。

6.4　山岭地区

6.4.1　自然特征

山岭区地形，包括山岭、突起的山脊、凹陷山谷、陡峻的山坡、悬崖、峭壁等，地形复杂多变，一般地面自然坡度为 6°～25°，高山地在 25°以上，如图 6.9 所示。其主要特征表现在以下方面：

(1) 地形条件：山高谷深，地形复杂，相对高差在 150m 以上。由于山区高差大，加之陡峻的山坡和曲折幽深的河谷，形成了错综复杂的地形，这就决定了道路路线的线形差，工程难度大。

(2) 地质条件：岩石多，土层薄，地质复杂。由于山区的地质层理和地壳性质在短距离内变化很大，岩层的产状和地质构造复杂，不良地质现象（如岩堆、滑坡、崩塌、碎落、泥石流等）较多。这些均直接影响着路线的位置和路基的稳定。选线时，应处理好路线与地质的关系，并在选线设计中采取必要的防护措施，确保路线的质量和路基的稳定性。

(3) 水文条件：山区河流曲折迂回，河岸陡峻；雨季暴雨集中，流速快，流量大，冲刷和破坏力很大。这样复杂的水文条件，要求在选线中正确处理好路线和河流的关系。

(4) 气候条件：山区气候多变，气温一般较低，冬季多冰雪（海拔较高的地区），一年四季和昼夜温差很大，山高雾大，空气较稀薄，气压较低。这些气象特征对于汽车的行驶安全性有很大影响。

由于山区自然条件极其复杂，给山岭区选线带来了很大难度。

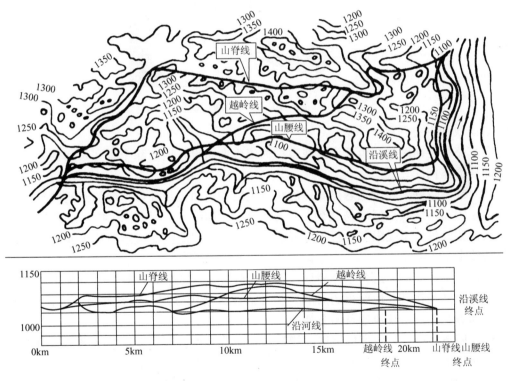

图 6.9 山区特征及各种路线示意图

6.4.2 路线特征

山岭区山脉水系清晰，给山区公路走向提供了依据，为选定路线的基本走向、确定大的控制点指明了方向。路线的走向不是顺山沿水方向，即是横越山岭方向。顺山沿水的路线，按其线位的高低，从低到高可分为沿溪线、山腰线和山脊线。一条较长的山区道路往往是由走向不同和线位高低不同的几种路段交互组合而成，如图6.9所示。在这种路线布设时，一般多以纵面线形为主安排路线，其次才是横断面和平面。

6.4.3 沿溪（河）线

1. 路线特征

沿溪（河）线是指道路沿河谷方向布设的路线，如图6.10所示。

图6.10 沿溪（河）线

沿溪线的主要有利条件是：

（1）路线走向明确。由于沿溪线遵循河流方向布设，因此除个别冗长河曲外，一般无重大路线方案问题。

（2）线形较好。除个别悬崖陡壁的峡谷地段和河曲地带外，一般的开阔河谷均有台地可利用，因而路线线形标准易达到，线形较好。同时，由于河床纵坡一般都较路线纵坡小，因而路线纵坡不受限制，很少有展线的情况，平面受纵面线形的约束较小，容易争取较好的线形。

（3）施工、养护、运营条件较好。沿溪线海拔低，气候条件较好，对施工、养护、运营有利，特别是在高寒地区更为有利。另外沿溪线傍山临河，砂石材料丰富，用水便利，为施工和养护提供了就地取材的条件。

（4）服务性能好。山区的溪岸两侧特别是河口三角地区，多是居民聚集的地方，沿溪线能更充分地为沿线居民提供服务，充分发挥道路的作用。

（5）傍山隐蔽，利于国防。沿溪线线位低，比山脊线和越岭线的隐蔽性好，战时不易遭破坏。

沿溪线的不利条件是路线临水较近，受洪水威胁较大；峡谷河段，路线线位摆动的余地很小，难以避让不良地质地段；在路线通过陡岩河段时，工程艰巨，工程量集中，工作面窄，给道路测设和施工带来很大困难；沿溪线线位低，往往要跨过较多的支沟，桥涵及防护工程较多；河谷两岸台地往往是较好的耕作地，筑路占地与农田及其水利设施的矛盾较为突出；河谷工程地质情况复杂，河谷的两岸通常都处于路基病害如滑坡、岩堆、坍塌、泥石流的下部，路线通过时，容易破坏山体平衡，给道路的设计、施工、养护、运营带来困难。

2. 路线布局

路线布设的首要任务是充分利用有利条件，避让不利条件。沿溪线布局时，需要解决的主要问题有：路线走向河流的哪一岸？岸线设于哪一高度？路线在何处跨河换岸？这三个问题是相互关联又相互影响的，路线布设中应抓住主要矛盾，根据公路的性质和技术等级，因地制宜地解决问题。

1）河岸的选择

沿溪线两岸情况不尽相同，往往优缺点并存，选择时应该深入调查，全面权衡，综合比较确定。主要考虑以下方面：

（1）地形地质水文条件。路线应优先选择台地较宽、支沟较少、地质水文较好的一岸。

（2）气候条件。在积雪冰冻地区，阳坡和阴坡、迎风面和背风面的气候条件差异大，在不影响线路总体布局的前提下，一般走阳坡面和迎风面比较有利，可以减少积雪和流水对道路行车的影响。

（3）城镇、工矿和居民的分布。除高等级公路和国防公路以外，一般路线应选在工矿企业较集中、村镇较多、人口较为密集的一岸，以促进山区的经济发展和方便居民出行。

（4）其他因素。例如应为革命史迹、历史文物、风景区等的联系创造便利条件。

具备上述有利条件的一岸即为选线时应走的河岸，但这些有利条件可能不集中在一岸，而是交替出现在两岸，此时就需要深入调查，进行技术论证和经济比较，最终选择一条合理的方案。如图6.11、图6.12所示，某一沿溪线开始走条件较好的左岸，但前方遇到两处陡崖，甲方案是对山崖地段进行处理，集中开挖一段石方后，仍坚持走左岸；乙方案是为了避让两处陡崖，选择跨河走右岸，但是右岸前方不远处出现了更陡的山崖，还需重新再换到左岸，在约3km的路段上，为了跨河还需要修建两座中桥。对上述两方案进行比较，甲方案技术上可行，经济费用较低，作为了最终的选择方案。

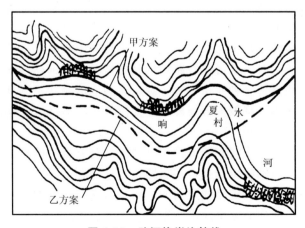

图6.11 跨河换岸比较线

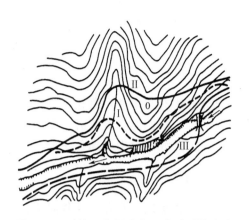

图 6.12 避让工程困难和不良地质的方案

Ⅰ—从崖顶通过；Ⅱ—从支脊垭口通过；Ⅲ—绕走对岸

2）路线高度

线位高度，是指路线纵面线形布局的问题。路线沿岸走多高，首先应考虑洪水的威胁。不管是高线位还是低线位，均应处在设计洪水位上的一定安全高度。因此，在选线中应认真做好洪水位调查工作，以确保路线必需的最低线位高度。

（1）低线位：是指高出设计洪水位不多，路基一侧临水很近的布线方案。

低线位的主要优点是：一般有较高的台地可以利用；地形较好，平面线形较顺适，纵面不需要较大的填挖，容易达到较高的指标；路线低，填方边坡低，边坡较稳定，路线互动的余地较大，跨河时利用有利条件和避开不利条件较容易；养护施工用水、材料运输比较方便。

低线位主要缺点是：线位低，受洪水威胁大，防护工程多；低线位多在沟口附近跨越支沟，桥涵较多；路线与农田矛盾较大，处理弃方较困难。

（2）高线位：指路线高出洪水位较多，完全不受洪水威胁的布线方案。

高线位的主要优点是：不受洪水影响，防护工程较少；弃方易于处理，当采用台口路基时，路基比较稳定。

高线位的主要缺点是：路基挖方往往较大，弃方多；由于线位高，路线势必随着山形走势绕行，平面地形指标低；跨河时线位高，构造物长而大，工程费用高；支撑加固工程较多；施工养护、用料取水困难。

综上比较，高线位弊多利少，在洪水允许、无特殊困难时，一般以低线位为主；当有大量的较高阶地可供利用时，也可结合路线的具体情况，局部路段采用高线位。而且沿溪线布设时，很难在全线保持一种线位，为了利用有利地形避让不利地形，可能需要交替使用高线与低线，此时采用升降坡的展线即可。如图 6.13～图 6.15 所示。

3）桥位选择

沿溪线跨越河流分为跨主河和跨支沟两种情况。跨支流时的桥位选择，一般属于局部方案问题；而跨越主河道的桥位选择，多属路线布局问题。

跨越主河的桥位往往是确定路线走向的控制点，它与河岸的选择是相互依存的，除需充分考虑河床的稳定、河面的宽窄及水文地质条件外，还应注意桥位与路线配合，使河的两岸有良好的布线条件。

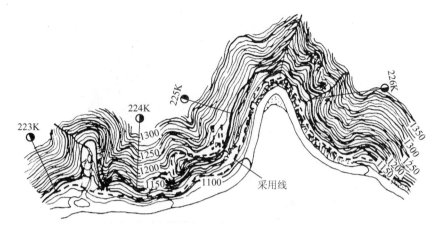

图 6.13 峡谷路线的低线位和高线位

图 6.14 沿河线实例一

图 6.15 沿河线实例二

（1）利用河曲段跨河，即在河弯附近选择有利位置跨越，如图 6.16 所示。此时应注意防止河曲地段水流对桥台的冲刷，采取必要的防护措施。

图 6.16 在河弯附近跨河

（2）利用 S 形河段跨河，将跨河位置选在 S 形地段的腰部，使桥头线形得以显著改善，如图 6.17 所示。

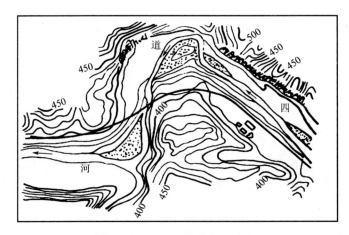

图 6.17 在 S 形河的腰部跨河

（3）改善桥头线形。路线跨越河流，若没有河曲或 S 形河段可供利用时，由于沿溪线与河谷走向平行，在跨主河时往往形成"之"字形路线，使桥头平曲线半径较小，线形较差。对于中小桥，可用适当斜交的方法改善桥头线形；对于大桥，不宜斜交时可对桥头路线适当处理，形成枸形桥头线，改善桥头线形，争取较大半径。

在与路线接近平行的顺直河段上跨河时，桥头引道难以舒顺，应尽量避免，无法避免时应设置斜桥、修改桥头线形或布置一段弯桥，如图 6.18 所示。

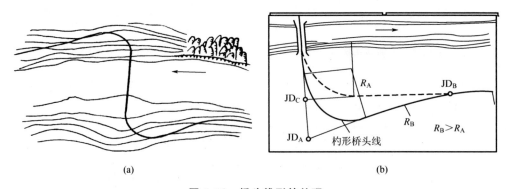

图 6.18 桥头线形的处理

路线跨支流的桥位有两种选择：从支河（沟）口直跨，或绕进支沟上游跨越，如图 6.19 所示。

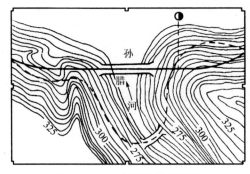

图 6.19 跨支流桥位的选择

3. 几种河谷地形条件下的选线

1) 开阔河谷

开阔河谷岸坡平缓，一般在坡、岸之间有较宽的台地，且布有农田。路线可分三种走法（图 6.20）：

（1）沿河线，如图 6.20(a) 中的虚线方案，路线坡度均匀平缓，并对保护农田有利，但一般路线较长，路基受洪水威胁较大，防护工程大。

（2）傍山线，如图 6.20(a) 中的实线方案，占田少，路基远离河岸，故较稳定且无防护工程，但纵面线略有起伏，土石方工程稍大，是常采用的一种方案。

（3）中穿线，线形好，路线短，标准较高，但占田较多，路基稳定性差，施工时需换土，一般不宜采用。

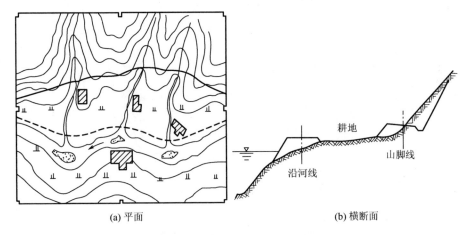

图 6.20 开阔河谷路线方案

2) 狭窄河谷

这种河谷断面常称 U 形河谷，河的两岸多不对称，凸岸陡，而凹岸相对较缓，时有突出的山嘴，间或出现迂回的深切河曲。其布线方式主要有：

（1）沿河岸自然地形，绕山嘴，沿河湾布线。

（2）按直线布线，如图 6.21 和图 6.22 所示，遇河弯时，两次跨河或改移河道；遇山嘴，则采用隧道或深路堑通过。

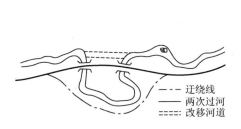

图 6.21 河弯路线方案示意图

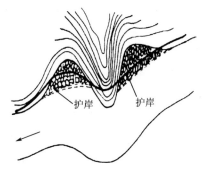

图 6.22 切山嘴填河弯的路线布置

究竟采用哪种方案,应通过技术经济比较决定。一般来说,技术等级高、交通量大的路线宜取直,等级低的道路则采用工程量较小的方案为宜。

对于个别有宽浅河滩的大河弯,为了提高路线标准,可在河滩布线。只要处理得当,还可起护田、造田的作用,但要注意路基防护和加固,防止水流对路基的冲刷破坏。

对于个别突出的山嘴,可用切嘴填弯的办法处理,设线时应注意纵向填挖平衡,不要使大量废方弃置河中,堵塞河道。

3) 陡崖峭壁河谷

可采用绕避(路线翻上峡谷陡崖或另找越岭路线绕避)和直穿两种方案,如图 6.23 所示。

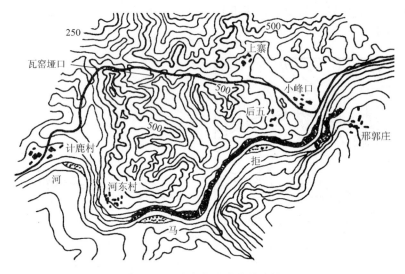

图 6.23 越岭绕避峡谷的路线

直穿峡谷的路线方案如下(以低线为宜):

(1) 与河争路,侵占部分河床,如图 6.24 所示。

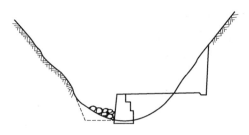

图 6.24 路基部分占用河床

(2) 硬开石壁,如图 6.25 所示。

4. 急流及跌水河段

河床纵坡陡峻时,河床纵断面在短距离内突然下落几米甚至几十米,形成急流、跌水,这时的河床纵坡远远陡于路线纵坡的允许值。为了尽快降低线位,避开陡峻的山腰线,布线时应利用平缓的山坡地形和支沟展线来降低线位。选线时,要注意展线,以纵坡

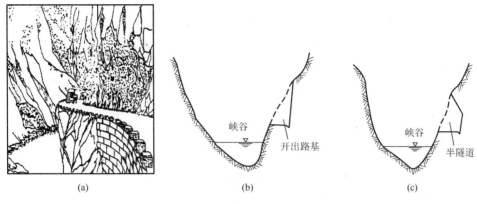

图 6.25 在石壁上硬开路基

为主安排路线。这类河段多出现在山区河流的上游,是沿溪线越岭的过渡段。如图 6.26 所示。

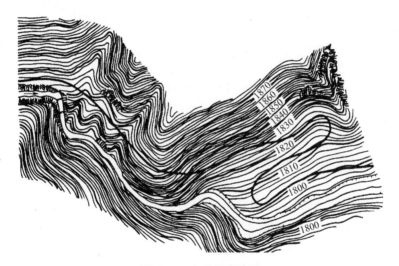

图 6.26 急流河段展线

5. 路线遇不良地质情况的处理

沿河两岸的滑坡、崩塌、岩堆、泥石流等是较为常见的地质灾害。路线通过这些地段时应遵循避强就弱、加强调查、综合防治的原则。

1) 岩堆

如图 6.27 所示,对岩堆的处理方法如下:

(1) 对处在发展阶段或较大范围的松散的稳定性差的岩堆,内移设隧道,外移设桥;

(2) 对稳定的岩堆,通过低路堤或浅路堑通过。

2) 滑坡

如图 6.28 所示,对滑坡的处理方法如下:

(1) 遇大型滑坡,尽量绕避、换岸。

(2) 遇中小型滑坡,整治稳定后在下部以低填方或在上部以浅挖方方式通过。

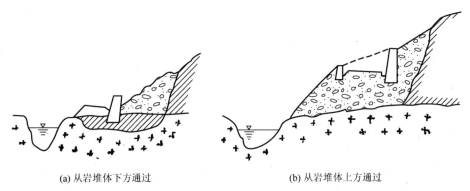

(a) 从岩堆体下方通过　　　　　　(b) 从岩堆体上方通过

图 6.27　路线遇岩堆处理方法

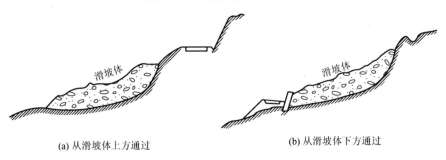

(a) 从滑坡体上方通过　　　　　　(b) 从滑坡体下方通过

图 6.28　路线遇滑坡处理方法

3) 泥石流

泥石流指山区沟谷中，由暴雨、冰雪融水等水源激发的含有大量泥沙石块的特殊洪流。

泥石流的形成条件是：陡峻的便于集水、集物的地形地貌；丰富的松散物质；短时间内大量的水流。

我国泥石流主要分布于滇西北及滇东北、川西、陕南秦岭、西藏喜马拉雅山和甘南等地。如图 6.29、图 6.30 所示，对泥石流的处理方法如下：

(1) 严重的泥石流集中地段，应考虑绕避。

(2) 路线跨越泥石流时，首先应考虑从流通区以桥跨越，但要注意该地有无转化为堆积区的趋势。

(3) 避免穿过堆积区。

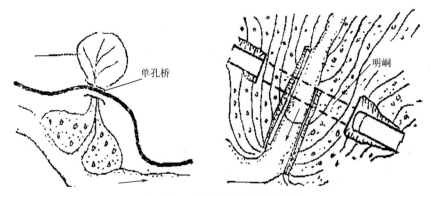

图 6.29　采用明峒通过泥石流

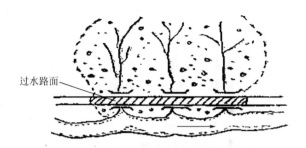

图 6.30 小桥与过水路面结合穿过泥石流

6.4.4 越岭线

越岭线是指公路走向与河谷及分水岭方向横交时所布设的路线。两个控制点位于山脊的两侧，路线需要由一侧山麓升坡至山脊，在适当的地点穿过垭口，然后从山脊的另一侧降坡而下。

1. 路线特点

越岭线需要克服很大的高差，路线的长度和平面位置主要取决于路线的安排。因此，越岭线选线中是以路线纵断面为主导的。

越岭线主要有利条件是布线不受河谷限制，较为灵活，不受洪水威胁和影响，路基稳定，沿线的桥涵及防护工程较少。主要不利条件是里程较长、线形差、指标低，而且线位高，远离河谷，施工和运营条件差。

2. 布线要点

越岭线布设应解决的主要问题是垭口选择、过岭高程的确定和垭口两侧路线展线方案的拟定。这三者是相互联系、相互影响的，布局时应综合考虑。

1）垭口的选择

垭口是分水岭山脊上的凹形地带（又称鞍部），由于高程低，常常是越岭线的重要控制点。垭口选择应在符合路线总方向的前提下，综合各方面因素，根据垭口的位置、高程以及垭口两侧地形、地质条件等条件经反复比较后确定。

（1）垭口的位置。垭口位置的选择应在符合路线基本走向的前提下，与两侧路线展线方案一起考虑。首先选择高程较低、展线后能很快与山下控制点直接相连的垭口；其次考虑稍微偏离路线方向，但是接线较顺、增加路线里程不多的垭口。

（2）垭口的高度。垭口与其山下控制点的高差，对路线展线长度、工程数量大小和运营条件有直接影响，一般应选择标高较低的垭口。在高寒地区，特别是积雪、结冰地区，海拔高的路线对行车很不利，因此，有时为了走低垭口，即使方向有些偏离、距离有些绕远，也可考虑。但如积雪、结冰并不是太严重，对于基本符合路线走向、展线条件较好、接线方向较顺、地质条件较好的垭口，即使稍高也不应轻易放弃。在展线条件相同时，垭口降低的高度 Δh 和缩短的里程 Δl 之间有如下关系：

$$\Delta l = \frac{2\Delta h}{i_p} \qquad (6-1)$$

式中 i_p——展线的平均坡度,一般可取 5‰～5.5‰。

(3) 垭口展线条件。山坡线是越岭线的重要组成部分。而山坡坡面的曲折与陡缓、地质的好坏等情况直接关系到路线的标准和工程量的大小,因此垭口选择要与侧坡展线条件结合考虑。选择时,如有地质稳定、地形平缓有利于展线的侧坡,即使垭口位置略偏或垭口较高,也需作出综合比较,不要轻易放弃。

(4) 垭口的地质条件。垭口一般地质构造薄弱,常有不良地质存在,应深入调查研究其地层构造,摸清其性质和对公路的影响。对软弱层型、构造型和松软土侵蚀型的垭口,只要注意到岩层产状及水的影响,路线通过一般问题不大;对断层破碎带型及断层陷落型的垭口,一般应尽量避开,必须通过时,应查清破碎带的大小及程度,选择有利部位通过,并采取可靠工程措施(如设置挡土墙、明洞)来保证路基稳定;对地质条件恶劣的垭口,当局部移动路线或采取工程措施亦不解决问题时,应予放弃。如图 6.31 所示。

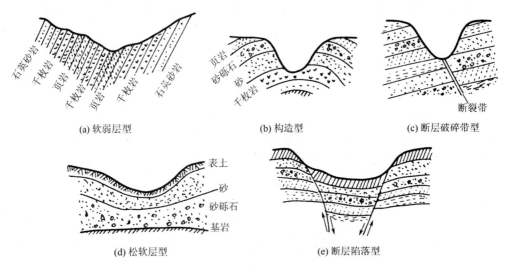

图 6.31 垭口的地质条件

2) 过岭标高的选择

过岭高程是越岭线布局的重要控制因素。不同的控制高程,不仅影响工程大小、路线长短、线形标准,而且直接关系到垭口两端的线形布局。如图 6.32 所示,由于选用了不同的挖深,出现了三个展线方案;甲方案浅挖 9m,需设两个回头弯道;乙方案挖深 13m,只需设一个回头弯道;丙方案挖深 20m,不需设回头弯道,顺山势展线即可。显然丙方案线形好,路线最短,有利于行车。

过岭的方式主要有以下几种:

(1) 浅挖低填垭口。当越岭地段的山坡平缓,容易展线,垭口地带的地形宽而厚时,宜采用浅挖或低填的方式通过,此时过岭高程与垭口高程基本一致。

(2) 深挖垭口。当垭口比较瘦削时,常采用深挖方式通过,虽然深挖处的土石方数量集中,但有效地降低了过岭高程,缩短了展线长度,而且改善了行车条件。深挖的程度应视地形、地质、气候等条件以及展线对过岭高程的要求而确定,一般不要超过 20m,此时的过岭高程为深挖后的高程。

（3）隧道穿越。当垭口挖深在 25m 以上，采用隧道过岭的方式可作为终选方案。采用隧道穿越山岭具有路线短、线形好、有利于行车、战时隐蔽、受自然因素影响小、路基稳定等特点，特别在高寒地区，经隧道穿山，海拔低，不受冰冻、积雪的影响，大大改善了运营条件。但由于隧道造价高，工期长，受地质条件影响较大，因此，低等级公路较少用隧道的方式穿越山岭。

垭口标高与展线如图 6.33 所示。

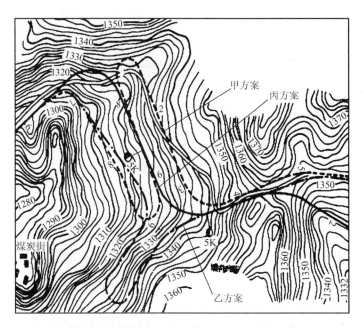

图 6.32 垭口采用不同挖深的展线布局方案

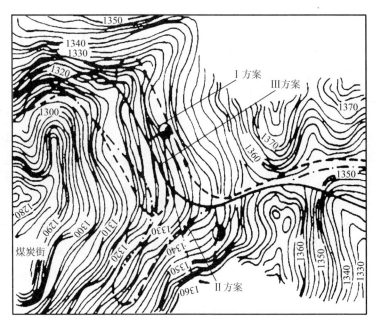

图 6.33 垭口标高与展线

3. 展线布局

展线就是采用延展路线长度的方法，逐渐升坡来克服高差的布线方式。展线的基本方式有三种，如图 6.34 所示。

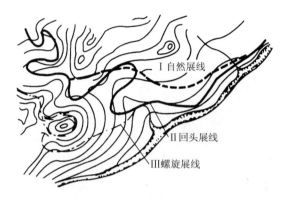

图 6.34 越岭展线方式

1）自然展线

图 6.34 中Ⅰ方案为自然展线，是当山坡平缓、地质稳定时，以适当的纵坡绕山嘴、沿侧沟来延展路线以克服高差的展线形式。这种方式的优点是符合路线的基本走向，纵坡均匀，路线短，线形好，技术指标高；缺点是路线避让艰巨工程和不良地质的自由度不大。

2）回头展线

图 6.34 中Ⅱ方案为回头展线，是利用回头曲线延展路线来克服高差的布线方式。其优点是能在短距离内克服较大高差，并且用回头曲线布线灵活，利用有利地形避让艰巨工程和地质不良地段的自由度较大；缺点是平曲线半径小，同一坡面上、下线重叠，对施工、行车和养护都不利。图 6.35、图 6.36 所示为利用有利地形布局回头展线的实例。

图 6.35 回头展线实例一

图 6.36 回头展线实例二

回头位置对于回头曲线的线形和工程大小以及展线布局有很大关系，选择时应多调查、多比较。在满足展线布局的前提下，回头地点宜选地面横坡平缓、地形开阔、上下线路容易布置的地点,利用时要与纵坡安排相结合,既不因回头位置过高利用不上,也不要使其位置过低而使做纵坡损失过大而增长路线;相邻回头曲线间距应尽量拉长,以减少回头的次数。

一般较肥厚的山包、山脊平台,平缓的山坡、山沟、山坳及岔谷间的缓坡台地,均是回头的有利地形。

图 6.37~图 6.41 所示地形均适合于布置回头曲线。

图 6.37 利用山包回头

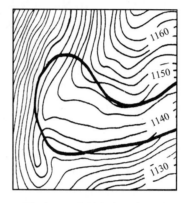
图 6.38 利用山脊平台回头

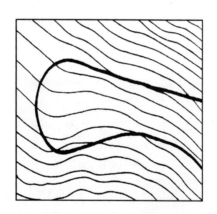
图 6.39 平缓山坡展线

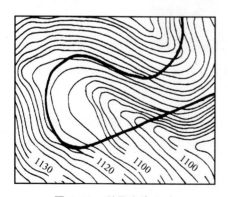
图 6.40 利用山沟回头

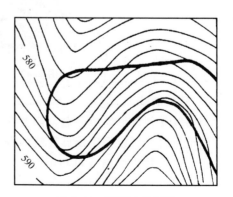
图 6.41 利用山坳回头

回头展线应注意如下问题：

（1）回头曲线间距应尽可能大，以分散回头曲线，减少回头个数。由一个回头曲线的终点至下一个回头曲线起点的距离，在二、三、四级公路上分别应不小于200、150、100m。

（2）回头曲线应执行单独指标。

（3）回头曲线路段纵坡应先确定，然后从两侧接坡。

（4）回头曲线段不能作为缓和坡段使用。

回头曲线极限指标见表6-2。回头曲线布置不理想及改善的实例如图6.42、图6.43所示。

表6-2 回头曲线极限指标

项 目	公 路 等 级		
	二	三	四
计算行车速度/(km/h)	30	25	20
主曲线最小半径/m	30	20	15
缓和曲线最小长度/m	30	25	20
超高横坡度/%	6	6	6
双车道路面加宽值/m	2.5	2.5	3
最大纵坡/%	3.5	4	4.5

图6.42 回头曲线布置不理想实例

3）螺旋展线

当路线受到地形地质限制，需要在某一处集中提高或降低一定高度才能充分利用前后的有利地形时，可以采用螺旋展线的方式，如图6.44～图6.48所示。这种展线的路线转角大于360°，优点是路线可利用有利的山包或瓶颈形山谷，在很短的平面距离内就能克服较大的高程，它比回头曲线有较好的线形，避免了路线的重叠；缺点是需建桥或隧道，工程造价高。螺旋展线有上线桥跨和下线隧道两种方式。

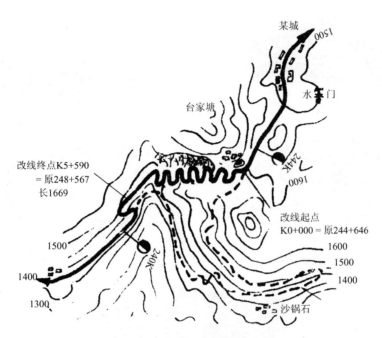

图 6.43 回头曲线线形改善示例（单位：m）

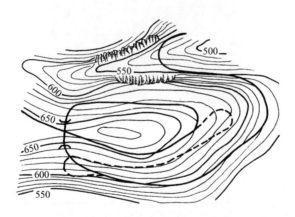

图 6.44 利用山脊进行螺旋展线

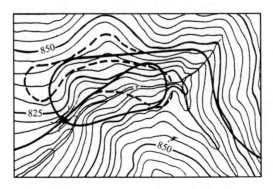

图 6.45 利用山谷进行螺旋展线

(a) 立体图

(a) 立体图

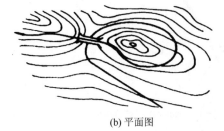

(b) 平面图

图 6.46 上线桥跨螺旋展线

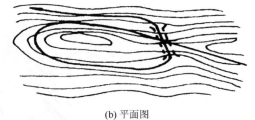

(b) 平面图

图 6.47 下线隧道螺旋展线

图 6.48 山区螺旋展线实例

4. 展线示例

（1）利用反复跨主沟的山谷展线，如图 6.49 所示。

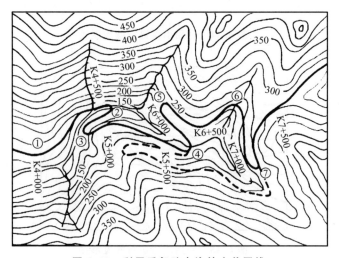

图 6.49 利用反复跨主沟的山谷展线

（2）利用侧沟的山谷展线，如图 6.50 所示。

图 6.50　利用侧沟的山谷展线

（3）利用支脉山脊展线，如图 6.51 所示。

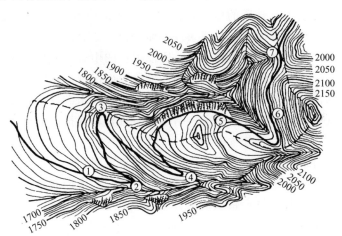

图 6.51　利用支脉山脊展线

（4）利用山坡展线，如图 6.52 所示。

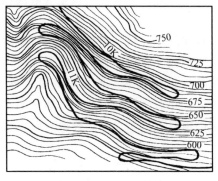

图 6.52　利用山坡展线

6.4.5 山脊线

1. 路线特点

大体上沿分水岭布设的路线,称为山脊线。分水线顺直平缓,起伏不大,岭脊肥厚的分水岭是布设山脊线的理想地形,路线可大部分或全部设在分水岭上。但高山地区的分水岭常常是峰峦、垭口相间排列,有时相对高差很大,这种地形的山脊线则为一些较低垭口所控制,路线须沿分水岭的侧坡在垭口之间穿行,线位大部分设在山腰上。山脊线线形大多起伏、曲折,其起伏和曲折程度视分水岭的形状、控制垭口间的高差和具体地形而异。

山脊线一般具有土石方工程小、水文和地质情况好、桥涵构造物较少等优点。但是否采用山脊线方案,主要应考虑以下条件:

(1) 分水岭的方向不能偏离路线总方向过远。

(2) 分水岭平面不能过于迂回曲折,纵面上各垭口间的高差不应过分悬殊。

(3) 控制垭口间山坡的地质情况较好,地形不过于陡峻零乱。

(4) 上下山脊的引线有合适的地形可以利用,这是能否采用山脊线的主要条件之一,往往有些山脊本身条件很好但上下引线条件差而不得不放弃。

由于完全具备上述条件的分水岭不多,所以很长的山脊线比较少见,多是作为沿河线或山腰线的局部比较线及越岭线的两侧路线的连接段而出现。山脊线线位较高,一般远离居民点,不便于为沿线工农业生产服务,有时筑路材料及水源缺乏,增加了施工困难,另外地势较高,空气稀薄,有云雾、积雪、结冰等对行车和养护不利的因素。这些都应在与其他路线方案作比较时予以充分考虑。

当决定采用山脊线方案后,就要解决山脊线的布设问题。由于山脊线基本沿分水岭而行,大的走向已经明确,布线主要解决以下三个问题:选定控制垭口;在控制垭口间,决定路线走分水岭的哪一侧;决定路线的具体布设(包括选择中间控制点)。三者是互相依存、互为条件、紧密联系的。

2. 布线要点

由分水线做引导,山脊线基本走向明确。布线主要解决以下问题。

1) 控制垭口的选择

在山脊上,连绵布置着很多垭口,每一组控制垭口代表着一个方案。因此,选择控制垭口是山脊线布线的关键。一般当分水岭顺直、起伏不大时,几乎每个垭口均可暂作控制点,如地形复杂、山脊起伏较大且较频繁,各垭口高低悬殊时,则低垭口作为路线控制点,而突出的高垭口可以舍去。在有支脉的情况下,遇相距不远的并排垭口,则选择前后与路线联系较好、路线较短的垭口为控制点。选择垭口时,还应与两侧布线条件结合起来考虑。

2) 侧坡选择

分水岭的侧坡是山脊线的主要布线地带。要选择布线条件较好的那一侧,以取得平纵线形好、工程量小和路基稳定的效果。坡面整齐、横坡平缓、地质情况好、无支脉横隔的向阳山坡较为理想。除两个侧坡优劣十分明显的情况外，两侧都要作比较以定取舍。同一侧坡也还可能有不同的路线方案，可通过试坡布线决定。多数初选的控制垭口，在侧坡选择过程中即可决定取舍，少数则需在试坡布线中落实。

3) 试坡布线

山脊线有时因两垭口控制点间的高差较大，需要展线；有时为避免迂回要采用起伏纵坡，以缩短路线里程。因此通常需要试坡布线，一般分为下面几种情况：

(1) 垭口间平均纵坡不超过规定，一般情况下如中间无太大的障碍，应以均匀坡度沿侧坡布线。若中间遇障碍，则可以加设中间控制点，调整坡度，向两端垭口按均匀坡度布线。

(2) 垭口间平均纵坡超过规定时，需进行展线。图 6.53～图 6.58 所示为利用山脊地形展线示例。由图可见，山脊展线的布局是十分灵活的，选线时，应根据地形、地质条件，采用填挖、旱桥、隧道等工程措施来提高低垭口、降低高垭口。也可利用侧坡、山脊有利地形作回头展线或螺旋展线，具体做法参见越岭线部分。

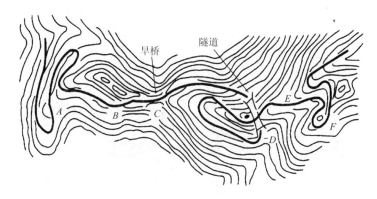

图 6.53 山脊展线示意图一

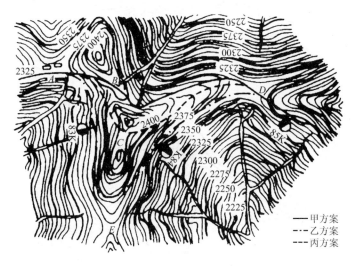

图 6.54 山脊线侧坡选择

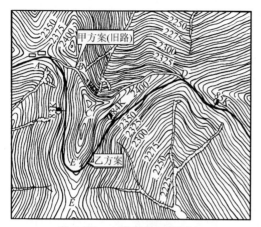

图 6.55 山脊展线示意图二

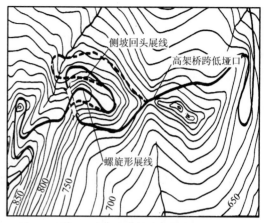

图 6.56 山脊展线示意图三

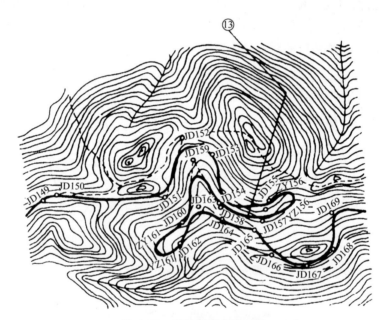

图 6.57 利用平缓山坡展线

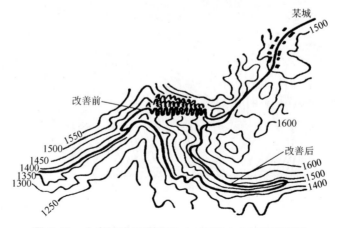

图 6.58 山脊展线示意图四（一面坡上 24 道连续弯）

6.5 丘陵地区选线

6.5.1 自然特征

丘陵区是介于平原区和山岭区之间的地形，其地形特征是山丘连绵、岗坳交错、此起彼伏，山形曲折迂回，岭低脊宽、山坡较缓，相对高度不大，横坡不太陡，山脉和水系不如山岭区明显。丘陵区包括缓峻颇为悬殊的微丘和重丘两类地形。

微丘区起伏较小，地面自然坡度在 20°以下，山丘、沟谷分布稀疏，坡形缓和，相对高差在 100m 以内，而且有较宽的平地可以利用。

重丘区起伏频繁，相对高差较大，地面自然坡度在 20°以上，山丘、沟谷分布较密，而且具有较深的沟谷和较高的分水岭，路线平、纵面部分受地形的限制。

随着丘陵区地形的起伏，地物的变化也较大。一般丘陵区农业都比较发达，土地种植面积广，种类繁多，低地为稻田，坡地多为旱地或经济林，小型水利设施也较多。居民点、建筑群、风景、文物点及其他设施在平坦地区时有出现。这些地点都是布线时应考虑的控制点。

6.5.2 路线特征

1. 丘陵区选线的特点

丘陵区复杂多变的地面形态，决定了通过丘陵地区的路线的基本特征，是在平面以平曲线为主体，纵面线形起伏而构成与地形相适应的空间线形。其线形的主要特点如下：

（1）局部方案多。由于丘陵的山冈、谷地较多，路线走向的灵活性大，可行的布线方案一般比较多，一条路线的最终确定往往需要经过多方案的比较。

（2）需要路线平、纵、横三方互相协调，密切配合。由于丘陵区地形的迂回曲折和频繁起伏，平、纵、横三方面互相之间的约束和影响较大，若三方组合合理，可以提高线形技术标准。

（3）路基形式以半填半挖为主。丘陵区的地形特点决定了路线所经地面常有一定的横坡，但是横坡一般并不太陡，路线与农林用地和水利设施的矛盾较大。为节约耕地，应采用半填半挖为主的路基形式。

丘陵区选线应结合地形合理选用技术指标，使平面适当曲折，纵面略有起伏，横面稳定经济。线形指标的变化幅度较大，既不像平原区那样多用高限指标，也不像山岭区那样多接近于低限指标。

2. 丘陵区路线布设的方式

丘陵区选线，主要是解决平、纵、横三方面与错综复杂的地形之间的矛盾，结合地形合理选用指标，达到平、纵、横三方面与地形协调一致。这是丘陵区选线的根本任务。

根据地形情况的不同，丘陵区一般按三类地带分段布线，其要点如下：

（1）平坦地带——走直线。两控制点之间的地势平坦，一般按平原区以方向为主导的方式布线。如果没有地物、地质或风景、文物等障碍物，一般应按直线布线；如有障碍等，则应加设中间控制点，以设置转折小、半径较大的长缓曲线为主。如图 6.59 所示。

图 6.59　平坦地带

（2）斜坡地带——走匀坡线。"匀坡线"是指在两点之间，沿自然地形以均匀坡度确定出地面点的连线。匀坡线是通过多次试坡后才可得到。当两控制点之间无障碍等因素影响时，可直接按匀坡线布设；若有障碍等，则应在障碍处加设中间控制点，分段按匀坡线控制。如图 6.60、图 6.61 所示。

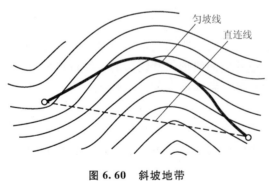

图 6.60　斜坡地带　　　　　　　　　　图 6.61　匀坡线

（3）起伏地带——走中间。起伏地带地面横坡较缓，所谓"走中间"，就是路线在匀坡线和直线之间选择平面顺适、纵面均衡的合理路线。

路线两控制点间要通过起伏地带，意味着路线要穿过交替的丘梁坳谷，其中间可能有一组或多组起伏地带。对于多组起伏，只需在梁顶（或谷底）加设中间控制点即可。因此，下面着重研究两已知控制点之间包括一组起伏地带的情况。如图 6.62 所示，A、B 为两相邻梁顶，中间为一坳谷，构成一组起伏地带。如果路线由 A 至 B 硬拉直线，路线虽然最短，但纵面起伏大、线形差，势必出现高填深挖而增大工程量；如果沿匀坡线走，则纵面坡度平缓、均匀，但路线又增长很多，平面线形差，也不理想。可见，"硬拉直线"和"弯曲求匀"的做法都是不正确的。

如果路线布设在匀坡和直线之间，如图6.62中的Ⅰ方案或Ⅱ方案，则比直线的坡度小，比匀坡线的距离短，而使用质量有所提高，工程造价有所降低，是较合理的布线方案。至于路线在直线和匀坡线之间的具体位置，要依据公路等级结合地形具体分析，从使平、纵、横协调来确定。

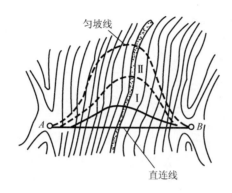

图6.62 较小起伏地带路线方案

对于起伏较小地带，要在坡度和缓的前提下，再考虑平面和横断面的关系。一般低等级公路为减少工程造价，平面上可迂回一些，即离直线稍远一些；较高等级公路则宁可多做些工程，也尽可能缩短距离，路线位置可离直线近一些。

较大的起伏地带，高差大的一侧的坡度常常是布设的决定因素，如图6.63所示。一般以高差大的一侧为主，结合梁顶的挖深或谷底的填高来确定路线的平面位置。

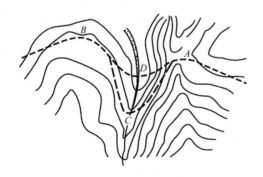

图6.63 较大起伏地带路线方案

总之，丘陵地区选线时，可行方案较多，地面因素也较复杂，方案之间的差异有时不太明显，这就要求选线人员要加强踏勘调查，用分段布线、逐步渐近的方法详细分析比较，最后选定一条合理的路线。图6.64所示为某丘陵区路线的一段，A、G为固定控制点，A点前为沿路线，G点后为山脊线，都是在总体布局中定下的。现仅讨论A、G间的布线问题。A、G间的路线有两个基本方案。第一方案（点画线）由A继续沿溪至K处跨河后，升坡至G，该方案平、纵指标都较高，但占用良好耕地多且行经地带低湿，如路基太低则水文状况差，如提高路基，不但工程大，而且因借土更要多占耕地。第二方案（实线）提高了线位，路线沿起伏地带通过，该方案由于采用不同的技术指标，又产生了一些局部比较方案（虚线）。如AJB段高度少升高10m，路线仅增长40m，但占用良好耕地较

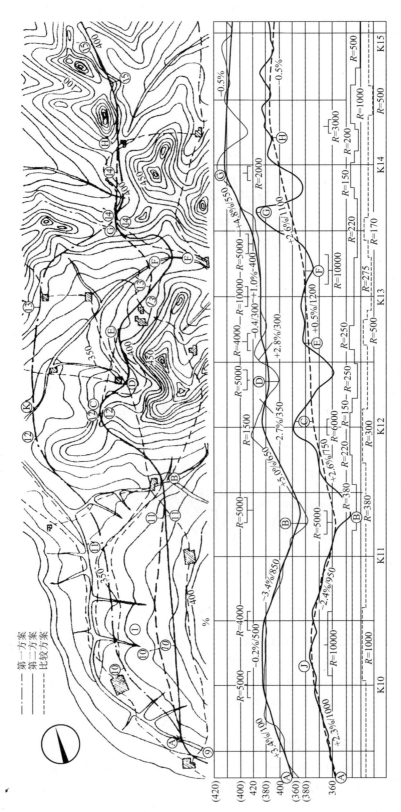

图 6.64 丘陵区布线实例（单位：m）

多，故仍采用直线方案；EG、GH、CE 段则依"起伏地带走直线与匀坡线之间"的原则予以确定，最后全线采用实线方案。这是丘陵区布线的一个实例。

3. 丘陵区平、纵线形组合要点

（1）平面：平面上不强拉长直线，尽量采用长缓平曲线。路线转折不要零碎频繁，相距不远的同向曲线宜合并为单曲线或复曲线，反向间所夹直线不长时，宜用 S 形曲线。

（2）纵断面：忌频繁起伏，形成锯齿型坡、"驼峰"或"凹陷"。纵坡宜缓，坡长宜长。相距不远的同向竖曲线宜尽量连接，反向竖曲线间最好有段直坡。

（3）平纵组合要合理。

本 章 小 结

本章首先介绍了选线的基本情况。选线是在路线起终点之间的大地表面上，根据路线基本走向和技术标准，结合地形、地质条件，考虑安全、环保、土地利用和施工条件及经济等因素，根据计划任务书规定的使用任务和性质，结合当地自然条件，通过全面比较来选定道路中线位置的全过程。本章还介绍了平原、山岭和丘陵地区选线的原则与步骤，并列举了工程实例。

习 题

6-1 简述公路选线的定义。
6-2 简述实地选线的定义和特点。
6-3 平原区路线布设应着重考虑哪些要点？
6-4 简述越岭线的路线特点。
6-5 简述丘陵地区自然特征。

第 7 章

道路定线

本章教学要点

知识模块	掌握程度	知识要点
定线的任务、方法及其影响因素	掌握	定线的任务，定线的方法
纸上定线	掌握	不同地形下纸上定线的工作步骤
	了解	直线、曲线纸上定线计算方法
现场定线	了解	现场定线的工作步骤
实地放线	了解	实地放线的方法与工作步骤

本章技能要点

技能要点	掌握程度	应用方向
纸上定线	理解	根据技术标准和路线方案，结合地形、地质等条件，综合考虑路线的平、纵、横断面，在图纸上或现场定出道路中线
现场定线	了解	
实地放线	了解	

 导入案例

说起中国的天路，很多人都会想到西藏铁路，其实中国还有一条真正的"天路"，被称作中国高速公路建设史上的"逆天工程"，就是从四川雅安到凉山彝族自治州首府西昌的雅西高速公路。

雅西高速公路由四川盆地边缘向横断山区高地爬升，沿南丝绸之路穿越中国大西南地质灾害频发的深山峡谷地区，地形条件极其险峻，地质结构极其复杂，气候条件极为多变，生态环境极其脆弱，建设条件极其艰苦，安全营运难度极大，被国内外专家学者公认为国内乃至全世界自然环境最恶劣、工程难度最大、科技含量最高的山区高速公路之一。

雅西高速公路还跨越青衣江、大渡河、安宁河等水系和 12 条地震断裂带，整条高速公路线展布在崇山峻岭之间，山峦重叠，地势险峻，每向前延伸 1km，平均海拔高程就将上升 7.5m，被称作"天梯高速""云端上的高速公路"。

7.1 概 述

道路定线是按照技术标准，在选线布局阶段所选定的"路线带"（或称定线走廊）的范围内，结合细部地形、地质条件，综合考虑平、纵、横三面的合理安排，确定并通常实地定出道路中线的确切位置的过程。道路定线是道路设计过程中很关键的一步，它不仅要解决工程、经济方面的问题，而且如何使道路与周围环境相配合以及道路本身线形的美观问题，都要在定线过程中给予充分的考虑。

根据公路等级、要求和条件，道路定线一般采用纸上定线和直接定线的方法。

纸上定线适用于技术标准高或地形、地物复杂的路线，定线过程是先在大比例尺地形图上作室内定线，然后把纸上路线敷设到地面上。

直接定线适用于标准低或地形、地物简单的路线，是在现场直接定出路线中线的位置。

为了协助路线方案研究，也可采用航测定线，即利用航测照片、影像等资料形成三维立体的地形图，借助航测仪器建立数字化立体模型来进行定线。用该方法定线线形直观，精度和可靠度高，但航测技术在定线上的使用尚未普及，技术方法仍需进一步完善。

7.2 纸 上 定 线

7.2.1 纸上定线的步骤

纸上定线是在 1∶1000～1∶2000 大比例尺地形图上确定道路中线位置的方法。地形图范围大、视野开阔，能够全面展示地物、山脉、水系及不良地质情况，便于作全局把握。纸上定线工作主要在室内完成，不受现场条件影响，可减少野外工作量。尽管是纸上定线，其过程仍应与实地踏勘相结合。

纸上定线的具体步骤如下：

(1) 了解道路的交通情况及在道路网中的功能和性质，选定技术标准。

(2) 调查沿线地形、地质情况及不良地质地段，掌握沿线用地、建筑、公用管线、文物古迹、自然保护区及气象、水文等资料和已在规划上取得协议的拟建项目，研究相应对策；高等级公路还应收集沿线路网规划，重要河流的通航、防洪资料等。

(3) 确定定线中的控制点、控制条件、应避让的地段和区域。

(4) 研究与确定定线的总原则，如某些路段应否裁弯取直，原路加宽时基本上向两侧还是向一侧加宽等。

(5) 绘出路线的平面位置，并选定各项技术参数。

(6) 确定道路控制点的设计标高。

7.2.2 平原和微丘区纸上定线

平原、微丘区地形平坦,路线一般不受高程限制,定线工作主要是解决路线走向和正确绕避平面上的障碍的问题,力争控制点之间路线短捷、顺直。

平原、微丘区纸上定线步骤如下:

(1) 定导向点。在选线布局确定的控制点之间,根据平原、微丘区路线布设要点,通过分析比较,确定可穿越、应趋就和该绕避的点及活动范围,建立一些中间导向点。

(2) 试定路线导线。参照导向点,试穿出一系列直线,交汇出交点,作为初定的路线导线。

(3) 初定平曲线。读取交点坐标,计算或直接量测转角和交点间距,初定圆曲线半径和缓和曲线长度,计算曲线要素。

(4) 定线。检查各技术指标是否满足相应标准、规范要求,以及平曲线线位是否合适;不满足时应调整交点位置、圆曲线半径或缓和曲线长度,直至满足为止。

7.2.3 山岭区纸上定线

山岭、重丘区地形复杂,横坡陡峻,定线时要利用有利地形,避让艰巨工程、不良地质地段或地物等,因此山岭、重丘区定线的关键是克服高差,控制纵坡。在山区选择路线位置时,要注意线位的高低,考虑平、纵协调配合,尽量避免高填深挖,注意环境保护。

山岭、重丘区纸上定线步骤如下。

1. 定导向线

1) 确定路线基本走向

在地形图上仔细研究路线布局阶段选定的主要控制点间的地形、地质情况,选择有利地形如平缓顺直的山坡、开阔的侧沟、利于回头的地点等,拟定路线各种可能的走法。

下面以图 7.1 所示地形图为例,展示路线定线方法。

首先在该地形图上仔细分析研究地形和不良地质情况。A 点处为垭口;B 点处为山脊平台,地势略为平坦,可借此设置回头展线;C 处为陡崖,地势陡峭,不利于展线,属应避让之处;D 处为山下控制点。地形图中左侧地形较右侧陡峭,应优先在右侧地势平缓处进行展线。

A 和 D 为路线方案选择时确定的控制点,B 和 C 为路线布局时大概确定的中间控制点,则 $A-B-C-D$ 即为路线的一种可能走法,但必须由放坡试定。

2) 求平距及定匀坡线

设等高距为 h,平均坡度为 i_p,则等高线平距为 $a=h/i_p$。

定匀坡线也称放坡,是使用两脚规进行的。如图 7.2 所示,两脚规的开度等于平距 a 值,a 值的比例尺应与地形图的比例尺相同。

从 A 点开始,用张开度为 a 的两脚规依次截取每根等高线,得到 a、b、…等点,在 B

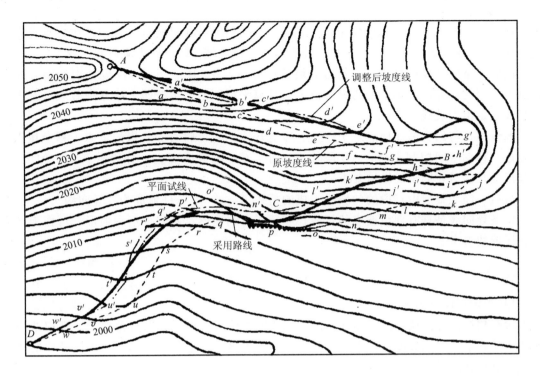

图 7.1　路线平面图

点附近回头,再向 D 点截取。当所截最后一点的位置和高程都与 D 点接近时,说明该方案成立。

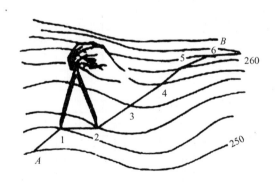

图 7.2　纸上放坡定线示意图

当所截最后一点与 D 点相差较大时,可通过改变回头位置或改变平均坡度来进行调整。调整后再截取每根等高线,直至最后一点与 D 点重合或接近为止。

最后连接 A、a、b、…D 各点,所构成的折线就称为匀坡线。这条折线初步定下了路线的基本走向,同时又满足平均纵坡,并在此过程中获取了中间控制点,为下一步工作提供了依据。

3) 分段调整导向线

初步拟定导向线后,分析该导向线利用地形、避让不良地质的情况,找出中间控制点。

如图 7.1 所示，这条匀坡线在回头展线时未能利用到有利地形 B 点，且在 C 点直穿悬崖。B、C 两点作为中间控制点，B 点处为路线应经区域，C 点处为应避开区域。

因此调整中间控制点 B、C 前后纵坡值，分 $A—B$、$B—C$、$C—D$ 段分别调整。根据控制点之间的高差重新选定平均纵坡值 i_p，计算平距 a 值，再按照上述方法截取每段内各等高线，定出匀坡线。

经调整，将回头展线地点从 j 点处上移至 B 点附近，将直穿悬崖的 p 点上移至崖顶 C 点附近。移动中间控制点后，AB 段坡度减小，CD 段坡度变大。分段重新定出匀坡线，可能反复几次后才能满足纵坡要求。

最后，经调整后由三段的匀坡线组成的折线 $A—a'—b'\cdots D$ 就成为"导向线"。

这条导向线是具有理想坡度的折线，利用了有利地形，避开了不利地形，可作为试定平面线形的参考。

2. 修正导向线

1）拟定平面及纵断面线形

参照初拟的导向线定出平面线形的直线段和平曲线，根据相关规范要求，选取适当的曲线半径和缓和曲线长度，计算曲线要素及主点桩号。将平面试拟线标注到纵断面的相应一栏，供拉坡时平、纵配合参考。

根据平面线形，读取桩号和地面高程，点绘纵断面地面线。根据地面线形，选取满足规范要求的纵坡值和竖曲线指标，绘制初步拟定的纵断面设计线，如图 7.3 所示。

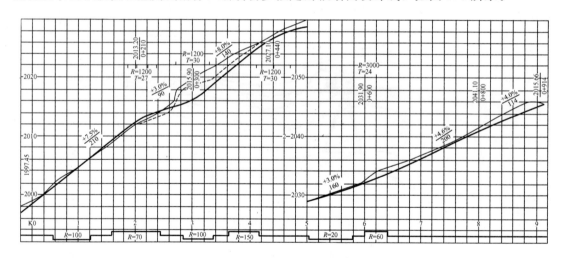

图 7.3　路线纵断面图

2）定修正导向线

在初拟的平面线形各桩号处横线方向上点出与初拟设计标高相应的点，这些点的连线是具有理想纵坡、不填不挖的折线，称为"修正导向线"。

3）定二次导向线

对修正导向线各点绘制横断面图，用路基模板找出最佳"经济点"横断面位置，将这些点再绘回到平面图上，连接这些点的折线称为"二次修正导向线"。

如图 7.4 所示，在横断面上获得最合适的路基中线位置，据此修正平面线形，获得"二次修正导向线"。这是一条具有理想纵坡、横断面位置最佳的折线。

3. 定线

经过二次修正后的导向线由于是一条折线，并不能直接作为路线使用。为满足行车要求，应对导向线进行适当取值，并在转角处设置平曲线，使其成为一条满足行车要求的道路中心线。

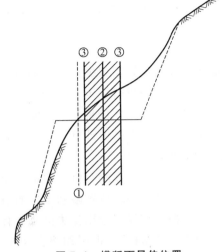

图 7.4　横断面最佳位置
①—修正导向线；②—最合适的路基中线位置；
③—路线可以左右移动的范围

纸上定线的具体方法如下：

（1）直线型法。利用导向线各点的可活动性，按照照顾多数、注意重点的原则，掌握与该路等级相应的几何标准，先用直尺试穿出与较大地形相适应的一系列直线，然后用适当的曲线把相邻直线连接起来。地形复杂、转折较多或转弯处控制较严时，也可先走曲线，后用直线把曲线顺滑地连接起来。

（2）曲线型法。根据导向线上各点控制性严宽的程度，参照设计标准的要求，先用一系列圆弧去拟合控制较严的地段或部位，然后把这些圆弧用适当的缓和曲线连接起来。

上述两种方法并无本质上的区别，但手法不同，计算过程及成果表示方式也不同。一般情况下，前者适用于地形简易的平原微丘地区，后者适用于地形、地物复杂的丘陵和山岭地区。

4. 设计纵断面

量出路线穿过每一等高线处的桩号及高程，绘制路线地面线的纵断面。根据地形图，点绘各标高控制点，分段确定纵坡设计线。定纵坡设计线时应参考试线时的理想纵坡，要符合该级公路技术标准要求，努力满足各种竖向控制及纵坡线形与平面线形的配合要求。

根据设计纵坡，检查所定路线是否经济合理，如填挖过大，应进行修改。修改时是调整纵坡还是改移中线，或两者都改，应在对平、纵、横三面充分研究后确定。越岭线上，一般纵坡灵活性不大，常常要平、纵面同时考虑。

7.2.4　纸上定线操作方法

1. 直线型定线方法

根据选线布局的路线方案和该路等级相应的几何标准，试穿出一系列与地形相适应的直线作为路线基本单元，然后在两直线转折处用曲线予以连接的定线方法，即传统穿线交点定线法。路线上每一线段的具体方向，平原微丘区应以布局定下的控制点为依据，山岭重丘区应参照定线初期选定的导向线试定,路线的最终方案是要经多方面的分析比较才确定下来的。

1) 路线标定

道路中线确定后,需根据选定的圆曲线半径及缓和曲线计算平曲线要素、曲线主点桩和加桩里程等对路线进行标定。

无坐标控制时,按比例量取交点间距,用正切法确定偏角,设置平曲线,计算曲线要素;有坐标控制时,若需要计算逐桩坐标时,则应采集各交点的坐标。通常交点坐标的采集方法有如下两种:

(1) 直接采集法:在绘有格网的地形图上读取各交点的坐标,一般只能估读到米,适用于交点前后直线方向和位置限制不严的情况。

(2) 固定前后直线间接推算法:在绘有格网地形图上先固定交点前后的直线(即在直线上读取两个点的坐标),再用相邻直线相交的解析法计算交点坐标。一般适用于交点前后直线方向和位置限制较严的情况。

当已知交点前直线上两点的坐标 (X_1, Y_1) 和 (X_2, Y_2),交点后直线上两点的坐标 (X_3, Y_3) 和 (X_4, Y_4),则交点坐标 (X, Y) 可由下式计算:

$$\begin{cases} k_1 = \dfrac{(Y_2-Y_1)}{(X_2-X_1)}, k_2 = \dfrac{(Y_4-Y_3)}{(X_4-X_3)} \\ X = \dfrac{k_1 X_1 - k_2 X_3 - Y_1 + Y_3}{(k_1-k_2)} \\ Y = k_1(X-X_1) + Y_1 \end{cases} \quad (7-1)$$

由式(7-1)可知:

① 当 $X_1 = X_2$ 时:$X = X_1 = X_2$,$Y = k_2(X-X_3) + Y_3$。

② 当 $X_3 = X_4$ 时:$X = X_3 = X_4$,$Y = k_1(X-X_1) + Y_1$。

2) 曲线设置

曲线设置是在定出直线和交点组成的路线导线后进行,主要任务是确定圆曲线半径 R 及缓和曲线长度 L_s。

(1) 单交点曲线

① 已知切线长 T 反算半径 R。计算公式为

$$T = (R+p)\tan\frac{\alpha}{2} + q, \quad p = \frac{L_s^2}{24R}, \quad q = \frac{L_s}{2}$$

将 p、q 代入切线计算公式并整理得

$$\tan\frac{\alpha}{2}R^2 + \left(\frac{L_s}{2} - T\right)R + \frac{L_s^2}{24}\tan\frac{\alpha}{2} = 0 \quad (7-2)$$

由此式即可解得 R。

② 已知外距 E 反算半径 R。计算公式为

$$E = (R+p)\sec\frac{\alpha}{2} - R, \quad p = \frac{L_s^2}{24R}$$

将 p 代入外距计算公式并整理得

$$\left(\sec\frac{\alpha}{2}-1\right)R^2-ER+\frac{L_s^2}{24}\sec\frac{\alpha}{2}=0 \qquad (7-3)$$

由此式即可解得 R。

(2) 双交点曲线

双交点曲线实际上是虚交点曲线的特例。双交点曲线适用于转角较大、交点过远或交点处难以安置仪器（如交点落在河中、建筑物或陡坡上）的情况，直接定线常采用这种曲线。

假设有两交点 A、B，已知基线长为 $\overline{AB}$，转角分别为 α_A、α_B，试定缓和曲线长 L_s，则可按下列算式推算出交点半径 R：

$$T_1=(R+p)\tan\frac{\alpha_A}{2}+q, \quad T_2=(R+p)\tan\frac{\alpha_B}{2}+q$$

$$p=\frac{L_s^2}{24R}, \quad T_1=T_A+q, \quad T_2=T_B+q$$

合并整理得

$$T_A=\left(R+\frac{L_s^2}{24R}\right)\tan\frac{\alpha_A}{2} \qquad \text{①}$$

$$T_B=\left(R+\frac{L_s^2}{24R}\right)\tan\frac{\alpha_B}{2} \qquad \text{②}$$

进一步合并整理①和②可得

$$R^2-\frac{\overline{AB}}{\left(\tan\frac{\alpha_A}{2}+\tan\frac{\alpha_B}{2}\right)}R+\frac{L_s^2}{24}=0 \qquad (7-4)$$

由此式即可解得 R。

(3) 复曲线

公路路线中常使用的复曲线，一般为两个不同半径的圆曲线直接衔接，曲线两端分别设有缓和曲线 L_{s1} 和 L_{s2} 并使两圆曲线的内移值 p_1、p_2 相等。

复曲线半径的推算方法如下：
① 精确量取交点 A 和 B 的距离，及交点 A 和交点 B 的偏角；
② 假定 $R_1 > R_2$，则首先拟定 L_{s1} 和 R_2；
③ 再推算 R_1 和 L_{s1}。

由于

$$T_A=\left(R_1+\frac{L_{s1}^2}{24R_1}\right)\tan\frac{\alpha_1}{2} \qquad \text{①}$$

$$T_B=\left(R_2+\frac{L_{s2}^2}{24R_2}\right)\tan\frac{\alpha_2}{2} \qquad \text{②}$$

合并整理①和②得

$$R_1^2-\frac{\overline{AB}-\left(R_2+\frac{L_{s2}^2}{24R_2}\right)\tan\frac{\alpha_2}{2}}{\tan\frac{\alpha_1}{2}}\times R_1+\frac{L_{s1}^2}{24}=0 \qquad \text{③}$$

由于 $p_1=p_2$，有 $\dfrac{L_{s1}^2}{R_1}=\dfrac{L_{s2}^2}{R_2}$，所以有

$$L_{s1} = L_{s2}\sqrt{\frac{R_1}{R_2}} \qquad ④$$

将④代入③并整理得

$$R_1 = \frac{\overline{AB} - \left(R_2 + \frac{L_{s2}^2}{24R_2}\right)\tan\frac{\alpha_2}{2}}{\tan\frac{\alpha_1}{2}} - \frac{L_{s2}^2}{24R_2} \qquad (7-5)$$

根据计算得到的 R_1 和公式④，即可推算出 L_{s1}。

(4) 回头曲线

回头曲线的圆曲线半径 R 和缓和曲线长 L_s 一般都是已知的，可参照双交点设置回头曲线。当 R、L_s、α_A 和 α_B 已知时，可由下式计算基线 $\overline{AB}$ 值：

$$\overline{AB} = \left(R + \frac{L_s^2}{24R}\right)\left(\tan\frac{\alpha_A}{2} + \tan\frac{\alpha_B}{2}\right) \qquad (7-6)$$

求得 $\overline{AB}$ 后，平行移动 T_1 或 T_2 所在直线，或者两者都平移（保持 α_A 和 α_B 不变），使交点 A 和交点 B 的间距等于 $\overline{AB}$，则回头曲线位置确定。

3) 坐标计算

先建立一个贯穿全线的统一的坐标系，一般采用国家坐标系统；根据路线地理位置和几何关系计算出道路中线上各桩点的统一坐标；编制逐桩坐标表；然后根据逐桩坐标实地放线。

(1) 路线转角、交点间距、曲线要素及主点桩计算

设起点坐标为 JD_0 (XJ_0, YJ_0)，第 i 个交点坐标为 JD_i (XJ_i, YJ_i)，$i = 1, 2, \cdots, n$，则坐标增量为

$$DX = XJ_i - XJ_{i-1}$$
$$DY = YJ_i - YJ_{i-1}$$

交点间距为

$$S = \sqrt{(DX)^2 + (DY)^2}$$

象限角为

$$\theta = \arctan\left|\frac{DY}{DX}\right|$$

计算方位角 A 如下：

① $DX > 0$，$DY > 0$，$A = \theta$；
② $DX < 0$，$DY > 0$，$A = 180° - \theta$；
③ $DX < 0$，$DY < 0$，$A = 180° + \theta$；
④ $DX > 0$，$DY < 0$，$A = 360° - \theta$。

转角为

$$\alpha_i = A_i - A_{i-1}$$

一般情况下，α_i 为"+"，曲线为右偏；α_i 为"-"，曲线为左偏。曲线要素及主点桩号计算公式与传统方法相同。对于高速公路和一级公路，由于精度要求较高，计算时应注意取舍误差，否则会影响计算精度。

(2) 直线上中桩坐标计算

设交点坐标为 $JD(XJ,YJ)$，交点相邻直线的方位角分别为 A_1 和 A_2，如图 7.5 所示。则 ZH（或 ZY）点坐标为

$$\begin{cases} X_{ZH}=XJ+T\cos(A_1+180°) \\ Y_{ZH}=YJ+T\sin(A_1+180°) \end{cases} \quad (7-7)$$

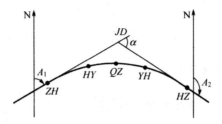

图 7.5 中桩坐标计算示意图

HZ（或 YZ）点坐标为

$$\begin{cases} X_{HZ}=XJ+T\cos A_2 \\ Y_{HZ}=YJ+T\sin A_2 \end{cases} \quad (7-8)$$

设直线上任意桩里程为 L，用 ZH、HZ 表示曲线起、终点里程，则交点前直线上任意点坐标（$L \leqslant ZH$）为

$$\begin{cases} X=XJ+(T+ZH-L)\cos(A_1+180°) \\ Y=YJ+(T+ZH-L)\sin(A_1+180°) \end{cases} \quad (7-9)$$

交点后直线上任意点坐标（$L>HZ$）为

$$\begin{cases} X=XJ+(T+L-HZ)\cos A_2 \\ Y=YJ+(T+L-HZ)\sin A_2 \end{cases} \quad (7-10)$$

(3) 单曲线内中桩坐标计算

① 不设缓和曲线的单曲线。

设曲线起、终点坐标分别为 $ZY(X_{ZY},Y_{ZY})$、$YZ(X_{YZ},Y_{YZ})$，则圆曲线上任意点坐标为

$$\begin{cases} X=X_{ZY}+DX \\ Y=Y_{ZY}+DY \end{cases}$$

式中，DX 为 OP 在 X 轴上的投影，DY 为 OP 在 Y 轴上的投影。

欲求 DX、DY，应先求出 OP 线段的长以及 OP 的方位角。设 α 为 OP 弧段所对圆心角，则有

$$\alpha=\frac{L}{R} \cdot \frac{180°}{\pi}$$

OP 的弦长 $=2R\sin\frac{\alpha}{2}$, OP 的方位角 $=A_1+\frac{\alpha}{2}$

由此可得

$$\begin{cases} DX=2R\sin\frac{\alpha}{2}\cos\left(A_1+\frac{\alpha}{2}\right) \\ DY=2R\sin\frac{\alpha}{2}\sin\left(A_1+\frac{\alpha}{2}\right) \end{cases}$$

将 DX、DY 和 α 代入坐标计算公式得

$$\begin{cases} X = X_{ZY} + 2R\sin\left(\dfrac{90°l}{\pi R}\right)\cos\left(A_1 + \dfrac{90°l}{\pi R}\right) \\ Y = Y_{ZY} + 2R\sin\left(\dfrac{90°l}{\pi R}\right)\sin\left(A_1 + \dfrac{90°l}{\pi R}\right) \end{cases} \qquad ①$$

式中　l——圆曲线内任意点至 ZY 点的曲线长（里程差）；

R——圆曲线半径。

上式为路线右转时任意点 P 的坐标计算公式。当路线左转时，OP 的方位角为 $\left(A_1 - \dfrac{\alpha}{2}\right)$，则任意点的坐标计算公式为

$$\begin{cases} X = X_{ZY} + 2R\sin\left(\dfrac{90°l}{\pi R}\right)\cos\left(A_1 - \dfrac{90°l}{\pi R}\right) \\ Y = Y_{ZY} + 2R\sin\left(\dfrac{90°l}{\pi R}\right)\sin\left(A_1 - \dfrac{90°l}{\pi R}\right) \end{cases} \qquad ②$$

将式①与式②合并，整理可得

$$\begin{cases} X = X_{ZY} + 2R\sin\left(\dfrac{90°l}{\pi R}\right)\cos\left(A_1 + \xi\dfrac{90°l}{\pi R}\right) \\ Y = Y_{ZY} + 2R\sin\left(\dfrac{90°l}{\pi R}\right)\sin\left(A_1 + \xi\dfrac{90°l}{\pi R}\right) \end{cases} \qquad (7-11)$$

式中　ξ——转角符号，右转取 1，左转取 -1，下同。

② 设置缓和曲线的单曲线。设置缓和曲线的单曲线上，任意点的坐标计算基本思想与不设缓和曲线时相同。但首先应计算缓和曲线上任意点的切线横距：

$$x = l - \dfrac{l^5}{40R^2L_s^2} + \dfrac{l^9}{3456R^4L_s^4} - \dfrac{l^{13}}{599040R^6L_s^6} + \cdots \qquad (7-12)$$

式中　l——缓和曲线上任意点至 ZH（或 HZ）点的曲线长；

L_s——缓和曲线长度。

第一缓和曲线（$ZH \sim HY$）内任意点坐标按下式计算：

$$\begin{cases} X = X_{ZH} + x/\cos\left(\dfrac{30°l^2}{\pi RL_s}\right)\cos\left(A_1 + \xi\dfrac{30°l^2}{\pi RL_s}\right) \\ Y = Y_{ZH} + x/\cos\left(\dfrac{30°l^2}{\pi RL_s}\right)\sin\left(A_1 + \xi\dfrac{30°l^2}{\pi RL_s}\right) \end{cases} \qquad (7-13)$$

由 $HY \sim YH$ 时，圆曲线内任意点坐标按下式计算：

$$\begin{cases} X = X_{HY} + 2R\sin\left(\dfrac{90°l}{\pi R}\right)\cos\left[A_1 + \xi\dfrac{90°(l+L_s)}{\pi R}\right] \\ Y = Y_{HY} + 2R\sin\left(\dfrac{90°l}{\pi R}\right)\sin\left[A_1 + \xi\dfrac{90°(l+L_s)}{\pi R}\right] \end{cases} \qquad (7-14)$$

式中　l——圆曲线内任意点至 HY 点的曲线长；

X_{HY}、Y_{HY}——HY 点的坐标，由式 (7-13) 计算而来。

由 $YH \sim HY$ 时，圆曲线内任意点坐标按下式计算：

$$\begin{cases} X = X_{YH} + 2R\sin\left(\dfrac{90°l}{\pi R}\right)\cos\left[A_2 + 180° - \xi\dfrac{90°(l+L_s)}{\pi R}\right] \\ Y = Y_{YH} + 2R\sin\left(\dfrac{90°l}{\pi R}\right)\sin\left[A_2 + 180° - \xi\dfrac{90°(l+L_s)}{\pi R}\right] \end{cases} \qquad (7-15)$$

式中　l——圆曲线内任意点至 YH 点的曲线长。

第二缓和曲线（$HZ\sim YH$）内任意点坐标按下式计算：

$$\begin{cases} X = X_{HZ} + x/\cos\left(\dfrac{30°l^2}{\pi RL_s}\right)\cos\left(A_2 + 180° - \xi\dfrac{30°l^2}{\pi RL_s}\right) \\ Y = Y_{HZ} + x/\cos\left(\dfrac{30°l^2}{\pi RL_s}\right)\sin\left(A_2 + 180° - \xi\dfrac{30°l^2}{\pi RL_s}\right) \end{cases} \qquad (7-16)$$

式中　l——第二缓和曲线内任意点至 HZ 点的曲线长。

2. 曲线型定线方法

1) 定线步骤

（1）在地形图上根据路线布局所确定的定线走廊和限制较严的控制点，徒手绘制线形顺适、平缓并与地形相适应的概略线位。

（2）选用直尺和不同半径的圆曲线弯尺拟合徒手绘制线形，把该线形分解成规则的若干段圆弧和直线，形成一个由圆弧和直线组成的具有错位（即设缓和曲线后圆曲线的内移值）的间断线形。

（3）在圆弧和直线上各采集两个点的坐标，通过试定或试算，用合适的缓和曲线将固定的线形单元顺滑地连接，形成一条以曲线为主的连续平面线形。

2) 确定回旋线参数

曲线形定线法的缓和曲线仍采用回旋线。回旋线参数 A 的确定可采用以下方法。

（1）近似计算法。

如图 7.6 中的 S 形和卵形曲线的布置，回旋线参数 A 可用下式计算：

$$A = \sqrt[4]{24DR^3} \qquad (7-17)$$

式中　D——圆弧之间距离；

　　　R——换算半径。对 S 形曲线，$R = \dfrac{R_1R_2}{R_1+R_2}$；对卵形曲线，$R = \dfrac{R_1R_2}{R_1-R_2}$。其中 R_1 为大圆半径，R_2 为小圆半径。

得到 A 值后，应检查是否满足 $R/3 \leqslant A \leqslant R$ 的要求。若不满足，可调整圆弧位置，使 D 变化后重新计算 A 值，直到满意为止。

（2）解析计算法。

解析法是根据几何关系，建立含有参数 A 的方程式，通过计算精确求解 A 值的过程。下面分三种连接情况介绍。

① 直线与圆曲线连接。

如图 7.7 所示，已知直线上两点 $D_1(x_{D_1}, y_{D_1})$、$D_2(x_{D_2}, y_{D_2})$ 和圆上两点 $C_1(x_{C_1}, y_{C_1})$、$C_2(x_{C_2}, y_{C_3})$，以及圆曲线半径 R。

由图 7.7 得

$$\theta = \arccos\dfrac{S}{2R}$$

C_1M 方位角为

$$\alpha_M = \alpha_{C_1C_2} + \xi\theta$$

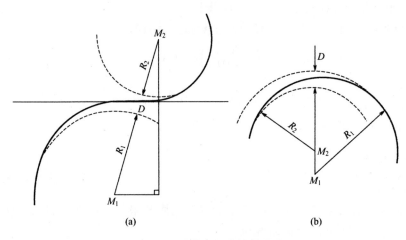

(a)　　　　　　　　　(b)

图 7.6　S 形和卵形曲线布置图

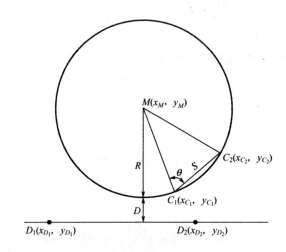

图 7.7　直线与圆曲线连接

式中　ξ——正负指标符号，当 R 的符号对应曲线右转时取 1，左转时取 -1；

　　　$\alpha_{C_1 C_2}$——$C_1 C_2$ 的方位角。

圆心坐标为

$$\begin{cases} x_M = x_{C_1} + R\cos\alpha_M \\ y_M = y_{C_1} + R\sin\alpha_M \end{cases} \tag{7-18}$$

式中 $R = |R|$，下同。

令

$$k = \frac{y_{D_2} - y_{D_1}}{x_{D_2} - x_{D_2}}$$

则直线与圆曲线间距为

$$D = \frac{|k(x_M - x_{D_1}) - (y_M - y_{D_1})|}{\sqrt{1+k^2}} - R \tag{7-19}$$

由回旋线的几何关系得

$$p = y + R\cos\tau - R \tag{7-20}$$

式中 $y = \dfrac{L_s^2}{6R}\left(1 - \dfrac{L_s^2}{56R} + \dfrac{L_s^4}{7040R^4} - \cdots\right)$，$\tau = \dfrac{L_s}{2R}$。

因 $p = D$，故式(7-20)只含未知数 L_s，可采用牛顿求根法解出，一般精确到 10^{-4} 即可，则参数 A 可用下式计算：

$$A = \sqrt{RL_s} \tag{7-21}$$

② 两反向曲线连接。

已知相邻两圆的半径 R_1、R_2 及其上各两点的坐标，用上述方法算出圆心坐标 $M_1(x_{M_1}, y_{M_1})$ 和 $M_2(x_{M_2}, y_{M_2})$ 后，计算下列各值。

如图 7.6(a) 所示，有

$$\overline{M_1 M_2} = R_1 + R_2 + D = \sqrt{(x_{M_2} - x_{M_1})^2 + (y_{M_2} - y_{M_1})^2}$$

$$D = |\overline{M_1 M_2} - R_1 - R_2| = \sqrt{(x_{M_2} - x_{M_1})^2 + (y_{M_2} - y_{M_1})^2} - R_1 - R_2 \tag{7-22}$$

式中 $R_1 = |R_1|$，$R_2 = |R_2|$，下同。

对于 S 形曲线，两个回旋线参数 A_1 与 A_2 宜相等。当采用不同参数时，A_1 与 A_2 之比宜小于 2.0，有条件时以小于 1.5 为宜。这里用 k 表示回旋线参数的比值，即 $k = A_1/A_2$。

由几何关系知：

$$\overline{M_1 M_2} = \sqrt{(R_1 + R_2 + p_1 + p_2)^2 + (q_1 + q_2)^2} \tag{7-23}$$

式中

$$p_i = y_i + R_i \cos\tau_i - R_i \quad (i = 1, 2)$$

$$q_i = x_i - R_i \sin\tau_i \quad (i = 1, 2)$$

$$x_{M_i} = 2R_i \tau_i \left(1 - \dfrac{\tau_i^2}{10} + \dfrac{\tau_i^4}{216} - \dfrac{\tau_i^6}{9360} + \cdots\right) \quad (i = 1, 2)$$

$$y_{M_i} = \dfrac{2}{3} R_i \tau_i^2 \left(1 - \dfrac{\tau_i^2}{14} + \dfrac{4\tau_i^4}{440} - \dfrac{\tau_i^6}{25200} + \cdots\right) \quad (i = 1, 2)$$

$$\tau_2 = \dfrac{1}{k^2}\left(\dfrac{R_1}{R_2}\right)^2 \tau_1$$

由式(7-22)和式(7-23)可建立含 τ_1 的如下方程：

$$F(\tau_1) = (R_1 + R_2 + p_1 + p_2)^2 + (q_1 + q_2)^2 - (R_1 + R_2 + D)^2 = 0$$

用牛顿求根法可解出 τ_1，进而求得 τ_2，则可得

$$\begin{cases} A_1 = R_1 \sqrt{2\tau_1} \\ A_2 = R_2 \sqrt{2\tau_2} \end{cases} \tag{7-24}$$

③ 两同向曲线连接。

如图 7.6(b) 所示，仿前法可求得圆心 M_1 和 M_2 的坐标。

间距为

$$D = |R_1 + R_2 - \overline{M_1 M_2}|$$

由几何关系可知：

$$\overline{M_1M_2} = \sqrt{(R_1-R_2+p_1-p_2)^2+(q_2-q_1)^2}$$

建立含 τ_1 的方程，解算出 τ_1 后，按下式计算 τ_2 和 A：

$$\begin{cases} \tau_2 = \left(\dfrac{R_1}{R_2}\right)^2 \tau_1 \\ A = R_1\sqrt{2\tau_1} \end{cases} \quad (7-25)$$

用曲线型方法定线的核心是确定回旋线参数 A，其中近似法计算简单直观，易于修改线形，但精度不高，适用于路线规划阶段使用；解析法精度高，适用于精细定线，但计算过程复杂，一般在计算机上运行。

7.3 实地放线

实地放线是将纸上定好的路线敷设到地面上，供详细测量和施工之用。把纸上路线放到地面上的方法很多，常用的有穿线交点法、拨角法、直接定交点法、坐标法等，应根据路线复杂程度和精度要求高低、测设仪具设备、地形难易等具体条件来选用。

7.3.1 穿线交点法

穿线交点法是根据平面图上路线与控制导线的关系，把纸上路线的每条边逐一放到实地上去，延伸这些直线交出交点，构成路线导线。由于放线的方法不同，又可分为支距法和解析法两种。

1. 支距法

通常所指的穿线交点定线多为此法，适用于地形不太复杂、路线离开导线不远的地段。其工作方法如下：

（1）量支距。在图上量得纸上路线与导线的支距，如图 7.8 中导 1—A，导 2—B 等。注意纸上每条导线边至少应取三个点，并尽可能使这些点在实地上能互相通视。

（2）放支距。在现场找出各相应的导线点，根据量得的支距用皮尺和方向架定出各点，如图 7.8 中 A，B，C，…等点，并插上旗子。

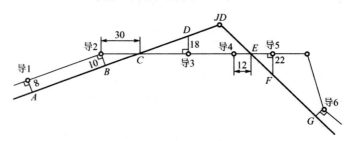

图 7.8 支距示意图

(3) 穿线交点。放出的各点，由于量距和放线工作的误差，不可能恰好在一条直线上，必须穿直。穿直线多用花杆进行（长直线或地形起伏很大时可用经纬仪），穿出直线后要根据实际地形审查路线是否合理，否则作现场修改，改善线路位置。两相邻直线的交点即为转角点，如交点距路线很远或交在不能架设仪器的地方，可插成虚交形式。所有交点和转点都应钉桩以标定路线。

2. 解析法

解析法是用坐标计算纸上路线与导线的关系，此法较为准确。在地形复杂和直线较长、路线位置需要准确控制时采用此法，其工作步骤如下：

(1) 计算夹角。以图 7.9 所示为例，从平面图上量得纸上路线的交点 JD_A、JD_B 的坐标 (x_A, y_A)、(x_B, y_B)，则 $JD_A \sim JD_B$ 的象限角为

$$\tan\alpha = \frac{y_B - y_A}{x_B - x_A}$$

导 1～导 2 的象限角 β 为已知，$JD_A \sim JD_B$ 与导 1～导 2 的夹角为

$$\gamma = \alpha - \beta$$

为了判明象限角的名称，需注意坐标的正负号，即横坐标东正西负，纵坐标北正南负。

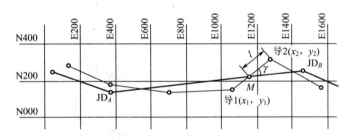

图 7.9　坐标计算示意图

(2) 计算距离。

$JD_A \sim JD_B$ 与导 1～导 2 的交点 M 的坐标 (X_M, Y_M) 可通过解下列联立方程求得：

$$\frac{y_2 - y_M}{x_2 - x_M} = \frac{y_2 - y_1}{x_2 - x_1}$$

$$\frac{y_B - y_M}{x_B - x_M} = \frac{y_B - y_A}{x_B - x_A}$$

式中　x_1, y_1, x_2, y_2——导 1、导 2 的坐标，均为已知；

x_A, y_A, x_B, y_B——JD_A、JD_B 的坐标，可从平面图上量得。

则导 2 至 M 的距离为

$$l = \frac{x_2 - x_M}{\cos\beta} = \frac{y_2 - y_M}{\sin\beta}$$

或

$$l = \sqrt{(x_2 - x_M)^2 + (y_2 - y_M)^2}$$

(3) 放线。

① 置经纬仪于导1，后视导2，丈量距离 l 得 M 点。
② 移经纬仪于 M，后视导2，转 γ 角定 $JD_A \sim JD_B$ 方向。
③ 延长直线，用骑马桩交点法求出 JD_A，并钉上小钉。

此法计算比较麻烦，但精度较高，实际工作中亦可用比例尺从平面图上直接量取距离 l。

7.3.2 直接定交点法

在地形平坦、视线开阔、路线受限不十分严、路线位置能根据地面目标明显决定的地区，可依纸上路线和地貌地物的关系，现场直接将交点定出。如图 7.10 所示，从图上得知交点 JD 离河岸约 200m，位于已有公路曲线内侧，一端切线距公路桥头 50m，另一端切线距房屋 25m，这样便可根据这些关系，直接于现场定出 JD。

在有些情况下，并没有上例这样明显的条件，路线的平面和高程位置需要视地形、地质情况，根据现场选线的原则定出交点，做法参见现场直接定线。

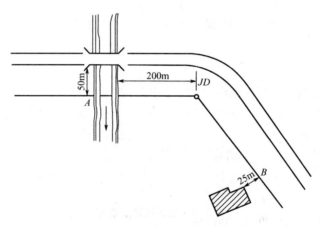

图 7.10 直接定交点示意图

上述方法中，穿线交点法和直接定交点法，放线资料大都来自图解，准确度不高，适用于活动余地较大的路线。两种方法都只用于路线导线的标定，只适用于直线型定线方法，路线的曲线部分还须采用传统的曲线敷设方法标定。

7.3.3 坐标法

坐标法是先建立一个贯穿全线的统一的坐标系，这个坐标系一般采用国家坐标系统。根据路线地理位置和几何关系计算出道路中线上各桩点的统一坐标，然后根据逐桩坐标来实地放线。

1. 极坐标放线法

极坐标放线的基本原理是以控制导线为根据，以角度和距离定点。如图 7.11 所示，在导线点 T_i 置仪，后视 T_{i-1}（或 T_{i+1}），待放点为 P。图 7.11(a) 所示为采用夹角 J 的放点，图 7.11(b) 所示为采用方位角 A 的放点。只要算出 J 或 A 和置仪点 T_i 到待放点 P 的距离 D，就可在实地放出 P 点。

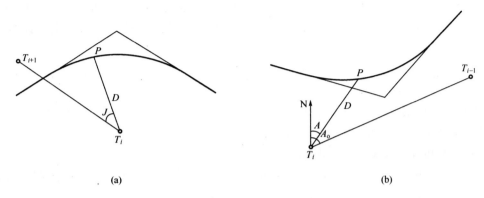

图 7.11 极坐标放线示意图

设置仪点的坐标为 $T_i(x_0, y_0)$，后视点的坐标为 $T_{i-1}(x_h, y_h)$，待放点的坐标为 $P(x, y)$。放线数据 D、A、J 可按"直线型定线法"计算。据此拨角测距即可放出待定点 P。

2. 坐标放线法

坐标放线法的基本原理与极坐标相同，它利用现代自动测量仪的坐标计算功能，只需输入有关点的坐标值即可，由仪器内电脑自动完成有关数据计算。如图 7.11(a) 所示，放线的具体操作步骤如下：

(1) 在置仪点 T_i 安置仪器，后视 T_{i-1} 点。
(2) 键入置仪点和后视点坐标 $T_i(x_0, y_0)$、$T_{i-1}(x_h, y_h)$，完成定向工作。
(3) 键入待放点坐标 $P(x, y)$。
(4) 转动照准头使水平角为 $0°00'00''$，完成待放点 P 定向。
(5) 置反射镜于 P 点方向上，并使面板上显示 0.000m 时，即为 P 点的精确点位。

重复 (3)～(5) 步，可放出其他中桩位。当改变置仪点的位置后，要重复 (1)～(5) 步骤。

7.4 直接定线

直接定线就是设计人员直接在现场定线。

平原、微丘区直接定线工作步骤与其纸上定线相同，不同之处是交点坐标、转角及交点间距为现场实测获得。

山岭、重丘区直接定线的指导原则与纸上定线相同，但定线条件不同，工作步骤有所改变。山岭、重丘区直接定线是采用带角手水准进行的，而纸上定线采用分规放坡。

1. 分段安排路线

在选线布局阶段确定的主要控制点之间，沿拟定方向采用试坡的方法，逐段粗略定出沿线应穿越或应绕避的一系列中间控制点，使路线方案更明确，也就是拟定路线轮廓方案。

2. 放坡及定导向线

放坡就是利用手水准在现场定出坡度点的作业过程，其目的是要解决控制点之间纵坡的合理安排问题，也就是现场进行纵坡设计。

纵坡安排和选择坡度等应考虑如下两点：

（1）满足《标准》关于坡长限制、缓坡设置、合成坡度等要求，并力求控制点之间坡度均匀，避免出现反坡。

（2）结合地形选用纵坡，尽可能避免使用最大纵坡及过缓纵坡。以接近两控制点之间平均坡度为宜。地形整齐地段可稍大些，曲折多变处宜稍缓些。

放坡由受限较严的控制点开始，一人手持水准对好与选用坡度相当的角度，立于控制点处指挥另一持花杆的人在山嘴或山坳等地形变化处、计划变坡处及顺直山坡上每隔一定距离定点，插上坡度旗或在地面上做好标记。如果一边放坡一边插线，必须先放完一定长度（一般不应少于4～5条导线边长）的坡度点之后，定线人员再利用返程进行下一步工作。

照上述方法定出的这些坡度点的连线，如图 7.12 中的 A_0—A_1—A_2—…，相当于纸上定线的修正导向线，也起指引路线方向的作用，称为导向线。

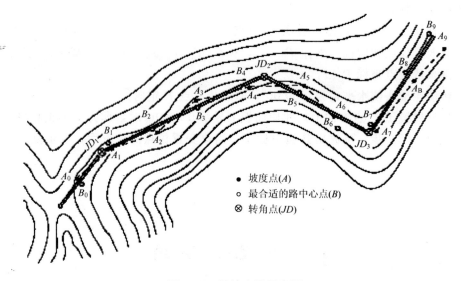

图 7.12　放坡定线示意图

3. 修正导向线

应根据路基设计的要求，在各坡度点的横断方向上选定最合适的中线位置，插上标志，如图 7.12 中的 B_0、B_1、B_2、…，这些点的连线即为修正导向线。

4. 穿线交点

修正导向线是具有合理纵坡、横断面上位置最佳的一条折线。以修正导向线为基础，试穿出直线，交汇出交点。试穿直线时应尽可能多地靠近或穿过修正导向线上的坡度点，特别是要满足控制较严的点。延伸这些直线定出交点，即为路线导线，如图 7.12 中 $JD_1—JD_2—JD_3\cdots$。

5. 曲线插设

曲线插设就是在交点处定出圆曲线半径、缓和曲线长度，并计算曲线要素等。对于单交点、双交点或虚交点曲线，插设方法与纸上定线相同。但回头曲线在现场插设比较复杂。

回头曲线一般由主曲线和前后辅助曲线构成，地形受限制时也可只设主曲线，不设辅助曲线。回头曲线应按如下步骤插设：

（1）根据导向线插出前后切线的方向线，选定主曲线的大概位置。
（2）根据地形判定是否需要设辅助曲线及其大概位置和可能采用的半径。
（3）确定主曲线圆心位置。
（4）以回头曲线半径和回头曲线圆心为控制条件，现场标定出曲线大致位置。
（5）作回头曲线的切线，与前后切线的方向线交出辅助曲线的交点（通常需要反复试定）。
（6）插设辅助曲线，检查上、下线间最小横距是否满足最小横距要求。

6. 纵断面设计

直接定线的纵坡设计，一般都是在对平面线形做了某种程度的肯定之后进行的。设计纵坡不仅应满足工程经济性和技术标准的规定，还应考虑平、纵线形配合的问题，因此必须反复试验修改，才能做出满意的结果。检查修改时应注意以下几点：

（1）只需调整纵坡即能满足要求时，按需要调整纵坡线形。
（2）靠调整纵坡的方法无法满足需要时，应综合考虑决定调整方案，平面线形可采用纸上移线办法解决。
（3）工程经济性与平、纵配合矛盾很大时，应结合路线等级、工程量大小等因素具体分析，确定调整方案。

本 章 小 结

道路定线是在已确定的两控制点之间，考虑地形、地质、地貌、水文等自然条件，根据道路技术标准具体定出道路中线的位置。目前常用的定线方法，有纸上定线、实地放线及直接定线，三种方法有各自的优缺点，适合于不同场合，有时可以结合起来使用。未来的定线研究方向应是利用新技术自动定线，如利用地理信息系统（GIS）建立全数字化的软件系统，作为道路定线的平台，帮助定线人员精确定线。

习　题

7-1　定线的任务及依据有哪些?

7-2　定线的方法有哪些?各方法的适用条件是什么?

7-3　现场定线的工作步骤是什么?

7-4　平原地区定线与山岭地区定线要解决的主要问题分别是什么?

7-5　直线型定线方法与曲线型定线方法的计算原理有何区别?

第 8 章

道路平面交叉设计

本章教学要点

知识模块	掌握程度	知识要点
概述	了解	平面交叉口交通分析、交叉口间距
交叉口类型	了解	按几何形状分类，按交通特点分类
交叉口交通组织设计	掌握	汽车交通组织（设置专用车道、渠化交通、实行交通管制）
交叉口平面及视距	掌握	平面线形，视距三角形、识别距离
交叉口拓宽设计	掌握	专用车道设置条件和设置方法
环形交叉口	掌握	环形交叉口的组成和形式、中心岛形状及半径、环道宽度、交织角、横断面
交叉口立面设计	了解	交叉口范围内路线的纵断面线形，立面设计的原则、类型及设计方法

本章技能要点

技能要点	掌握程度	应用方向
选择合理的平面交叉口方案	了解	根据设计资料选择合理的交叉口类型，设计符合规范各项规定的交叉口平、纵、横断面，满足交通流、通行能力、视距及排水等要求
平面交叉口的平、纵、横断面设计与计算	理解	

导入案例

2013 年 4 月，湖南长沙市岳麓大道与金星路交会处，新增加了直行车辆待驶区，这是长沙首创的直行车辆待驶区（图 8.1）。醒目的指示牌挂在交通灯旁边（图 8.2），当左转弯绿灯亮起时，停车线后的直行车可前移进入待驶区。

跟随信号灯和标线的指示，车辆进入直行的虚线待驶区内。由于机动车在通过路口时都会有一个启动时间，容易导致延误、阻碍通行，如果提前进入待驶区，就能大大减少通过路口的时间。以前高峰时要等两个或两个以上的信号灯，现在等一个就过了，节省了不少时间。

图 8.1　直行车辆待驶区

图 8.2　直行车辆待驶区标识牌

岳麓大道为长沙市东西向主干道。该路段由于路口过大，入口车道少，车辆通过路口所需时间较长，通行能力低，行人过街困难，路口事故较多。通过上述优化后，路口每小时能多通行 2000 辆车，通行能力提高了 30%，减少了交通拥堵的发生。然而直行待驶区并不是每个交叉路口都可以设置的，设置路口一定要面积较大、通行效率不高，否则达不到优化的效果，甚至适得其反。

8.1　概　　述

在道路网中，各种道路纵横交错，必然形成许多交叉口，交叉口是道路系统的重要组成部分，是道路交通的枢纽。交叉口处交通形式复杂，相交道路的各种车辆和行人都要在交叉口处汇集，完成各自的转向或直行，各条交通路线之间必然产生干扰，从而降低行驶车速，造成交通延误，甚至形成拥堵而影响到交叉口的通行能力。同时，交叉口往往是交通事故的高发点。因此，如何正确设计交叉口、合理组织交通，对提高交叉口的车速和通行能力、减少延误和交通事故、避免交通堵塞、保障行车通畅都具有重要意义。

道路与道路（或铁路）在同一平面上的交叉口称为平面交叉。利用跨线构造物使相交道路（或铁路）在不同高程相互交叉的形式称为立体交叉。本章主要介绍平面交叉口设计。

8.1.1　平面交叉设计的主要内容

平面交叉口的设置，必须保证车辆与行人在交叉口能以最短的时间顺利通过，使交叉口的通行能力适应各条道路的相关要求，保证转弯车辆的行车稳定，同时符合排水要求。

平面交叉口的设计包括以下四方面的内容：

（1）平面设计。选择交叉口的形式和交通管理方式，确定各组成部分的几何尺寸，包括行车道的宽度、转角曲线的转弯半径、各种交通岛及绿化带的尺寸等。

（2）交通组织设计。组织车辆和行人交通，合理布置各种交通设施，如交通信号标志、人行横道线、公共交通停靠站等，并合理设置专用车道和组织渠化交通。

（3）交叉口视距设计。验算交叉口行车视距，保证安全通视条件。
（4）立面设计。合理确定交叉口的设计标高，布置雨水口和排水管道。

8.1.2 交叉口的交通分析

进出交叉口的车辆，由于行驶方向各不相同，交通轨迹线比一般路段上要复杂许多。车辆与车辆的交通轨迹线相互交错而产生多个交错点，根据交错点的性质可对其进行如下分类：

（1）分流点：同一行驶方向的车辆向不同方向分离行驶的地点。分流点处车辆可能出现尾部擦撞。

（2）合流点：来自不同行驶方向的车辆，以较小的角度向同一方向汇合行驶的地点。合流点处车辆可能发生挤撞。

（3）冲突点：来自不同行驶方向的车辆，以较大的角度相互交叉的地点。冲突点处车辆易于发生碰撞。

分流点、合流点和冲突点都是影响交叉口行车速度、通行能力和引发交通事故的主要原因。其中以冲突点对交通的干扰和行车的安全影响最大，其次是合流点，再次是分流点。因此，在交叉口设计时，应尽量采取措施减少冲突点和合流点，尤其是减少冲突点。

无交通管制时，三路、四路和五路相交平面交叉口的交错点分布情况如图 8.3 所示，其数量见表 8-1。

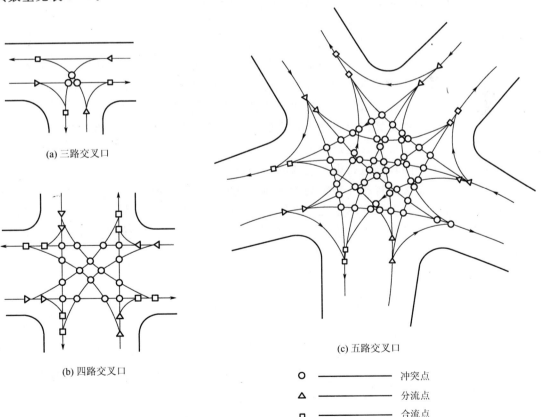

图 8.3　平面交叉口交错点

表 8-1　平面交叉口交错点数量表

交叉口类型	交错点数量			
	冲突点	分流点	合流点	总数
三路交叉口	3	3	3	9
四路交叉口	16	8	8	32
五路交叉口	50	15	15	80

分析图 8.3 和表 8-1 可得出以下结论：

（1）在无交通管制的交叉口，交错点的数量随相交道路条数的增加而显著增加，尤其是冲突点。因此，在规划和设计交叉口时，应尽量减少相交道路的条数，尽量避免五条或五条以上道路相交。

（2）产生冲突点最多的是左转弯车辆。如图 8.3(b) 所示，四路交叉口若没有左转车流，则冲突点可由 16 个减至 4 个，而五路交叉口则从 50 个减到 5 个。因此，在交叉口设计中如何正确地处理和组织左转弯车辆，是保证交叉口交通通畅和安全的关键所在。

（3）冲突点多集中在交叉口中部，这也是交通事故多发地段。由以上几点可知，冲突点给平面交叉带来的问题最多也最严重。为了使车辆和行人能够安全、顺畅地通过交叉口，提高交叉口的通行能力，需要在设计时尽量减少冲突点的出现。

要减少或消灭冲突点，可以采取以下几种措施：

（1）实行交通管制。在交叉口设置交通信号灯或由交警指挥交通，使发生冲突的车流在时间上错开，从而达到减少或消灭冲突点的目的。根据具体的道路交通情况，还可以采取设立停车标志、让车标志或禁止左转等交通控制手段来达到此目的。

（2）渠化交通。在交叉口内合理布置交通岛、交通标志和标线，或增设车道等，引导各方向车流沿一定路径行驶并通过交叉口，从而达到从平面上消灭冲突点的目的。环形平面交叉口就是利用中间环岛进行渠化交通的典型例子。

（3）修建立体交叉。将相互冲突的车流通过高架桥或下穿通道的形式从空间上分隔开来，各方向车流各行其道，互不干扰。立体交叉在彻底解决交叉口冲突点问题的同时，又不会以降低交叉口通行能力为代价，是道路交叉口的常用形式。立体交叉的设计将在第 9 章介绍。

8.1.3　平面交叉口的间距

公路平面交叉的间距，应根据公路功能、等级及其对行车安全、通行能力和交通延误的影响而确定。

《公路工程技术标准》要求一级公路、二级公路的平面交叉最小间距符合表 8-2 的规定。

表8-2　公路平面交叉口的最小间距　　　　　　　　　　　　　单位：m

公路等级	一级公路			二级公路	
公路功能	干线公路		集散公路	干线公路	集散公路
	一般值	最小值			
间距	2000	1000	500	500	300

城市道路平面交叉口间距应根据城市规模、路网规划、道路类型及其在城市中的区域位置而定。干路交叉口间距宜大致相等；主次干路相交，其平面交叉口间距大致相等时，最有利于交通控制与管理。各类交叉口最小间距应能满足转向车辆变换车道所需的最短长度、红灯期车辆的最大排队长度及进出口道总长度的要求，且不宜小于150m。

8.1.4　交叉口的视距设计

为了保证交叉口上行车安全，驾驶员在进入交叉口前的一段距离内，应能看清相交道路上的行车情况，以便及时采取措施顺利驶过交叉口或安全停车。这段必要的距离应该大于或等于停车视距 S_T。由相交道路上的停车视距所构成的三角形称为视距三角形，如图8.4所示。

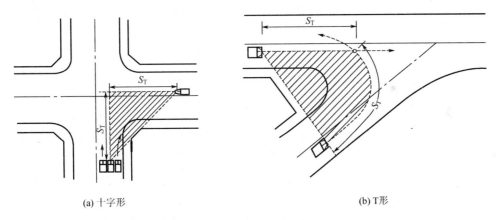

(a) 十字形　　　　　　　　　　　　(b) T形

图8.4　视距三角形

在平面交叉口视距三角形限界内，不得规划布设任何影响驾驶员视线的物体。

停车视距 S_T 可根据相交道路的计算行车速度按表8-3确定。当受地形、地物条件及其他特殊情况限制时，停车视距可采用表中低限值，但必须采取设置限速标志等技术措施。

表8-3　停车视距　　　　　　　　　　　　　单位：m

计算行车速度/(km/h)		100	80	60	50	40	30	20
停车视距	一般值	160	110	75	60	40	30	20
	低限值	120	75	55	45	30	25	15

8.2 交叉口的类型及其适用范围

平面交叉口的类型取决于道路网规划和周围的地形、地物情况，以及交通量、交通性质和交通组织方式。

按几何形状的不同，平面交叉口可分为十字形、T形及其演变而来的X形、Y形以及错位交叉、多路交叉和畸形交叉等。这些交叉口在平面上的几何图形，由规划道路网和街坊建筑的形状所决定，一般不易改变。

在交叉口具体设计中，常因交通量、交通性质以及不同的交通组织方式，把交叉口设计成各具交通特点的形式，可归纳为加铺转角式、分道转弯式、扩宽路口式和环形交叉四类。

1. 加铺转角式

用适当半径的圆曲线平顺连接相交道路的各个转角，即构成加铺转角式平面交叉口，如图8.5所示。它是道路平面交叉的一个简易类型，在道路上较常使用。

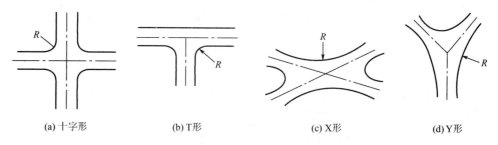

(a) 十字形　　(b) T形　　(c) X形　　(d) Y形

图8.5　加铺转角式交叉口

其优点为形式简单、占地少、造价低、设计方便，缺点是行车速度低、通行能力小。一般适用于交通量不大、速度不高和转弯车辆少的次要道路或地方道路交叉路口，也可用于转弯交通量较小的主要道路与次要道路的交叉。

2. 分道转弯式

分道转弯式交叉路口，又称为车流渠化的交叉路口，是通过设置导流岛、划分车道等措施，使单向右转或双向左、右转车流以较大半径分道行驶的平面交叉，如图8.6及图8.7所示。

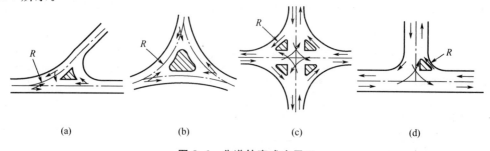

(a)　　(b)　　(c)　　(d)

图8.6　分道转弯式交叉口

图 8.7 分道转弯式交叉口实例

此类交叉口转弯车辆尤其是右转弯车辆行驶速度和通行能力都较高，适用于车速较高、转弯车辆较多的一般道路，是一种广泛采用的平面交叉形式。设计时，主要解决分道转弯半径、保证足够的视距和满足导流岛端部半径的要求。

3. 扩宽路口式

为使转弯车辆不影响其他车辆的正常行驶，在交叉口连接部增设变速车道和转弯车道的平面交叉称为扩宽路口式交叉，如图 8.8 及图 8.9 所示。这种交叉可以单增设右转或左转车道，也可以同时增设左、右转弯车道。

图 8.8 扩宽路口式交叉口实例

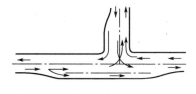
(a) 增设左转弯车道的T形交叉

(b) 增设左、右转弯的专用车道

图 8.9 扩宽路口式交叉口

在进行交叉口扩宽时，左转车道一般设置在双车道的中间，可作为车辆在进行左转时减速和等待的专用道，而不致妨碍直行车辆的自由行驶。此类交叉口可减少转弯交通对直行交通的干扰，车速较高，事故率低，通行能力大，但占地多、投资较大。适用于交通量较大、转弯车辆较多的二级公路和城市主干路。

4. 环形交叉

在交叉口中央设置中心岛，用环道组织渠化交通，使进入环道的所有车辆一律按逆时针方向绕岛单向行驶，直至所要去的路口而离岛驶出的平面交叉，称为环形交叉，俗称转盘。

如图 8.10 及图 8.11 所示，环形交叉的特点是所有交叉的道路都不能直接贯通，由交叉口设置具有一定宽度的环形车道将各交叉道路相互连通；无论直行车辆还是左转弯车辆，都需先驶入环道环行一段路程，再从环道右转进入预定的去路；驶入环道或驶出环道的车辆都只能右转，环道上的车流都是按逆时针方向旋转的车流。

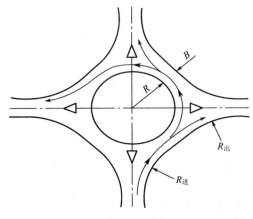

图 8.10 环形交叉口

图 8.11 环形交叉口实例

驶入环形交叉口的各种车辆可连续不断地单向运行，没有停滞，减少了车辆在交叉口的延误时间；环道上行车只有分流与合流，消灭了冲突点，提高了行车的安全性；交通组织简便，不需信号管制；中心岛绿化还可美化环境。对多路交叉和畸形交叉，用环道组织渠化交通更为有效。

环形交叉口也存在一些不足之处，如占地面积大，城区改建困难；增加了车辆特别是左转弯车辆的绕行距离；虽然消除了交叉冲突点和车辆严重碰撞的危险，但对于各路分流和合流时的交织点却一个也没有减少，在交织点发生车辆尾撞的概率也有所增加；受环岛绕行和交织段行驶的限制，车辆行驶速度低，通行能力小，交通量大时环形交叉路口就可能出现堵塞现象；一般情况下，其造价高于其他平面交叉。

结合上述环形交叉口的优缺点，可认为环形交叉口的适用条件如下：

（1）当多条道路相交，通过交叉口的交通量总数为 500～3000 辆/h，左右转弯车辆较多且地形开阔平坦时，可考虑采用环形交叉。

（2）相邻道路中心线之间的夹角大致相等的交叉口，以满足最小交织段长度要求。

（3）按规划需修建立体交叉处，近期可采用环形平面交叉作为过渡形式，并预留远期改建为立交的可能性。

而下列情况不适宜修建环形交叉口：

(1) 在快速道路和交通量大的干线道路口，对通行能力要求较高。

(2) 有大量非机动车和行人交通的交叉口，环形交叉不便于对行人及非机动车的交通组织；必要时可通过人行天桥或地下通道解决。

(3) 坡向交叉口的道路纵坡度不小于3%时，不宜采用环形平面交叉；桥头引道上，因不利于行车，也不宜采用。

设计环形交叉时，主要解决中心岛的形状和半径、环道的布置和宽度、交织段长度、交织角、进出口曲线半径以及视距要求等问题。

8.3 交叉口的交通组织设计

交叉口的交通组织设计目的，是为了组织车流和人流在交叉口范围内合理分布，有序的行进和安全高效的通过交叉口，以提高交叉口的通行能力。合理的交通组织可以很好地发挥交叉口的使用功能，减少交通事故的发生。

机动车交通是造成交叉口交通问题的主要因素。交叉口的通行能力小、车速低、行车安全性差，其主要原因是各向行驶的机动车轨迹线产生的交错点，其中以冲突点产生的影响和危害最大，而冲突点的产生主要源于左转和直行车辆，右转车辆不会产生冲突点。因此，对于交叉口的交通组织设计，应着重于解决左转车辆和直行车辆的交通组织。

常用的机动车交通组织方法，包括设置专用车道、组织渠化交通和实行信号管制等。

1. 设置专用车道

即组织不同行驶方向或不同性质的车辆在各自的车道上分道行驶，互不干扰。根据行车道宽度和左、直、右行车辆的交通量大小，可做出多种组合的车道划分，如图 8.12 所示。

左、直、右方向车辆组成均匀时，可各设一条专用车道，如图 8.12(a) 所示；直行车辆很多且左、右转也有一定数量时，设两条直行车道及左、右转各一条车道，如图 8.12(b) 所示；左转车辆多而右转车辆少时，设一条左转车道，直行和右转车辆共用一条车道，如图 8.12(c)所示；左转车辆少而右转车辆多时，设一条右转车道，直行和左转车辆共用一条车道，如图 8.12(d) 所示；左、右转车辆都较少时，分别与直行车合用车道，如图 8.12(e)所示；行车道宽度较窄时，不设专用车道，只画快、慢车分道线，如图 8.12(f)所示；行车道宽度很窄时，快、慢车道也不划分，如图 8.12(g) 所示；向外侧拓宽时，可增设车行道，如图 8.12(h) 所示。

2. 组织渠化交通

渠化交通就是运用标线、标志和实体设施以及局部展宽进口端等措施，对交通流作分流和导向设计，以消除交叉口各向交通流间的相互干扰。经渠化处理后的交叉口，不同方

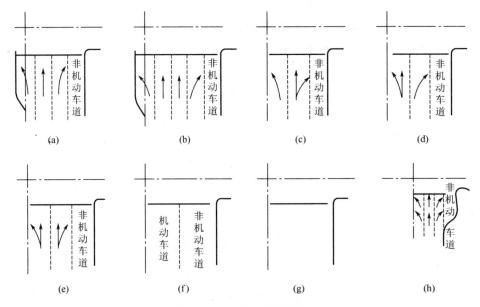

图 8.12 交叉口车道划分

向和不同速度的车辆能够如渠道内的水流那样,沿规定的方向互不干扰地、顺畅地通过,故名渠化交通,如图 8.13 及图 8.14 所示。

图 8.13 渠化交通示例一

图 8.14 渠化交通示例二

四车道及以上的多车道公路的平面交叉,必须作渠化设计;二级公路的平面交叉,应作渠化设计;三级公路的平面交叉转弯交通量较大时,应作渠化设计;三级公路、四级公路的平面交叉交通量较小时,可不作渠化设计。

城市道路平面交叉口的渠化设计,应根据相交道路等级、功能定位、交通量、交通管理条件等因素确定。

3. 实行信号控制

在交叉口设置交通信号控制,可以在时间上隔离不同方向的车流,控制车流运行秩序。信号灯按一定的顺序轮流给车辆或行人分配通行权,每一种顺序称为一个相位。信号相位是按路口车流获得信号显示的时序来划分的,有多少种不同显示时序排列,就有多少个信号相位。一般情况下多采用两相位,根据交叉口的交通情况也可以采用三相位或四相位。

4. 调整交通组织

旧城区道路扩建困难时,可根据区域规划、交通需求、道路环境等,改变交通路线,控制行驶方向,如禁止左转、禁止右转或设置单行线,也可适当封闭一些主干道上的支路,以简化交叉口交通,提高整个道路网的通行能力。

8.4 交叉口的拓宽设计

交叉口范围内,受相交道路不同流向车流的影响,进口道车流的速度降低,交叉口进口道成为交通瓶颈。当相交道路的交通量较大、转弯车辆较多时,若交叉口进口道仍然采用路段上的车道数,将会导致转弯车辆和直行车辆受阻,分流与合流困难,且易发生交通事故。

为使进口道通行能力与路段的通行能力相匹配,进口车道数应大于路段基本车道数。同时为防止车辆在进口道内因车道过宽而发生抢道现象,可将进口道车道宽度适当减窄。此时若向进口道的一侧或两侧拓宽,根据转向交通量单增右转或左转车道,或同时增设左、右转弯车道,可大大改善交叉口的通行条件,有效提高交叉口的通行能力。

交叉口的拓宽设计,即在交叉口连接部增设变速车道和转弯车道,研究转弯专用车道的设置条件、设置方法及车道长度等问题。

8.4.1 右转专用车道的设置

1. 设置右转专用车道的条件

渠化的右转弯专用车道,由分隔的右转弯专用车道及其两端的变速车道所组成。

加速车道和减速车道统称为变速车道,是在平面交叉口需要加速合流和减速分流处为适应加减速而设置的附加车道。

《公路路线设计规范》规定应设置右转专用车道的条件如下:

(1) 主要公路设计速度不小于 60km/h 时,应在主要公路上增设减速分流车道和加速汇流车道。

(2) 两条一级公路相交或一级公路与交通量大的二级公路相交时,其右转弯运行应设置经渠化分隔的右转弯车道。

(3) 一级公路、二级公路的平面交叉中,符合下列情况之一者应设置右转弯车道:

① 斜交角接近于 70°的锐角象限。

② 交通量较大，右转弯交通会引起不合理的交通延误时。

③ 右转弯车流中重车比例较大时。

④ 右转弯行驶速度大于 30km/h 时。

⑤ 互通式立体交叉连接线中的平面交叉右转弯交通量较大时。

CJJ 152—2010《城市道路交叉口设计规程》规定应设置右转附加车道的条件如下：当高峰 15min 内每信号周期进入交叉口的右转车辆平均到达量为 4 辆，或道路空间允许时，宜设置右转专用车道。当设置 2 条右转专用车道时，宜对右转车流进行信号控制。

2. 右转专用车道的设置方法

右转专用车道的设置方法如下：

(1) 展宽进口道，新增一条右转专用车道，如图 8.15 所示。

(2) 在直行车道中分出一条专用右转车道。

交叉口进口道设专用右转车道时，为不影响横向相交道路上的直行车流，右侧横向相交道路的出口道应增设加速车道。

依据车道宽度的不同，右转专用车道分为车道等宽和车道变宽两种形式。图 8.15 所示即为车道等宽的右转专用车道。

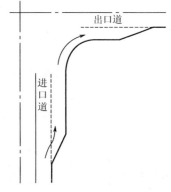

图 8.15 拓宽右转车道

3. 右转车道的长度和宽度

进口道处右转车道的长度应满足右转车辆减速所需长度，同时应保证右转车不受相邻等候车队长度的影响；出口道的加速车道应保证加速所需长度。右转车道长度，由渐变段长度、进口道减速所需长度和出口道加速所需长度构成。

右转弯变速车道为等宽车道时，其宽度尽量与路段车道宽度保持一致。如因占地限制需要变窄时，最窄不得小于 3.0m，一般为 3~3.5m。邻接右转弯车道的段落应设置符合转弯行迹所需的加宽过渡段。

8.4.2 左转专用车道的设置

1. 设置左转专用车道的条件

左转弯车道是在直行车道左侧开辟的供左转车辆分流、减速和等候的专用车道，由渐变段、减速段和等候段组成，如图 8.16 所示。

《公路路线设计规范》规定应设置左转专用车道的条件如下：

(1) 四车道公路除左转交通量很小者外，均应在平面交叉范围内设置左转弯车道。

(2) 二级公路符合下列情况之一者，应设置左转弯车道。

① 与高速公路或一级公路互通式立体交叉连接线相交的平面交叉。

② 非机动车较多且未设置慢车道的平面交叉。

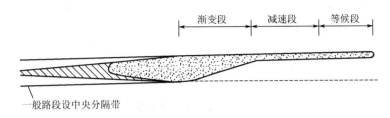

图 8.16 左转专用车道

③ 左转弯交通会引起交通拥阻或交通事故时。

(3) 左转弯车道，应由渐变段、减速段和等候段组成。

(4) 左转弯等候段长度应不小于 30m。当左转弯交通量很小时，可不考虑设等候段。

《城市道路交叉口设计规程》规定应设置左转附加车道的条件如下：当高峰 15min 内每信号周期左转车平均流量达 2 辆时，宜设左转专用车道；当每信号周期左转车平均流量达 10 辆，或需要的左转专用车道长度达 90m 时，宜设 2 条左转专用车道；当左转交通量特别大且进口道上游路段车道数为 4 条或 4 条以上时，可设 3 条左转专用车道。

2. 左转专用车道的设置方法

左转车道的设置方法如下：

(1) 在原直行车道中分出一条或若干条左转专用车道。

(2) 压缩较宽的中央分隔带，新辟左转专用车道。当设有较宽中间带（一般不小于 4.5m）时，可对中间带进行压缩，但压缩后的中央分隔带宽度对于新建交叉口至少应为 2m，对改建交叉口至少应为 1.5m，其端部宜为半圆形，如图 8.17(a) 所示。

(3) 展宽进口道，以便新增左转专用车道。当无中间带或设有较窄中间带（宽度小于 4.5m）时，利用中间带后宽度不够，可将道口单向或双向车道线向外侧偏移，增加不足部分宽度，如图 8.17(b)、(c) 所示。

(4) 道路中线偏移，压缩对向车道，以便新增左转专用车道，如图 8.17(d) 所示。

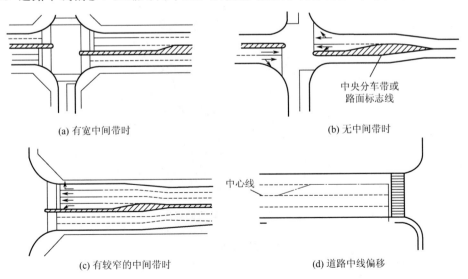

图 8.17 左转专用车道

3. 左转车道长度和宽度

左转车道长度，由渐变段长度、减速所需长度组成。

左转车道宽度可参照表 8-4 取值。

表 8-4 左转弯车道宽度　　　　　　　　　　　　　　　　单位：m

剩余分隔带类型	车道分画线	宽度大于 0.5m 的标线带		实体岛
左转弯车道宽	3.5*	3.25	3.0	3.25
左路缘带宽	0	0	0.5	0.3

注：*代表既有公路增辟左转弯车道时，若直行车道右侧有非分隔的且宽度不小于 2.5m 的非机动车道，可采用 3.25m 或 3.0m（公路设计速度≤60km/h 时），同时将其右侧直行车道的宽度减为 3.5m。

8.5 环形交叉口设计

8.5.1 环形交叉口的组成和形式

在交叉口中央设置中心岛，用环道组织渠化交通，使进入环道的所有车辆一律按逆时针方向绕岛单向行驶，直至所要去的路口而离岛驶出的平面交叉，称为环形交叉。

环形交叉口由进口道、出口道、中心岛及环道组成，如图 8.18 所示。

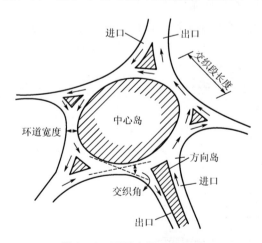

图 8.18 环形交叉口的组成

环形交叉根据中心岛的大小及交通组织原则分为两类：

（1）常规环形交叉。即进入环道的所有车辆按逆时针方向绕岛单向连续行驶，直至所要去的路口而驶出的平面交叉，如图 8.18 所示。常规环形交叉口的设计内容，包括中心岛的形式和大小、交织段长度、环道车道数及宽度与横断面、环道外缘形状、进出口转角半径、交通岛、人行横道等。

(2) 入口让路环形交叉。即到达入口的车辆发现左方环道上有车辆，且无插入间隙时，应在入口等候，待机驶入环道。为使在环流有间隙时让等候车辆高效地使用这一间隙，入口应为不同去向的车辆分别提供等候车道，即左转弯车辆等候在较左的车道上，右转弯车辆等候在较右的车道上，如图 8.19 所示。入口让路环形交叉适用于一条四车道公路和一条双车道公路的交叉，以及两条高峰不明显的四车道公路的交叉。

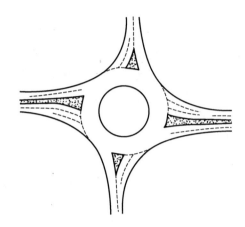

图 8.19　入口让路环形交叉

8.5.2　中心岛

中心岛是环行交叉口的主要设施，其形状和尺寸应根据交通流特性、相交道路的等级和地形地物等条件确定。

中心岛的形状主要取决于相交道路的等级、相交角度及地形，一般多用圆形，主次道路相交时宜采用椭圆形，交角不等的畸形交叉可采用复合曲线形。此外，结合地形、地物和交角等，也可采用其他规则或不规则几何形状的中心岛。

中心岛的半径应同时满足计算行车速度和车辆交织行驶所需的最小交织长度的要求。具体设计时，可先按计算行车速度的要求计算中心岛的半径，然后按相交道路的条数和宽度，验算相邻道口之间的距离是否符合车辆交织行驶的要求。

根据实践经验，中心岛最小半径见表 8-5 所列，可供参考。

表 8-5　中心岛最小半径

环道计算行车速度/(km/h)	40	35	30	25	20
中心岛最小半径/m	60	50	35	25	20

8.5.3　环道的宽度

环道即环绕中心岛的单向行车带。环道的宽度取决于相交道路的交通量和交通组织。

一般来说，靠近中心岛的一条车道作绕行之用，最靠外侧的一条车道供右转弯用，中间的一至二条车道供交织行驶。因此，环道的车道数一般采用三条为宜；如交织段长度较长时，环道车道数可布置四条；若相交道路的车行道较窄，也可设为两条车道。如果采用三条机动车道，每条车道宽应为3.50～3.75m，并按前述弯道加宽要求对每条车道进行加宽。当中心岛半径为20～40m时，环道机动车道的宽度一般为15～18m。

8.5.4 交织角

交织角是进环车辆轨迹与出环车辆轨迹的平均相交角度，它以距右转机动车道的外缘1.5m的两条切线的交角来表示，如图8.20所示。

交织角的大小取决于环道的宽度和交织段长度。环道宽度越窄，交织段长度越大，则交织角越小，行车就越安全。但交织段变长，中心岛半径就要增大，占地也要增加。根据经验，交织角以控制在20°～30°为宜，最大值不超过40°。通常在交织段长度已有保证的条件下，交织角多能满足要求。

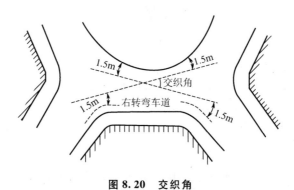

图 8.20 交织角

8.6 立面设计

8.6.1 交叉口立面设计原则

交叉口立面设计也称竖向设计，是通过调整交叉口范围内道路的纵坡和横坡，完成交叉口范围各点的标高设计。设计过程中既要考虑车辆转弯行驶的平顺稳定，又要保证排水通畅，同时还要协调好交叉口附近建筑物的标高及地下管线、照明和绿化等问题。

交叉口立面设计的一般原则如下：

（1）相同等级道路相交时，一般维持各自的纵坡不变，而改变其横坡度。通常改变纵坡较小的道路横断面形状，将路脊线（路拱顶点的连线）逐渐向纵坡度较大道路的行车道边线移动，使其横断面的横坡与纵坡度较大道路的纵坡一致。

（2）主要道路与次要道路相交时，主要道路的纵、横断面均维持不变，调整次要道路的横坡和纵坡，逐渐过渡到与主要道路纵坡一致的单坡横断面，以保证主要道路的交通便利。

（3）设计时至少应有一条道路的纵坡方向背离交叉口，以利于排水。如遇特殊地形，如盆状地形，所有道路纵坡方向都倾向交叉口时，必须在交叉口内设置雨水口和排水管道，以保证交叉口的排水要求。

（4）交叉口范围布置雨水口时，雨水口应设在人行横道之前或低洼处。一条道路的雨水不应流入交叉口的人行横道或流入另一条道路，也不应使交叉口内产生积水。

（5）交叉口立面设计标高应与周围建筑物的地坪标高协调一致。

8.6.2 交叉口立面设计的基本类型

交叉口立面设计形式主要取决于相交道路的等级、交通量、纵坡、横坡及地形等。以十字形交叉口为例，按其所处地形及相交道路纵坡方向，可划分为六类设计等高线的基本形式，如图 8.21 所示。

（1）处于凸形地形上，相交道路的纵坡方向均背离交叉口，如图 8.21(a) 所示。

这种地形利于交叉口排水，设计时无须调整相交道路的纵坡，仅适当调整交叉口范围内路段的横坡，使雨水流向交叉口四个转角的街沟或路基外排除，交叉口内不需设置雨水口。

（2）处于凹形地形上，相交道路的纵坡方向都指向交叉口，如图 8.21(b) 所示。

凹形交叉口范围内地面水都流向交叉口最低点，排水困难，应尽量避免。若因地形限制不可避免时，应合理设置地下排水管道以满足排水要求。设计时可适当改变相交道路的纵坡，抬高交叉口中心标高，并在转角设置雨水口。对于主、次道路相交的交叉口，可将主要道路的变坡点设在远离交叉口处，保证有一条道路的纵坡方向背离交叉口。

（3）处于分水线地形上，有三条道路纵坡方向背离而一条指向交叉口，如图 8.21(c) 所示。

设计时应将纵坡指向交叉口的道路路脊线在交叉口处分为三个方向，相交道路的横断面不变，并在纵坡指向交叉口道路的人行横道线外设雨水口，防止雨水流入交叉口内。

（4）处于谷线地形上，有三条道路纵坡方向指向交叉口而一条背离，如图 8.21(d) 所示。

设计时，与谷线相交的道路进入交叉口之前在纵断面上产生转折而不利于行车，应尽量使纵坡转折点远离交叉口，并在该处设置竖曲线。

（5）处于斜坡地形上，相邻两条道路纵坡指向交叉口而另两条背离，如图 8.21(e) 所示。

设计时相交道路纵坡均不变，而将两条道路的横坡在进入交叉口前逐渐向相交道路的纵坡方向变化，使交叉口上形成一个单向倾斜面。

（6）处于马鞍形地形上，相对两条道路纵坡指向交叉口而另两条背离，如图 8.21(f) 所示。

设计时，相交道路纵、横坡都可按自然地形在交叉口内适当调整，并在纵坡指向交叉口的道路两侧设置雨水口。

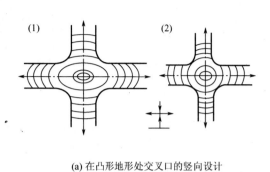

(a) 在凸形地形处交叉口的竖向设计　　　　(b) 在凹形地形处交叉口的竖向设计

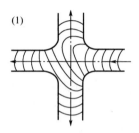
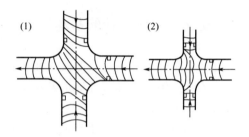

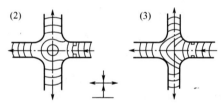
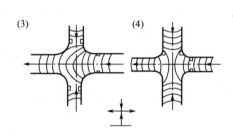

(c) 在分水线地形上的交叉口竖向设计　　　　(d) 在谷线地形上的交叉口竖向设计

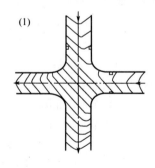
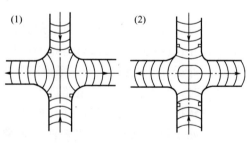

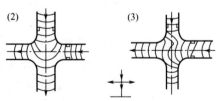
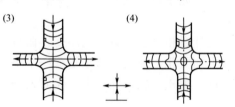

(e) 在斜坡地形上的交叉口竖向设计　　　　(f) 在马鞍形地形上的交叉口竖向设计

图 8.21　交叉口立面设计的基本形式

8.6.3 交叉口立面设计方法

交叉口立面设计的方法,通常有方格网法、设计等高线法、方格网设计等高线法三种。

方格网法是在交叉口范围内以相交道路中心线为坐标基线,平行于道路中线方向打方格网。设计方格网结点的标高,设计标高与地面标高之差即为施工高度。此法的优点为施工放样简便,但不能直观地看出交叉口的立面形状。

设计等高线法是在交叉口范围内选定路脊线和标高计算线网,勾绘交叉口设计等高线,最后标出特征点的设计标高。该方法优点在于能清晰地反映出交叉口的立面形状,但等高线上的标高点在施工放样时不如方格网法方便。

若以上两种方法结合使用,即为方格网设计等高线法,它既可以直观反映出交叉口的立面设计形状,又能方便施工放样。

对于小型的交叉口,多采用方格网法或设计等高线法,其中混凝土路面宜采用方格网法,而沥青路面宜采用设计等高线法;对于大型和复杂的交叉口、广场及场地平整的立面设计,通常都采用方格网设计等高线法。

下面以方格网设计等高线法为例,介绍交叉口立面设计的方法和步骤。

1. 收集资料

(1) 测量资料:交叉口的控制标高和控制坐标。应收集或实测 1:500 或 1:200 等大比例地形图,详细标注附近地坪及建筑物标高。

(2) 道路资料:相交道路的等级、宽度、半径、纵坡、横坡等资料。

(3) 交通资料:交通量及交通组成。

(4) 排水资料:排水方式及地下、地上排水管渠的位置和尺寸。

2. 绘制交叉口平面图

按比例绘出道路中心线、车行道、人行道及分隔带的宽度,转角缘石曲线和交通岛等。以相交道路中心线为坐标基线绘方格网,方格的大小一般采用 5m×5m~10m×10m,水泥混凝土路面的方格网应结合交叉口路面分块设置,并量测方格点的地面标高。

3. 确定交叉口的设计范围

交叉口的设计范围一般为转角缘石曲线的切点以外 5~10m(相当于一个方格的距离),主要用于交叉口与路段的标高或横坡的过渡处理。

4. 确定立面设计图式和等高距

根据相交道路的等级、纵坡方向、地形情况及排水要求等,参照图 8.21 所示的各种图式确定需采用的立面设计图式。根据纵坡度的大小和精度要求选定等高距 h,一般后者取 0.02~0.10m,纵坡较大时取大值,纵坡较小时取小值。

5. 勾绘设计等高线

1) 绘制路段设计等高线

当道路的纵坡、横断面形式及路拱横坡确定以后,可按照所需要的等高距 h,计算路段设计等高线的水平距离。

如图 8.22 所示,图中 i_1 和 i_3 分别为车行道中心线和边线的设计纵坡(通常情况下,$i_1=i_3$),i_2 为车行道路拱横坡,B 为车行道宽度,h_1 为车行道的路拱高度。

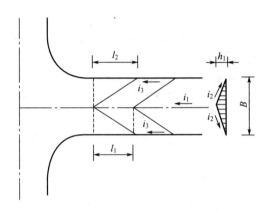

图 8.22 路段设计等高线的绘制

中心线上相邻等高线的水平距离 l_1 为

$$l_1 = \frac{h_1}{i_1}$$

等高线在车行道边线上的位置沿纵向上坡方向偏移的水平距离 l_2 为

$$l_2 = h_1 \cdot \frac{1}{i_3} = \frac{B}{2} \cdot \frac{i_2}{i_3}$$

计算出 l_1 和 l_2 后,由 l_1 定出中心线上其余等高线的位置,再由 l_2 定出边线上相应等高线的位置,最后连接相应等高点,即得到路段设计等高线图。若路拱为曲线,等高线应勾绘为曲线,直线型路拱则勾绘为折线等高线。

2) 绘制交叉口设计等高线

(1) 选定路脊线和控制标高。选定路脊线时,既要考虑行车平顺,又要考虑整个交叉口的均衡美观。路脊线通常是对向行车轨迹的分界线,即车行道的中心线。对于斜交过大的 T 形交叉口,考虑到道路中心线不是对向行车轨迹的分界线,其路中心线不宜作为路脊线,应加以调整。如图 8.23 中 AB' 所示,调整路脊线的起点 A 一般为转角曲线切点断面处,而 B' 的位置原则上应调整到双向车流的中间位置处。

(2) 确定标高计算线网。由于路脊线上的设计标高尚不能反映交叉口的立面形状,依靠它来勾绘交叉口的等高线比较困难,需要增加一些标高计算的辅助线,即标高计算线。标高计算线设置的依据是它所在的位置就是该断面的路拱位置,而标准的路拱横断面是与车辆行驶方向垂直的,所以,应尽量使标高计算线与路拱横断面的方向一致,即标高计算线位置应与行车方向垂直。确定标高计算线网主要有方格网法、圆心法、等分法和平行线

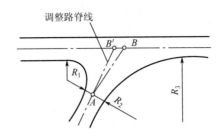

图 8.23 调整路脊线

法四种,其中等分法或圆心法得到的标高计算线网比较符合转弯行车要求。下面对四种标高计算线网方法分别作简要介绍。

① 方格网法:如图 8.24 所示,方格网法标高计算线网就是在交叉口平面图上打上方格,算出各结点的标高。根据路脊线交叉点 A 的控制标高 h_A,按路拱横坡可求出缘石曲线切点在横断面上的三点标高,其值为

$$h_G = h_A - AG \cdot i_1$$
$$h_{E_3}(或 h_{E_2}) = h_G - \frac{B}{2} \cdot i_2$$

同理可求得其他三个切点在横断面上的三点标高。

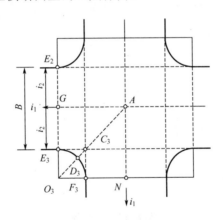

图 8.24 方格网法

由 E_3 或 F_3 的标高可推算出车行道边线延长线交叉点 C_3 的标高,如不相等取平均值,即

$$h_{C_3} = \frac{(h_{E_3} + R \cdot i_1) + (h_{F_3} + R \cdot i_1)}{2}$$

过 C_3 的 AO_3 连线与转角曲线相交于 D_3 处,则 D_3 点的标高为

$$h_{D_3} = h_A - \frac{h_A - h_{C_3}}{\overline{AC_3}} \cdot \overline{AD_3}$$

转角曲线 E_3F_3 和路脊线 AG、AN 上所需其他各点标高,可根据已算出的特征点标高用补插法求得。同理可推算出其余所需各点的设计标高。

② 圆心法：如图 8.25 所示，将路脊线等分为若干份，并与转角曲线的圆心连成直线（只连到转角曲线上），这些直线即为标高计算线网。

③ 等分法：如图 8.26 所示，将路脊线等分为若干份，相应地把缘石曲线也等分为相同份数，连接对应点，即得等分法的标高计算线网。

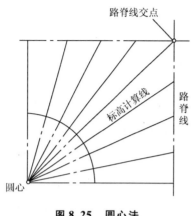 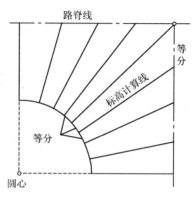

图 8.25　圆心法　　　　　　　　　图 8.26　等分法

④ 平行线法：如图 8.27 所示，先把路脊线的交叉点与各缘石曲线的圆心连成直线，然后按施工要求在路脊线上分若干点，过这些点做该直线的平行线交于行车道边线，即得平行线法的标高计算线网。

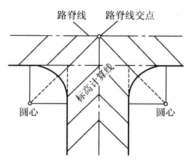

图 8.27　平行线法

对于主要道路与次要道路相交的情况，由于主要道路在交叉口的横坡不变，这时次要道路应在主要道路的车行道边线处衔接，路脊线的交点 A 应移到主要道路车行道边线的 A' 处，如图 8.28 所示。此时，无论采用哪一种标高计算线网，都必须以位移后的交点 A' 为准。

(3) 勾绘和调整等高线。把各等高点连接起来，就得到初步的设计等高线图。对疏密不匀的等高线可适当进行调整，使坡度变化均匀。然后检查各方向坡度是否满足行车和排水要求，否则再进行调整，直到设计等高线图满足行车平顺和路面排水通畅的要求。最后合理地布置雨水口的位置和标高。

3) 计算标高计算线上的标高

标高计算线确定以后，就可按路拱坡度及等高距的要求算出标高计算线上的标高。应注意的是，这时的路拱坡度需根据标高计算线两端的高差形成，一般为单向坡度。

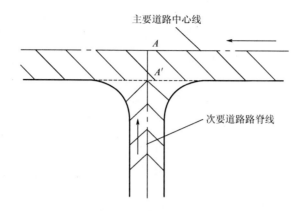

图 8.28 路脊线交叉点位移

6. 计算设计标高

根据设计等高线图,用内插法求出方格点上的设计标高。其与原地面标高的差值即为施工高度。

图 8.29～图 8.31 为交叉口设计实例。

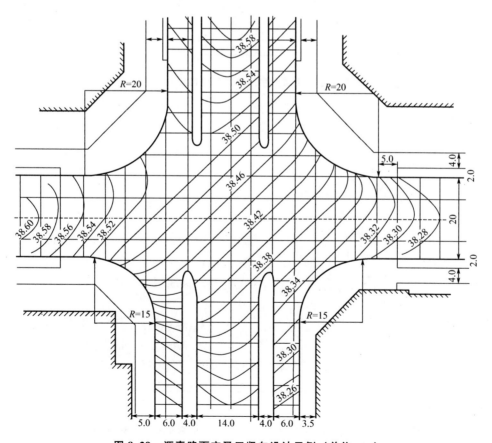

图 8.29 沥青路面交叉口竖向设计示例(单位:m)

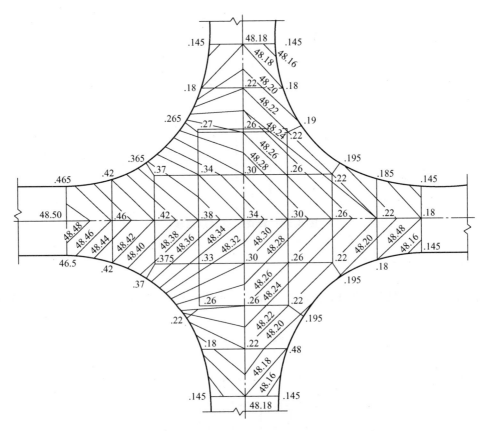

图 8.30 水泥混凝土路面十字形交叉口竖向设计示例（单位：m）

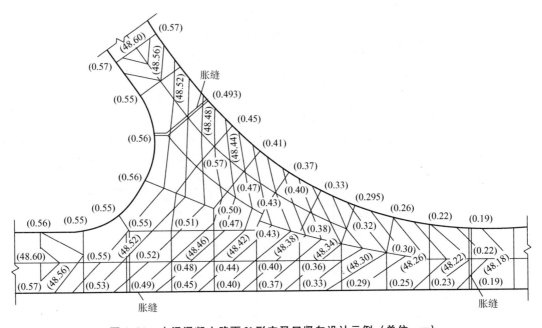

图 8.31 水泥混凝土路面 Y 形交叉口竖向设计示例（单位：m）

本 章 小 结

平面交叉口是道路系统的重要组成部分,是道路交通的枢纽,也是交通事故的高发点。要提高路网的通行能力、降低交叉口交通事故率,交叉口的设计至关重要。在本章中,我们了解了平面交叉口的类型及适用范围,掌握了各类型交叉口交通组织设计和线形设计要点。在设计时,应根据交叉口设计资料,首先选择合理的交叉口类型,然后依据相关规范对交叉口的平、纵、横断面进行设计,合理组织交通,使其满足交通流需求、通行能力要求、行车视距及立面排水等要求。

习 题

8-1 平面交叉设计包括哪些基本要求和主要内容?

8-2 平面交叉口存在哪些交错点?这些交错点存在哪些特征?哪种交错点对交叉口的影响最大?

8-3 消灭或减少冲突点的方法有哪些?

8-4 平面交叉口的交通管理方式有哪些?

8-5 平面交叉口有哪些常用类型?各有何特点?各自的适应范围是什么?

8-6 平面交叉口对于机动车交通流常采用哪些交通管理方式?

8-7 什么是渠化交通?渠化交通的作用是什么?

8-8 什么是平面交叉口的视距三角形?如何保证交叉口的视距要求?

8-9 专用车道的设置条件和设置方法是什么?

8-10 环形交叉口有何优缺点?其设置适用于哪些条件?

8-11 平面交叉口立面设计的目的和原则是什么?如何进行立面设计?

第 9 章

道路立体交叉设计

本章教学要点

知识模块	掌握程度	知识要点
概述	了解	立交的组成、立交规划与设计原则
立交的类型及适用条件	重点掌握	按结构物形式分类，按交通功能分类（分离式立交、部分式互通、全互通），各类型立交的特点及适用场合
匝道设计	掌握	匝道的分类，匝道设计依据，匝道线形设计标准

本章技能要点

技能要点	掌握程度	应用方向
立交总体规划	了解	根据设计资料选择合理的立体交叉方案，根据规范进行主线、匝道及端部设计，满足交通流需求、通行能力及视距要求
立交方案设计	理解	
立交主线、匝道及端部设计	理解	

 导入案例

据英国《每日邮报》报道，对日本工程师来说，城市空间缺乏并不是什么大问题。在大阪，一项新的建筑设计颇为吸引眼球：公路立交桥穿过办公楼。

据悉，该建筑名为门塔大厦，共有 16 层，被当地人戏称为"蜂窝"，因为通过的车辆就像蜜蜂一样，返巢又离开。高速路占据了这座高楼的第五层至第七层，电梯通过这些楼层时不停，从第四层直接到达第八层。据介绍，公路没有直接跟建筑物接触，通过时如同经过桥梁，建筑师在公路周围设计了一种保护性结构，以免建筑物遭受振动及噪声之苦。

9.1 概述

道路立体交叉简称立交,是利用跨线构造物使道路与道路或道路与铁路在不同标高处相互交叉的连接方式。立体交叉是高等级道路必不可少的组成部分。

采用立体交叉,使各方向车流在不同高程上通过交叉口,可达到减少或消除冲突点的目的;与平面交叉相比,立体交叉处车流连续行驶,可保证车流高速流畅,提高了道路的通行能力,节约了车辆行驶时间和燃料消耗;设置立体交叉,还便于控制相交道路车辆的出入,减少对高等级道路的干扰。

9.1.1 立体交叉的组成

立体交叉主要由以下部分组成,如图 9.1 所示。

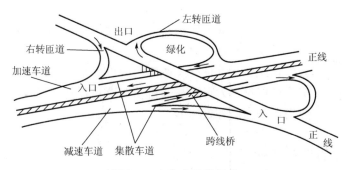

图 9.1 立体交叉的组成

1. 跨线构造物

跨线构造物是穿越相交道路(匝道与正线、正线与正线、匝道与匝道交叉)的结构物,是立体交叉实现车流分隔的主体,包括跨越相交道路的跨线桥(上跨式)和下穿越过相交道路的地下通道(下穿式)。

2. 正线

正线是组成立体交叉的主体,指交叉范围内的相交道路,包括主要道路(简称主线)和次要道路(简称次线或被交道)。

3. 匝道

匝道指供转弯车辆上下相交道路的连接道,是立体交叉的重要组成部分,包括左转匝道和右转匝道。

4. 出口与入口

由主线进入匝道的路口称为出口;由匝道进入主线的路口称为入口。

5. 变速车道

由于匝道采用比主线较低的车速，因此车辆进出主线都需要改变车速。为适应车辆变速行驶的需要，在正线外侧的出、入口附近设置的附加车道称为变速车道，包括减速车道和加速车道。出口端为减速车道，入口端为加速车道。

6. 辅助车道

当高等级道路与次要道路相交时，在分、合流点附近，为使匝道与高等级道路车道数平衡和保持主线的基本车道数而在主线外侧增设的附加车道，称为辅助车道。

7. 集散车道

为了减少车流进出高等级道路的车流交织和出入口数量，可在立体交叉范围内正线的一侧或两侧设置与其平行且分离的专用道路，称为集散车道。

8. 绿化地带

在立体交叉范围内，由匝道与正线或匝道与匝道之间所围成的封闭区域，一般采用绿化栽植，也可布设排水管渠、照明杆柱等设施。

除以上主要组成部分外，还包括立体交叉范围内的排水系统、照明设备及交通工程设施等。对于城市道路立交，还应包括人行道、非机动车道和各种管线设施等。对于收费立交，还应包括收费站、收费广场和服务设施等。

9.1.2 立体交叉的设置条件

公路交叉，根据相交道路等级确定是否采用立体交叉。《公路路线设计规范》规定：高速公路与其他公路相交，必须采用立体交叉；一级公路同交通量大的其他公路交叉，宜采用立体交叉；二、三级公路间的交叉，在交通条件需要或有条件的地点，可采用立体交叉。

城市快速路与快速路交叉，必须采用立体交叉；快速路与主干路交叉，应采用立体交叉；大城市机场路与一般路相交，可采用立体交叉。

《城市道路设计规范》还规定：主干路和主干路相交的路口，当进入路口的现况交通量（当量小客车）超过 4000~6000 辆/h，相交道路为四车道以上，且对平面交叉口采取改善措施、调整交通组织等均难收效时，可设置立体交叉。

9.1.3 立体交叉的间距

互通式立体交叉的最小间距，是保证交通安全的一项控制性指标。高速公路的安全和运营性能在很大程度上取决于互通式立体交叉的间距。立交的间距主要取决于拟建道路所在区域道路网的交通密度。

对互通式立交的标准间距，公路与城市道路不尽相同。《公路路线设计规范》规定，高速公路上互通式立体交叉，大城市、重要工业园区附近的平均间距宜为5～10km，其他地区宜为15～25km；相邻互通式立体交叉的间距不宜小于4km，且不宜大于30km。

城市道路上互通式立交的间距一般比公路小，但最小间距按照干道的计算行车速度80km/h、60km/h、50km/h和40km/h，分别采用1000m、900m、800m和700m。

9.2 立体交叉的类型与适用条件

9.2.1 按结构物形式分类

立体交叉按相交道路结构物形式，可分为上跨式和下穿式两类。

1. 上跨式

用跨线桥从相交道路上方跨过的交叉方式，称为上跨式立体交叉，如图9.2所示。上跨式立交施工方便，造价低，排水易处理，但占地大、引道较长，且高架桥影响视线。

2. 下穿式

用地下通道从相交道路下方穿过的交叉方式，称为下穿式立体交叉，如图9.3所示。下穿式立交正线低于地面，占地较小，构造物对视线和周围景观影响较小，但排水困难，施工周期长，养护费用高。

图9.2 上跨式立交实例

图9.3 下穿式立交实例

9.2.2 按交通功能分类

立体交叉按交通功能，可分为分离式和互通式两类。

1. 分离式立体交叉

仅设一座跨线构造物，使相交道路在空间上分离的交叉方式称为分离式立交。分离式立交结构简单，占地少、造价低，但相交道路之间无匝道连接，相交道路的车辆不能转弯行驶。一般适用于主要道路与铁路、主要道路与次要道路之间的交叉，如图9.4所示。

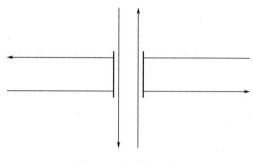

图 9.4　分离式立交

2. 互通式立体交叉

不仅设跨线构造物使相交道路空间分离，而且上、下道路之间有匝道连接，以供转弯车辆上下相交道路的交叉方式，称为互通式立体交叉。互通式立体交叉上，相交道路的车辆能转弯行驶，全部或部分消除了冲突点，各方向行车干扰较小，但跨线构造物及匝道较多，结构复杂，占地多、造价高。一般适用于主要道路与主要道路、主要道路与次要道路之间的交叉。

互通式立交按交通流轨迹线的交错方式和道路互通的完善程度，分为完全互通、部分式互通和环形立体交叉三种类型。

1）部分式互通

相交道路的车流轨迹线之间至少有一个平面冲突点的立体交叉，称为部分式互通。由于平面冲突点的存在，降低了部分式互通的通行能力，不适合高等级道路的相互交叉，仅适用于高等级道路与次要道路相交，或用地等条件受限制以及某些方向的交通量很小或分期修建的情况。

部分式互通的代表形式，有菱形立交和部分苜蓿叶式立交等。

（1）菱形立交：各入口的转向交通均能由匝道完成，但在次要道路的连接部轨迹线存在平面交叉，如图9.5、图9.6所示。

这种形式的互通式立体交叉，能保证主线直行车辆的快速通畅；转弯车辆绕行距离较短；主线上有高标准的单一进出口，交通标志简单；主线下穿时，匝道坡度便于驶出车辆减速和驶入车辆加速；形式简单，仅需一座跨线构造物，用地和工程费用小。但次要道路与匝道连接处存在平面交叉，影响通行能力和行车安全。

菱形立交多用于公路或城市道路的主要道路与次要道路相交且用地困难的情况。

布设时，应将平面交叉设在次要道路上，主线上跨或下穿应视地形和排水条件确定，一般以下穿为宜。次要道路上可通过渠化交通或设置交通信号等措施组织交通，从而消灭冲突点，提高通行能力和行车安全。

图 9.5 菱形立交实例

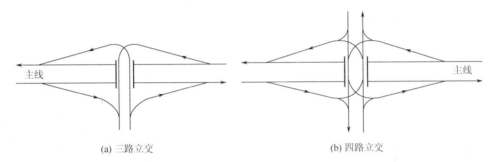

(a) 三路立交　　　　　　　　　　　(b) 四路立交

图 9.6 菱形立交

(2) 部分苜蓿叶式立交：当某些方向的转弯交通量小或受场地限制时，一部分左转弯方向设置环形左转专用匝道，另一部分左转弯方向则采用其他形式的转弯匝道实现，呈现出类似却不完整的苜蓿叶形状，称为部分苜蓿叶式立体交叉。如图 9.7、图 9.8 所示。

图 9.7 部分苜蓿叶式立交实例一

图 9.8 部分苜蓿叶式立交实例二

部分苜蓿叶式立交可根据转弯交通量的大小或场地限制情况，采用如图9.9所示的任一种形式或其他变形形式。

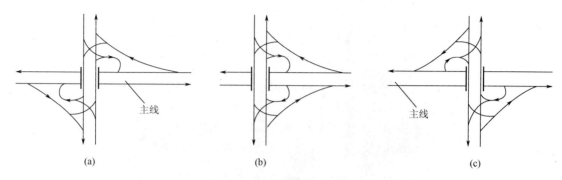

图 9.9 部分苜蓿叶式立交

部分苜蓿叶式立交的优点是主线直行车快速通畅；单一驶出方式简化了主线上的交通标志；仅需一座跨线构造物，用地和工程费用较小；远期可扩建为全苜蓿叶式立交。缺点是次要道路上存在平面交叉，有停车等待和错路运行的可能。

布设时，应使转弯车辆的出入尽可能少妨碍主线的交通，最好使每一转弯运行均为右转弯出入，不得已时应优先考虑右转出口。为减少对主线行车的影响，平面交叉口应布置在次要道路上。

2）完全互通

相交道路的车流轨迹线全部在空间分离的交叉，称为完全互通式立体交叉，简称全互通。这是一种较为完善的立体交叉的高级形式，其匝道数与转弯方向数相等，各转弯方向均设有专用匝道，完全消灭冲突点，通行能力大，适用于高速道路之间及高速道路与其他高等级道路相交。

完全互通式立体交叉的代表形式，有喇叭形、苜蓿叶形、子叶形、Y形、X形等。

(1) 喇叭形立交：由一个转向约为270°的环圈式左转匝道和一个半定向式左转匝道组成，是三路立交的代表形式。

喇叭形按车辆沿环形匝道的出入方式，又分为A型和B型两种，如图9.10～图9.12所示，沿环形匝道驶入正线为A型，沿环形匝道驶出正线为B型。

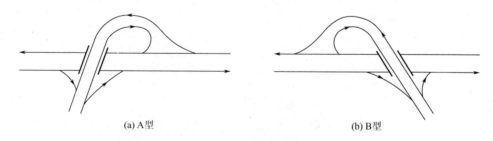

图 9.10 喇叭形立交

这种立交除环式匝道适应车速较低外，其他匝道都能为转弯车辆提供较高速度的半定向运行；只需一座跨线构造物，投资较省；无冲突点和交织状况，通行能力大，行车安全；造型美观，行车方向容易辨别。

图 9.11　A 型喇叭形立交实例

图 9.12　B 型喇叭形立交实例

喇叭式立交一般适用于高等级公路与一般公路之间的交叉，也适用于高等级公路与高等级公路之间的交叉。因喇叭形立交具有便于集中收费管理的优点而在公路设计中被广泛采用。四路交叉根据转向交通量及地形条件，匝道上设有收费站的立体交叉也常采用双喇叭形立交，如图 9.13、图 9.14 所示。

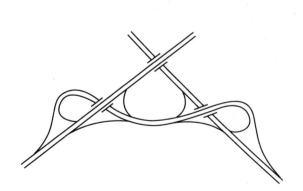

图 9.13　双喇叭形立交

图 9.14　双喇叭形立交实例

由于环式匝道线形指标低，行车速度较低，布设时应将其设在交通量小的方向上，主线交通量大时宜采用 A 型。次线上跨对转弯交通视野有利，下穿时宜斜交或弯穿。

（2）苜蓿叶式立交：是用四个对称的环形左转匝道实现各方向左转车辆运行的全互通式立体交叉，立交平面形似苜蓿叶，如图 9.15～图 9.17 所示。

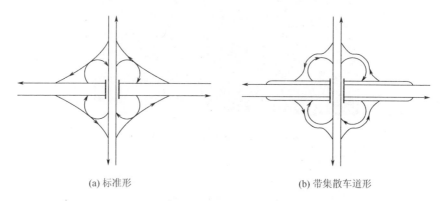

(a) 标准形　　　　　　　　　　　　　(b) 带集散车道形

图 9.15　苜蓿叶式立交

图 9.16　苜蓿叶式立交实例一

图 9.17　苜蓿叶式立交实例二

苜蓿叶式立交交通运行连续而自然，无冲突点；仅需一座跨线构造物，各匝道相互独立，还利于分期修建。但此种立交形式占地面积大，左转绕行距离较长，环圈式匝道适应车速较低，且跨线桥上、下存在交织，通行能力受到限制。

苜蓿叶式立交多用于高速道路之间和城市外郊快速环道的交叉。布设时为消除主线上的交织、避免双重出口并简化交通标志、提高通行能力和行车安全，通常在正线外侧增设集散车道。

（3）子叶式立交：用两个环形匝道实现左转交通的全互通形式，如图 9.18、图 9.19 所示。此种立交只需一座跨线构造物，造价低，造型美观。但交通运行条件不如喇叭式好，正线存在交织，多用于苜蓿叶式立交的前期工程。布设时以正线下穿为宜。

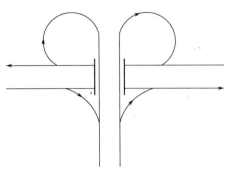

图 9.18 子叶式立交

图 9.19 子叶式立交实例

（4）Y形立交：用定向匝道或半定向匝道实现左转交通的三路立交形式，如图 9.20、图 9.21 所示。

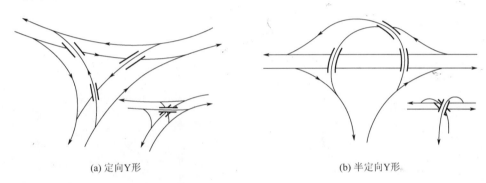

(a) 定向Y形　　　　　　　　　　(b) 半定向Y形

图 9.20 Y形立交

图 9.21 Y形立交实例

Y形立交能为转弯车辆提供高速的定向或半定向运行；无交织、无冲突点，行车安全；方向明确，路径短捷，通行能力大；正线外侧占地宽度较小。但所需构造物多，造价较高。适用于各方向交通量都较大的三路立体交叉。

（5）X形立交：又称半定向式立交，由四条半定向左转匝道组成，如图9.22～图9.24所示。

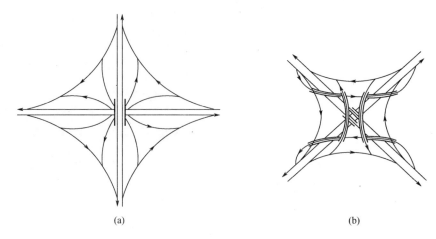

图 9.22　X形立交

图 9.23　X形立交实例一

图 9.24　X形立交实例二

在图9.22所示的两种形式中，图(a)的转弯匝道线形更为流畅，转弯半径更大，适应车速高，桥梁建筑长度缩短；但总的建筑高度增加，匝道桥与跨线桥集中布设使结构更复杂；布设时，宜将直行车道分别布置在较低层，而将对角左转匝道布置在较高层。图(b)可以合理利用空间高差的变化，以降低立体交叉的建筑高度，但要避免一条匝道几次上下起伏变化，以一次升降坡为宜。

X形立交各方向运行都有专用匝道，自由流畅，转向明确；无冲突点，无交织，通行能力大，适应车速高。但占地面积大，层多桥长，造价高，在城区很难实现。一般用于高速道路之间、左转交通量大、车速及通行能力要求高的枢纽互通。

3）环形立交

主线直通、次线及主线转弯车辆环绕中心岛交织运行的互通式立体交叉，称为环形立交，如图9.25～图9.27所示。

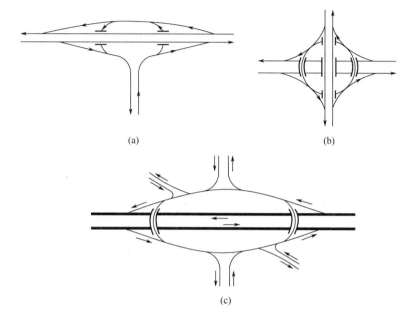

图 9.25 环形立交

图 9.26 四路交叉环形立交实例

图 9.27 多路交叉环形立交实例

环形立交能保证主线直通，交通组织方便，无冲突点，占地较少。但次要道路的通行能力受到环道交织能力的限制，车速受到中心岛直径的影响，构造物较多，左转车辆绕行距离长。环形立交适用于主要道路与一般道路的交叉，以用于五条以上道路相交为宜。

9.3 匝道设计

立体交叉中主线与交叉线处于不同高程上，为满足转弯交通需求，需用道路将其互相联系，便于各方向车流四通八达。这些起联系作用的道路，通常称为匝道。匝道是互通式立交必不可少的重要组成部分，其设计合理与否，布置是否得当，线形是否舒顺、紧凑、简洁，对于满足交通要求、保证安全、少占土地、节省投资等都极为关键。

9.3.1 匝道的分类

匝道布置多种多样，与主线、交叉线共同组合成各式各样的互通式立交。按功能的不同，匝道可分为以下两类。

1. 右转弯匝道

车辆从正线右侧驶出后直接右转约 90°，到相交道路的右侧驶入，如图 9.28 所示。根据立交的形式和用地条件，右转弯匝道可以布设为单（复）曲线、反向曲线、平行线或斜线四种。车辆从交叉线右侧分流，通过匝道，从主线右侧进入主线，属右出右进的直接式匝道。此种匝道形式简单、出入直接、方向明确、直捷顺适、行车安全，因而被广泛采用。

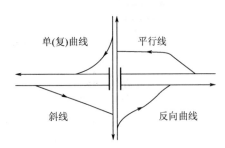

图 9.28 右转弯匝道

2. 左转弯匝道

在此种匝道中，车辆须转 90°～270°越过对向车道，除环形匝道外，至少需要一座跨线构造物。按匝道与相交道路的关系，左转弯匝道可分为直接式、半直接式和间接式三种类型。

1) 直接式

直接式又称定向式或左出左进式，如图 9.29 所示。左转弯车辆直接从正线左侧驶出，到相交道路左侧驶入。直接式左转弯匝道的优点是没有反向迂回运行，转向明确；匝道长度最短，可降低营运费用；线形指标高，适应较高车速，通行能力较大。缺点是跨线构造物较多，相交道路的双向行车之间需保证足够间距；对重型车和慢速车，左侧高速驶出困难，左侧高速驶入也困难且不安全。

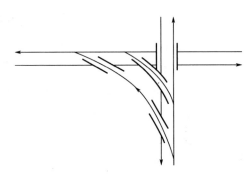

图 9.29 左出左进式左转弯匝道

2) 半直接式

半直接式又称半定向式，按车辆由相交道路的进出方式又可分为以下三种形式：

(1) 左出右进式：左转弯车辆从行车道左侧直接驶出后左转弯，由相交道路右侧驶入，如图 9.30 所示。与定向式匝道相比，右进的方式改善了左进的缺点，车辆驶入安全，但仍然存在左出的问题；匝道上车辆略有绕行，驶出道路双向车道间需有足够的间距；此外跨线构造物较多。

(2) 右出左进式：左转弯车辆从行车道右侧右转驶出后，进入匝道左转弯，到相交道路后直接由左侧驶入，如图 9.31 所示。右出的方式改善了左出的缺点，车辆驶出安全，但仍然存在左进的问题，且驶入道路双向车道之间需有足够的间距。其余特征与左出右进式相同。

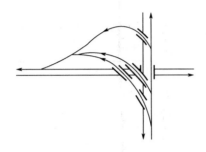

图 9.30 左出右进式左转弯匝道

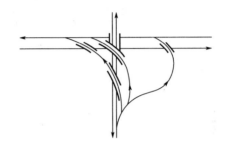

图 9.31 右出左进式左转弯匝道

(3) 右出右进式：左转弯车辆均从行车道右侧右转弯驶出，在匝道上左转改变方向，从相交道路右侧驶入，如图 9.32 所示。右出右进式是常用的左转弯匝道形式，完全消除了左出或左进的缺点，行车安全；缺点是匝道绕行长，跨线构造物最多。

3) 间接式

间接式又称环形匝道，左转弯车辆驶过正线跨线构造物后，向右回转约 270°达到左转的目的，在相交道路行车道右侧驶入，如图 9.33 所示。其优点是右出右进，行车安全；不需设跨线构造物，造价最低。缺点是匝道平、纵断面线形指标差，适应车速低，通行能力小；占地较大，左转绕行较长。

间接式匝道是苜蓿叶形和喇叭形立交的标准组成部分。图 9.33(a) 所示为常用基本形式；当苜蓿叶形立交为了改善交织而设置集散道路时，可用其余三种形式。

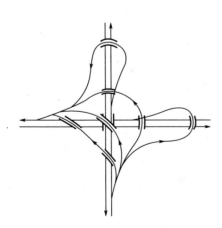

图 9.32 右出右进式左转弯匝道

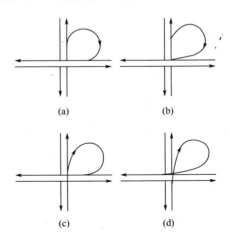

图 9.33 间接式左转弯匝道

9.3.2 匝道的设计行车速度

匝道设计速度是匝道线形受限制路段所能保证的最大安全速度。匝道的计算行车速度主要根据立交的类型、转弯交通量的大小及用地和建设费用等条件选定。公路立交和城市道路立交匝道计算行车速度的规定，分别见表9-1和表9-2。

表9-1 公路立体交叉匝道设计速度　　　单位：km/h

匝道形式		直接式	半直接式	环形匝道
匝道设计速度	枢纽互通式立体交叉	80、70、60、50	80、70、60、50、40	40
	一般互通式立体交叉	60、50、40	60、50、40	40、35、30

表9-2 城市道路立交匝道计算行车速度　　　单位：km/h

相交道路计算行车速度	主线计算行车速度				
	120	80	60	50	40
80	60～40	50～40	—	—	—
60	50～40	45～35	40～30	—	—
50	—	40～30	35～25	30～20	—
40	—	—	30～20	30～20	25～20

9.3.3 匝道的线形设计标准

1. 匝道的平面线形指标

匝道的平面线形指标，应根据匝道设计速度、交叉类型、交通量、立交场址地形和用地条件、造价等因素而确定。

1) 匝道平曲线半径

平曲线半径直接影响到匝道的形式、用地、规模、造价及行车的安全性和舒适性。匝道圆曲线最小半径计算公式与平面线形设计一章的公式相同。最小半径的大小取决于匝道的计算行车速度，同时应考虑经济性、安全性和舒适性。表9-3所列为公路立交匝道圆曲线最小半径，通常应选用大于一般值的半径和较小的超高横坡，当受地形条件或其他特殊情况限制时，方可采用极限最小半径。城市立交可参考采用。

表9-3 匝道圆曲线最小半径

匝道计算行车速度/(km/h)		80	60	50	40	35	30
圆曲线最小半径/m	一般值	280	150	100	60	40	30
	极限值	230	120	80	45	35	25

2) 匝道回旋线参数

匝道及其端部曲率变化较大处均应设置缓和曲线。缓和曲线应采用回旋线，其参数以 $A \leqslant 1.5R$ 为宜，并不应小于表9-4所列数值。反向曲线的两个回旋线参数宜相等，不相等时其比值应小于1.5。回旋线长度应同时满足超高过渡的需要。

表 9-4 匝道回旋线参数

匝道计算行车速度/(km/h)	80	60	50	40	35	30
回旋线参数 A/m	140	70	50	35	30	20

2. 匝道的纵断面线形指标

1) 匝道最大纵坡与最小纵坡

匝道因受相交道路标高的限制,为克服高差、节省用地和减少拆迁,并考虑到匝道上的车速较低,故匝道纵坡一般比正线纵坡大。公路立交各种匝道计算行车速度所对应的最大纵坡规定见表 9-5。

表 9-5 公路立交匝道的最大纵坡 (%)

	匝道设计速度/(km/h)		80、70	60、50	40、35、30
最大纵坡	出口匝道	上坡*	3	4	5
		下坡	3	3	4
	入口匝道	上坡	3	3	4
		下坡*	3	4	5

注:各数据因地形困难或用地紧张时可增大 1%。* 表示非冰冻积雪地区在特殊困难情况下可增加 2%。

城市道路立交引道和匝道最大纵坡不应大于表 9-6 的规定。当机动车与非机动车混行时,考虑到非机动车的行车要求,其纵坡不宜大于 3%。

表 9-6 城市道路立交匝道的最大纵坡 (%)

	匝道计算行车速度/(km/h)	80	≤60
最大纵坡	冰冻地区	4	4
	非冰冻地区	4	5

匝道最小纵坡应满足纵向排水要求,一般不应小于 0.5%,特殊情况不应小于 0.3%。

2) 匝道竖曲线半径及最小长度

各种计算行车速度所对应的匝道竖曲线最小半径及最小长度见表 9-7。

表 9-7 匝道竖曲线的最小半径及最小长度 单位:m

	匝道设计速度/(km/h)		80	70	60	50	40	35	30
竖曲线最小半径	凸形	一般值	4500	3500	2000	1600	900	700	500
		最小值	3000	2000	1400	800	450	350	250
	凹形	一般值	3000	2000	1500	1400	900	700	400
		最小值	2000	1500	1000	700	450	350	300
竖曲线最小长度		一般值	100	90	70	60	40	35	30
		最小值	75	60	50	40	35	30	25

3. 匝道横断面

匝道横断面由行车道、路缘带、硬路肩和土路肩（城市道路不设）所组成，对向分离双车道匝道还包括中央分隔带。

匝道各组成部分的宽度：公路立体交叉的行车道宽度一般为 3.50m；城市立交机动车、非机动车混行的匝道，非机动车车道宽度应视交通量而定；中央分隔带的宽度应不小于 1.00m；路缘带宽度为 0.50m；左侧硬路肩（含路缘带）宽度为 1.00m；右侧硬路肩（含路缘带）的宽度，设供紧急停车用硬路肩时为 2.50m，条件受限制时可采用 1.50m，但为对向分隔式双车道时宜采用 2.00m，而不设供紧急停车用硬路肩时为 1.00m；土路肩的宽度为 0.75m，条件受限制时，不设路侧护栏者可采用 0.50m。

匝道横断面布置形式如图 9.34 所示。

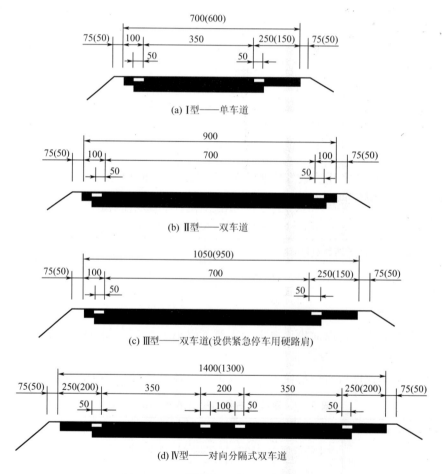

图 9.34 匝道横断面形式（单位：cm）
注：不包括曲线上的加宽值。

曲线加宽的过渡可按照正线加宽过渡的方式进行，但通常采用线性加宽方式，即在加宽缓和段全长范围内按直线比例加宽。当匝道路段为桥梁、挡土墙或对路容有一定要求的路段时，可采用高次抛物线过渡。

9.3.4 匝道端部设计

匝道两端分别与正线或匝道相接的道口称为匝道端部，包括出入口、变速车道及辅助车道等。两端道口和中间匝道部分共同组成一条完整的匝道。

1. 正线出入口

互通式立体交叉的出入口除高速匝道外，应设置在主线行车道的右侧，出口位置应明显，易于识别，一般宜设在跨线构造物之前。当设置在跨线构造物之后时，匝道出口至跨线桥的距离不应小于 150m。

分流鼻、汇流鼻处，应按要求在路面上绘制导流标志线，如图 9.35、图 9.36 所示。分流鼻位于桥梁等构造物上时，自分流鼻端之后应预留安装防撞垫等缓冲设施的位置，并安装护栏。

图 9.35 匝道端部设计实例

图 9.36 匝道端部平面交叉渠化设计实例

2. 变速车道设计

一般情况下，匝道的设计车速比正线小得多，为适应车辆在出、入口前后路段变速行驶的需要，在匝道端部一定范围内设置附加车道，称为变速车道。变速车道包括减速车道和加速车道，车辆由正线驶入匝道时减速所需的附加车道为减速车道，车辆从匝道驶入正线时加速所需的附加车道为加速车道。

变速车道一般分为直接式与平行式两种，如图 9.37 所示。

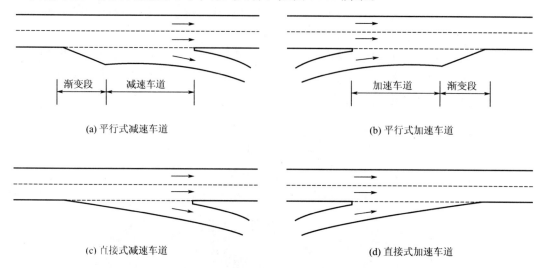

图 9.37 变速车道的形式

平行式变速车道是在正线外侧平行增设的一条附加车道。其特点是车道划分明确，行车容易辨认，但车辆行驶轨迹呈反向曲线，对行车不利。加速车道原则上采用平行式，因为加速车道较长，平行式容易布置，设计简单。但当正线交通量较小而设计车速较高时，加速车道也可采用直接式。

不设平行路段，由正线斜向渐变加宽，形成一条与匝道连接的附加车道，为直接式。其特点是线形平顺与行车轨迹吻合，对行车有利，但起点不易识别。减速车道原则上采用直接式，但当减速车道较长或鼻端附近用地受限制时，可考虑采用平行式。当变速车道为双车道时，加、减速车道均应采用直接式，且应在正线的外侧增设辅助车道，以维持车道数的平衡。

本 章 小 结

立体交叉是高等级道路不可缺少的重要组成部分，是交叉道路交通转换的枢纽。本章详细介绍了立体交叉的类型和适用条件、立体交叉的布置规划和形式选择，并结合现行规范，重点介绍了匝道设计及匝道端部的设计方法。通过本章的学习，应具备常规立体交叉的设计能力，能够根据设计资料选择合理的立体交叉方案，并根据规范进行主线、匝道及端部设计，满足交通流需求、通行能力及视距等要求。

习　题

9-1　立体交叉的组成部分有哪些？
9-2　部分式互通的代表形式有哪些？其特点及适用条件是什么？
9-3　全互通的代表形式有哪些？其特点及适用条件是什么？
9-4　简述环形立交的特点及适用条件。
9-5　在哪些情况下应设置立体交叉？
9-6　简述匝道的基本形式与特征。
9-7　匝道的平、纵、横设计有哪些要求？
9-8　变速车道有哪两种形式？简述其特点及适用场合。

参 考 文 献

[1] 杨少伟. 道路勘测设计［M］. 北京：人民交通出版社，2010.
[2] 邓学钧. 路基路面工程［M］. 北京：人民交通出版社，2005.
[3] 孙家驷. 公路小桥涵勘测设计［M］. 重庆：重庆大学出版社，1990.
[4] 赵永平，唐勇. 道路勘测设计［M］. 北京：高等教育出版社，2004.
[5] 中华人民共和国行业标准. JTG B01—2014 公路工程技术标准［S］. 北京：人民交通出版社，2003.
[6] 中华人民共和国行业标准. JTG D20—2006 公路路线设计规范［S］. 北京：人民交通出版社，2015.
[7] 中华人民共和国行业标准. CJJ 193—2012 城市道路路线设计规范［S］. 北京：人民交通出版社，2012.
[8] 中华人民共和国行业标准. JTG C10—2007 公路勘测规范［S］. 北京：人民交通出版社，2007.
[9] 杨少伟. 道路立体交叉规划与设计［M］. 北京：人民交通出版社，2000.
[10] 许金良. 公路CAD技术［M］. 北京：人民交通出版社，1999.
[11] 许金良. 道路与桥梁工程计算机辅助绘图［M］. 北京：人民交通出版社，1999.
[12] 刘洪波. 互通式立体交叉计算机辅助设计［M］. 北京：人民交通出版社，1999.
[13] 朱照宏. 道路路线CAD［M］. 上海：同济出版社，1998.
[14] 张雨化. 道路勘测设计［M］. 北京：人民交通出版社，1997.
[15] 刘文生. 道路勘测设计［M］. 北京：北京大学出版社，2012.

北京大学出版社土木建筑系列教材(已出版)

序号	书名	主编	定价	序号	书名	主编	定价
1	工程项目管理	董良峰 张瑞敏	43.00	50	工程财务管理	张学英	38.00
2	建筑设备(第2版)	刘源全 张国军	46.00	51	土木工程施工	石海均 马哲	40.00
3	土木工程测量(第2版)	陈久强 刘文生	40.00	52	土木工程制图(第2版)	张会平	45.00
4	土木工程材料(第2版)	柯国军	45.00	53	土木工程制图习题集(第2版)	张会平	28.00
5	土木工程计算机绘图	袁果 张渝生	28.00	54	土木工程材料(第2版)	王春阳	50.00
6	工程地质(第2版)	何培玲 张婷	26.00	55	结构抗震设计(第2版)	祝英杰	37.00
7	建设工程监理概论(第3版)	巩天真 张泽平	40.00	56	土木工程专业英语	霍俊芳 姜丽云	35.00
8	工程经济学(第2版)	冯为民 付晓灵	42.00	57	混凝土结构设计原理(第2版)	邵永健	52.00
9	工程项目管理(第2版)	仲景冰 王红兵	45.00	58	土木工程计量与计价	王翠琴 李春燕	35.00
10	工程造价管理	车春鹂 杜春艳	24.00	59	房地产开发与管理	刘薇	38.00
11	工程招标投标管理(第2版)	刘昌明	30.00	60	土力学	高向阳	32.00
12	工程合同管理	方俊 胡向真	23.00	61	建筑表现技法	冯柯	42.00
13	建筑工程施工组织与管理(第2版)	余群舟 宋会莲	31.00	62	工程招投标与合同管理(第2版)	吴芳 冯宁	43.00
14	建设法规(第2版)	肖铭 潘安平	32.00	63	工程施工组织	周国恩	28.00
15	建设项目评估	王华	35.00	64	建筑力学	邹建奇	34.00
16	工程量清单的编制与投标报价	刘富勤 陈德方	25.00	65	土力学学习指导与考题精解	高向阳	26.00
17	土木工程概预算与投标报价(第2版)	刘薇 叶良	37.00	66	建筑概论	钱坤	28.00
18	室内装饰工程预算	陈祖建	30.00	67	岩石力学	高玮	35.00
19	力学与结构	徐吉恩 唐小弟	42.00	68	交通工程学	李杰 王富	39.00
20	理论力学(第2版)	张俊彦 赵荣国	40.00	69	房地产策划	王直民	42.00
21	材料力学	金康宁 谢群丹	27.00	70	中国传统建筑构造	李合群	35.00
22	结构力学简明教程	张系斌	20.00	71	房地产开发	石海均 王宏	34.00
23	流体力学(第2版)	章宝华	25.00	72	室内设计原理	冯柯	28.00
24	弹性力学	薛强	22.00	73	建筑结构优化及应用	朱杰江	30.00
25	工程力学(第2版)	罗迎社 喻小明	39.00	74	高层与大跨建筑结构施工	王绍君	45.00
26	土力学	肖仁成 俞晓	25.00	75	工程造价管理	周国恩	42.00
27	基础工程	王协群 章宝华	32.00	76	土建工程制图(第2版)	张黎骅	38.00
28	有限单元法(第2版)	丁科 殷水平	30.00	77	土建工程制图习题集(第2版)	张黎骅	34.00
29	土木工程施工	邓寿昌 李晓目	42.00	78	材料力学	章宝华	36.00
30	房屋建筑学(第3版)	聂洪达	56.00	79	土力学教程(第2版)	孟祥波	34.00
31	混凝土结构设计原理	许成祥 何培玲	28.00	80	土力学	曹卫平	34.00
32	混凝土结构设计	彭刚 蔡江勇	28.00	81	土木工程项目管理	郑文新	41.00
33	钢结构设计原理	石建军 姜袁	32.00	82	工程力学	王明斌 庞永平	37.00
34	结构抗震设计	马成松 苏原	25.00	83	建筑工程造价	郑文新	39.00
35	高层建筑施工	张厚先 陈德方	32.00	84	土力学(中英双语)	郎煜华	38.00
36	高层建筑结构设计	张仲先 王海波	23.00	85	土木建筑CAD实用教程	王文达	30.00
37	工程事故分析与工程安全(第2版)	谢征勋 罗章	38.00	86	工程管理概论	郑文新 李献涛	26.00
38	砌体结构(第2版)	何培玲 尹维新	26.00	87	景观设计	陈玲玲	49.00
39	荷载与结构设计方法(第2版)	许成祥 何培玲	30.00	88	色彩景观基础教程	阮正仪	42.00
40	工程结构检测	周详 刘益虹	20.00	89	工程力学	杨云芳	42.00
41	土木工程课程设计指南	许明 孟苗超	25.00	90	工程设计软件应用	孙香红	39.00
42	桥梁工程(第2版)	周先雁 王解军	37.00	91	城市轨道交通工程建设风险与保险	吴宏建 刘宽亮	75.00
43	房屋建筑学(上:民用建筑)(第2版)	钱坤 王若竹 吴歌	40.00	92	混凝土结构设计原理	熊丹安	32.00
44	房屋建筑学(下:工业建筑)(第2版)	钱坤 吴歌	36.00	93	城市详细规划原理与设计方法	姜云	36.00
45	工程管理专业英语	王竹芳	24.00	94	工程经济学	都沁军	42.00
46	建筑结构CAD教程	崔钦淑	36.00	95	结构力学	边亚东	42.00
47	建设工程招投标与合同管理实务(第2版)	崔东红	49.00	96	房地产估价	沈良峰	45.00
48	工程地质(第2版)	倪宏革 周建波	30.00	97	土木工程结构试验	叶成杰	39.00
49	工程经济学	张厚钧	36.00	98	土木工程概论	邓友生	34.00

序号	书名	主编	定价	序号	书名	主编	定价
99	工程项目管理	邓铁军 杨亚频	48.00	136	水泵与水泵站	张 伟 周书葵	35.00
100	误差理论与测量平差基础	胡圣武 肖本林	37.00	137	建筑工程施工	叶 良	55.00
101	房地产估价理论与实务	李 龙	36.00	138	建筑学导论	裘 鞠 常 悦	32.00
102	混凝土结构设计	熊丹安	37.00	139	工程项目管理	王 华	42.00
103	钢结构设计原理	胡习兵	30.00	140	园林工程计量与计价	温日琨 舒美英	45.00
104	钢结构设计	胡习兵 张再华	42.00	141	城市与区域规划实用模型	郭志恭	45.00
105	土木工程材料	赵志曼	39.00	142	特殊土地基处理	刘起霞	50.00
106	工程项目投资控制	曲 娜 陈顺良	32.00	143	建筑节能概论	余晓平	34.00
107	建设项目评估	黄明知 尚华艳	38.00	144	中国文物建筑保护及修复工程学	郭志恭	45.00
108	结构力学实用教程	常伏德	47.00	145	建筑电气	李 云	45.00
109	道路勘测设计	刘文生	43.00	146	建筑美学	邓友生	36.00
110	大跨桥梁	王解军 周先雁	30.00	147	空调工程	战乃岩 王建辉	45.00
111	工程爆破	段宝福	42.00	148	建筑构造	宿晓萍 隋艳娥	36.00
112	地基处理	刘起霞	45.00	149	城市与区域认知实习教程	邹 君	30.00
113	水分析化学	宋吉娜	42.00	150	幼儿园建筑设计	龚兆先	37.00
114	基础工程	曹 云	43.00	151	房屋建筑学	董海荣	47.00
115	建筑结构抗震分析与设计	裴星洙	35.00	152	园林与环境景观设计	董 智 曾 伟	46.00
116	建筑工程安全管理与技术	高向阳	40.00	153	中外建筑史	吴 薇	36.00
117	土木工程施工与管理	李华锋 徐 芸	65.00	154	建筑构造原理与设计(下册)	梁晓慧 陈玲玲	38.00
118	土木工程试验	王吉民	34.00	155	建筑结构	苏明会 赵 亮	50.00
119	土质学与土力学	刘红军	36.00	156	工程经济与项目管理	都沁军	45.00
120	建筑工程施工组织与概预算	钟吉湘	52.00	157	土力学试验	孟云梅	32.00
121	房地产测量	魏德宏	28.00	158	土力学	杨雪强	40.00
122	土力学	贾彩虹	38.00	159	建筑美术教程	陈希平	45.00
123	交通工程基础	王富	24.00	160	市政工程计量与计价	赵志曼 张建平	38.00
124	房屋建筑学	宿晓萍 隋艳娥	43.00	161	建设工程合同管理	余群舟	36.00
125	建筑工程计量与计价	张叶田	50.00	162	土木工程基础英语教程	陈平 王凤池	32.00
126	工程力学	杨民献	50.00	163	土木工程专业毕业设计指导	高向阳	40.00
127	建筑工程管理专业英语	杨云会	36.00	164	土木工程CAD	王玉岚	42.00
128	土木工程地质	陈文昭	32.00	165	外国建筑简史	吴 薇	38.00
129	暖通空调节能运行	余晓平	30.00	166	工程量清单的编制与投标报价(第2版)	刘富勤 陈友华 宋会莲	34.00
130	土工试验原理与操作	高向阳	25.00	167	土木工程施工	陈泽世 凌平平	58.00
131	理论力学	欧阳辉	48.00	168	特种结构	孙 克	30.00
132	土木工程材料习题与学习指导	鄢朝勇	35.00	169	结构力学	何春保	45.00
133	建筑构造原理与设计(上册)	陈玲玲	34.00	170	建筑抗震与高层结构设计	周锡武 朴福顺	36.00
134	城市生态与城市环境保护	梁彦兰 阎 利	36.00	171	建设法规	刘红霞 柳立生	36.00
135	房地产法规	潘安平		172	道路勘测与设计	凌平平 余婵娟	42.00

如您需要更多教学资源如电子课件、电子样章、习题答案等，请登录北京大学出版社第六事业部官网 www.pup6.cn 搜索下载。

如您需要浏览更多专业教材，请扫下面的二维码，关注北京大学出版社第六事业部官方微信（微信号：pup6book），随时查询专业教材、浏览教材目录、内容简介等信息，并可在线申请纸质样书用于教学。

感谢您使用我们的教材，欢迎您随时与我们联系，我们将及时做好全方位的服务。联系方式：010-62750667，donglu2004@163.com，pup_6@163.com，lihu80@163.com，欢迎来电来信。客户服务 QQ 号：1292552107，欢迎随时咨询。